重庆经济可持续发展评估研究

CHONGQING JINGJI KECHIXU
FAZHAN PINGGU YANJIU

柯昌波 著

西南交通大学出版社
·成都·

图书在版编目（CIP）数据

重庆经济可持续发展评估研究/柯昌波著. —成都：西南交通大学出版社，2016.10
ISBN 978-7-5643-5088-8

Ⅰ. ①重… Ⅱ. ①柯… Ⅲ. ①经济可持续发展 – 研究 – 重庆 Ⅳ. ①F127.719

中国版本图书馆 CIP 数据核字（2016）第 252714 号

重庆经济可持续发展评估研究

柯昌波　著

责 任 编 辑	孟秀芝
特 邀 编 辑	耿绮灵
封 面 设 计	严春艳
出 版 发 行	西南交通大学出版社 （四川省成都市二环路北一段 111 号 西南交通大学创新大厦 21 楼）
发行部电话	028-87600564　028-87600533
邮 政 编 码	610031
网　　　址	http://www.xnjdcbs.com
印　　　刷	四川煤田地质制图印刷厂
成 品 尺 寸	170 mm×230 mm
印　　　张	16.5
字　　　数	296 千
版　　　次	2016 年 10 月第 1 版
印　　　次	2016 年 10 月第 1 次
书　　　号	ISBN 978-7-5643-5088-8
定　　　价	68.00 元

图书如有印装质量问题　本社负责退换
版权所有　盗版必究　举报电话：028-87600562

前　言

可持续发展，是当今世界各国公认的发展准则，重庆市地处西部欠发达地区，人口众多、资源相对匮乏、城乡差距较大，实施经济利益、环境利益以及社会福利三者相互协调和相互促进的可持续发展战略具有极为重要的意义。为了测度重庆市及各区县经济可持续发展能力，系统性、科学性、经常性地开发应用相关数据资料，对重庆市及各区县的经济可持续发展进行及时的描述、检测和评估，我们拟建立一套恰当的区域经济可持续发展指标体系，对重庆市区域经济及各区县县域经济可持续发展状况、水平和能力进行衡量和评价。通过这套评价指标体系的应用，试图将可持续发展从概念和理论推向实践，与重庆市及各区县社会经济和发展相结合，对重庆市及各区县经济可持续发展状况、水平、能力以及存在的重大问题进行发现和描述；在描述的基础上，对重庆市及各区县经济发展现状和趋势所达到的可持续发展水平以及是接近还是更加远离了可持续发展的目标做出评价，进而对重庆市及各区县实施经济可持续发展的战略进行引导，并提供相应的政策及对策建议，为市委市府及区县政府的决策咨询服务。

一、可持续发展内涵

1987年，世界环境与发展委员会（WCED）向联合国提交的《我们共同的未来》，探讨了人类面临的一系列重大经济、社会和环境问题，正式提出了可持续发展。直到1992年6月，联合国环境与发展会议在巴西的里约热内卢召开，通过并签署了《里约热内卢环境与发展宣言》《二十一世纪议程》等重要文件，标志着可持续发展观已得到普遍认同。今天，可持续发展观已经成为世界各国寻求社会经济生态全面协调发展的理论指导原则，同时也是制定全球以及各国发展战略的基本理论依据。可持续发展由理论研究开始逐步推向实际行动。此后，世界各国都通过制定可持续发展政策、发展战略，对政策和规划不断进行深入调整，努力转变经济增长方式，以适应生态、经济、社会的全面、协调发展。可持续发展是"既满足当代的需求，又不危及后代满足需求能力的发展"，是经济利益、环境利益以及社会福利三者间相互协调和相互促进的过程。可持续发展包括生态可持续、经济可持续和社会可持续。可持续发展鼓励经济增长，经济增长是实现可持续发展的前提。可持续发展要求保持资源的持续利用，以保护自然为基础，与环境的承载能力相协调。可持续发展的最终目的是增进社会福利，改善和提高民众的生活质量，包括物质生活质量和精神生活质量，经济的增长、资源环境的保护都服务于促进社会进步这一最终目的。经济可持续发展是可持续发展整个系统的核心部分，生态可持续是经济可持续发展的自然基础，社会可持续是经济可持续发展的重要保证，经济可持续为生态和社会可持续发展提供物质条件。

梁晓波（1998）认为，区域经济由区域经济要素、区域经济结构、区际关系三大部分构成。区域经济的可持续发展由区域经济要素的可持续发展、经济结构的持续优化以及区域之间的协调发展三部分决定，其实质是生态可持续性和经济可持续性的和谐统一。魏建中等（2004）将区域经济可持续发展概括为：在现有自然资源（包括环境）的约束条件下，充分发挥区域优势，实现区域经济的持续有效增长。其中，经济增长是在技术进步、产业结构不断高级化的基础上的专业化集约型经济增长；可再生资源的消耗速度要小于其再生速度，不可再生资源利用应约束在技术进步的条件之下；废物的产生应小于环境的吸纳能力。何爱平（2005）认为从区域经济的角度看，区域可持续发展是指不同区域尺度的社会、经济、资源、环境相互协调发展，也就是既能满足当代人的需求，又不对后代人满足需要的能力构成危害的发展。其经济增长、社会稳定发展要建立在有效控制人口增长、合理利用自然资源、逐渐改善环境质量的基础上，使其保持良性循环，并且应当促进不同类型区域发展的协调，缩小区际发展水平的差距。朱国传（2007）认为，区域经济可持续发展是指在一定经济区域范围内，以人为中心的主系统与自然、资源环境、经济和社会子系统之间存在着协调的发展关系，即在不损害后代人满足其需要的前提下，建立最大限度地满足当代人物质和精神需要的区域经济发展模式，同时也不危害和削弱其他区域满足其需要的能力。显然，区域经济的可持续性就是人类生产经济活动的持续经济增长和可获利性，它是可持续发展的基础，是其他子系统持续发展的物质保障。在区域可持续发展系统整体中，区域经济的可持续发展处于主导地位。

依据可持续发展的内涵和要求，重庆经济可持续发展包括经济发展水平、经济发展动力、经济发展要素支撑、经济发展生态约束、经济发展成果分配五方面内容。

（1）经济发展水平：从经济总量、经济结构、三次产业发展等方面反映重庆市及各区县经济发展的水平，挖掘并揭示目前重庆市及各区县经济发展中存在的突出问题。

（2）经济发展动力：从拉动经济发展的投资、消费、进出口这三方面考察重庆市及各区县经济发展的动力，挖掘并揭示各区县经济发展的潜力及不足。

（3）经济发展要素支撑：反映支撑重庆市及各区县经济可持续发展的科技、信息化、人力、土地等要素方面的水平及潜力。

（4）经济发展生态约束：反映制约重庆市及各区县经济可持续发展的能耗水平、环境保护、资源约束等方面的内容，揭示生态环境的限制及约束。

（5）经济发展成果及分配：反映重庆市及各区县经济发展的成果，经济成果在收入、住房、储蓄、公共服务、社会保障等社会福利方面的分配情况，揭示经济可持续发展的最终目的，即社会福利的实现度。

二、研究小结

人类历史已经进入互联网新时代，人类的生产、生活方式都将发生不以人的意志为转移的大变革。重庆经济可持续发展，既要跟进中国的历史进程，更要把握世界的发展脉搏，战略性跨越陷阱发展；既要寻求经济持续稳定增长，又要确保节约资源、环境友好。为此，重庆市要立足于渝新欧国际铁路起点站、长江上游第一大城市、国家级中心城市、内陆唯一保税港区承载城市、成渝经济区（中国第四大经济区）核心城市、中国战略后方基地城市的背景，要在新丝绸之路发展战略、长江经济带发展战略、城市体系重构战略、对外开放新战略、区域经济空间布局发展战略五大国家战略中实现重庆经济持续健康发展。为此，重庆要紧紧抓住"改革、开放、发展"三大主题。在农村土地管理体制、科技体制、农村市场经济运行机制、财税体制几个方面实现改革突破。在制度、机制与体制三维一体新型的城镇化建设中拉动传统工业向现代制造业转型发展，促进四化融合和"三农"问题根本性转变，保障经济持续稳定增长态势；通过市场性配置科技资源的科技体制改革，挖掘科技创新的第一生产力量，提高发展质量，创造发展机遇；通过创新建设三大国家级专业市场（中国应急产品专业市场、中国保健品专业市场、中国化妆品专业市场）和中国进出口电子商务一站式服务平台这四大战略性工程，推动现代服务业战略转型，抢先占领中国开放高地；通过与三大市场三位一体的中国国防动员信息枢纽站建设，推进重庆大数据采集战略性突破，促进重庆云计算基地建设，重构重庆战略后方基地地位；发展通用航空产业，为未来产业发展和普通人群生活方式的改变做准备。通过以上工程，形成巨大的发展空间，做好超前设计和过程管控，游刃有余地完成经济增长方式转变和环境保护之重大任务。

目 录

第一章 重庆经济可持续发展——评估篇 ... 1
第一节 可持续发展统计综合评价报告 ... 1
第二节 重庆经济可持续发展"中等收入陷阱"威胁评价报告 ... 8

第二章 重庆经济可持续发展——战略篇 ... 15
第一节 重庆市可持续发展战略研究 ... 15
第二节 重庆市经济可持续发展目标 ... 18

第三章 重庆经济可持续发展——发展篇 ... 19
第一节 建设进出口一站式服务平台 ... 19
第二节 建设三大国家级专业市场 ... 22
第三节 建设国家（级）国民经济数据动员信息枢纽站 ... 23
第四节 推进新型城镇化建设工程 ... 28
第五节 发展民营经济 ... 34
第六节 打造城市新中心，实现城市价值提升 ... 36
第七节 促进农业加工业创新发展 ... 38

第四章 重庆经济可持续发展——改革篇 ... 43
第一节 确实推进农村集体产权制度改革 ... 43
第二节 市场性配置科技资源体制改革 ... 46
第三节 市与区县财政体制改革 ... 49
第四节 人口城镇化制度性突破 ... 52

第五章 重庆经济可持续发展——政策篇 … 57
第一节 经济可持续发展建议 … 57
第二节 环境可持续发展建议 … 60
第三节 社会可持续发展建议 … 62

第六章 重庆经济可持续发展——核心篇 … 65
第一节 重庆经济可持续发展综合评价 … 65
第二节 重庆跨越"中等收入陷阱"的实证分析 … 116
第三节 以重庆为中心的国家国防战略大后方基地建设研究 … 129
第四节 重庆国际(准)自由贸易港建设研究 … 136
第五节 重庆市农产品加工业可持续发展研究 … 147
第六节 重庆市民营经济可持续发展研究 … 156
第七节 打造新中心,实现重庆城市价值提升和可持续发展的建议 … 172
第八节 深化重庆市科技体制改革研究报告 … 182
第九节 地方税体系现状及风险分析 … 190
第十节 促进重庆经济可持续发展的市与区县财政体制研究 … 204
第十一节 城乡一体化中推进重庆人口城镇化 … 213
第十二节 农村集体产权制度面临的主要问题及改革思路 … 227
第十三节 从四个方面、三维度突破现行制度框架构建中国新型城镇化新机制 … 232
第十四节 采取五种市场化融资模式,推进新型城镇化基础设施建设可持续发展 … 244
第十五节 从五个方面制度突破构建中国新型城镇化新机制 … 247

参考文献 … 256

第一章 重庆经济可持续发展——评估篇

第一节 可持续发展统计综合评价报告

本书拟建立重庆市经济可持续发展的统计测度体系,其目的和功能是对重庆市经济发展中存在的重大问题进行发现和描述,并在描述的基础上,研究重庆市经济发展现状和趋势、所达到的可持续发展水平以及是接近还是更加远离了可持续发展的目标,并做出评价和引导。

一、重庆市可持续发展综合评价指标体系

在科学性原则、客观性原则、可比性原则、匹配性原则、可行性原则、引导性原则、发展性原则的指导下,建立重庆经济可持续发展评价指标体系如表1-1所示。

表1-1 重庆经济可持续发展评价指标体系

一级指标	二级指标	三级指标	四级指标
经济发展水平	经济总量及结构	总量水平	人均GDP
			人均财政收入
			全社会固定资产投资
			社会消费品零售总额
			金融机构人民币贷款余额
			城镇化率
		结构优化	第二、三产业产值比重
			第二、三产业从业人员比重
	农业及农村	农业投资及效益	农业人口人均生产性固定资产投资
			农业投资效益

续表

一级指标	二级指标	三级指标	四级指标
经济发展水平	农业及农村	农村经济组织建设	万人农村合作经济组织数量
			集体经济组织产权制度改革比例
			特色中心镇数量
			农产品市场化率
		农村资源要素	农村人均用电量
			农村老龄化程度（51岁以上农村劳动力占比）
			农村劳动力素质（人均受教育年限）
	工业	工业的行业效益	每万元工业总产值产生的增加值
			成本费用利润率
			工业企业全员劳动生产率
		工业规模化、集群化程度	规模以上工业企业数量
		高新技术产业发展程度	高技术制造业产值比重（高技术产业产值/GDP）
		国有及私营经济总量及效率	国有、私营控股工业企业工业增加值比
			国有、私营控股工业企业成本费用利润率比
	现代服务业	行业效益	每万元第三产业总产值产生的增加值
		旅游	旅游收入
		文化	文化产业增加值
		物流	货运量总计
			港口货物吞吐量
			空港吞吐量
		商贸（批发及零售）	批发业法人企业商品销售总额（批发）
		金融	上市公司数量
			企业债发行额
经济发展动力	投资	投资效益	投资贡献率
			投资乘数
		投资结构	房地产开发占全社会固定资产投资比率

续表

一级指标	二级指标	三级指标	四级指标
经济发展动力	消费	消费水平	农村居民消费支出占总支出比重
			城市居民消费支出占总支出比重
			各区县农村居民生活消费支出占纯收入比重
			城市居民全年总支出占全年总收入比重
		消费结构	各区县农村居民文教娱乐用品及服务支出
			各区县农村居民家庭设备用品及服务支出
			城市居民家庭设备用品及服务支出
			城市居民文教娱乐用品及服务支出
		消费潜力	农村居民高收入户与低收入户生活消费支出差距
			农村居民高收入群体户均居住消费水平差距
			城市居民高收入户与低收入户消费性支出差距
	进出口	总量	城市居民高收入与低收入户居住支出差距
			进出口总额
			净进口总额
		结构	对外依存度
			对外承包工程和劳务合作实际完成营业额
			FDI
经济发展支撑	科技	技术创新	研究机构 R&D 人员数
			R&D 投入占 GDP 比重
			科技资本量
	信息化	网络普及	固定互联网络用户
	人力	劳动力数量	14~60 岁以下人口
		劳动力质量	每 10 万人拥有的大专及以上人口
	土地	土地供给	农村建设用地规模
生态约束	经济发展能耗及环境保护	生产能耗	单位生产总值能源消费量
		环保投入	环保投资占 GDP 比重
	资源约束	能源依赖	能源外部依赖率

续表

一级指标	二级指标	三级指标	四级指标
经济发展成果及分配	资源约束	资源潜力	人均水力资源蕴藏量
			人均主要矿产资源保有基础储量
			生态容量
	生产成果	生产含金量	个人收入（劳动者报酬）占 GDP 比重
	成果分配	收入	城市居民人均可支配收入
			农村人均纯收入
			城乡人均收入比
			恩格尔系数
		住房	城市人均房屋建筑面积
		储蓄	人均储蓄存款余额
		公共服务	每万人科教文卫资产（每万人专任教师数）
			每万人拥有卫生技术人员
			城镇社区服务设施数
			人均绿地（生态覆盖率）
		社会保障	养老保险参保人数

二、重庆各区县经济可持续发展指数综合评价

重庆各区县经济可持续发展指标体系同样也是一个动态的、综合的多指标体系，评价方法本身必须具有可操作性，并且正确、简便。目前各类评价方法很多，有技术经济分析法、专家咨询法、层次分析法、投入产出法、模糊评价法等。由于重庆经济可持续发展综合评价既是一个发展状态的评价，又是一个发展趋势的评价，单独某一种方法很难适用于重庆经济可持续发展综合评价，为此应采用多指标综合评价方法。综合评价的实施由以下几个步骤组成：定性指标的量化、指标标准值的确定、指标的无量纲化处理、权重赋值及综合指数计算方法的选取。由于指标值获取渠道有限、获取容易度受限等，通过筛选部分指标值，最后形成如表 1-2 所示的指标体系。

表1-2 重庆区县经济可持续发展指标体系

一级指标	二级指标	三级指标	权重
一、经济发展水平	(一)经济总量及结构	人均GDP	1.46
		人均财政收入	1.29
		全社会固定资产投资	1.39
		社会消费品零售总额	1.38
		金融机构人民币贷款余额	1.33
		城镇化率	1.28
		第二、三产业产值比重	1.07
	(二)农业及农村发展	各地区农林水支出(万元)	1.42
		农林牧渔业总产值(万元)	1.13
		农村人均用电量	1.12
	(三)工业发展	每万元工业总产值产生的增加值	1.21
		每万元工业总产值产生的利润总额	1.17
		工业企业全员劳动生产率	1.38
		高技术制造业产值比重(高技术产业产值/GDP)	1.49
	(四)现代服务业发展	学校数(中小学)	1.04
		公共图书馆藏书	1.36
		公路货运量总计	0.94
		高速公路里程	1.01
		法人企业	0.90
		产业活动单位	1.02
二、经济发展动力	(五)消费	各区县农村居民生活消费支出占纯收入比重	4.82
		各区县农村居民文教娱乐用品及服务支出比重	5.08
		各区县农村居民家庭设备用品及服务支出比重	4.99
	(六)进出口	进出口总额	5.52
		净进口总额	4.64
三、经济发展支撑	(七)人力	18~60岁以下人口	11.61
		每10万人拥有的普通中学在校人数	13.78
四、经济发展成果及分配	(八)成果分配	城市居民人均可支配收入	2.90
		农村人均纯收入	2.90

续表

一级指标	二级指标	三级指标	权重
四、经济发展成果及分配	（八）成果分配	城乡人均收入比	3.32
		农村居民食品支出占生活消费总支出	3.05
		农村居民人均住房面积	2.35
		人均储蓄存款余额	2.47
		每万人专任教师数（中小学）	2.61
		每万人拥有卫生技术人员	2.81
		城镇便民利民服务网点	2.77

三、测量结果分析

1. 可持续发展水平排序

根据重庆市经济可持续发展指标体系的构建和分析方法，我们得到了重庆市38个区县可持续发展的得分和排名。如表1-3所示。

从整体上看，各区县综合得分都比较低，综合得分超过60分的只有5个区县，得分最高的沙坪坝区为64.68分，平均为53.62分。沙坪坝区、渝中区、万州区、江北区、九龙坡区位列前五；武隆县、秀山县、巫山县、巫溪县、城口县排名居末尾。

测量方法满分值是100分，从第1名沙坪坝区只有64.68分可以发现，各区县在本研究构建的评价体系所选定的36个三级指标上发展是不均衡的，即使是沙坪坝区，也在某些三级指标上与该指标的第1名存在较大差距。从综合得分差距上来看，得分最高的沙坪坝区和得分最低的城口县相差23.8分，经济发展在各区县之间是极不平衡的。

表1-3 38个区县经济可持续发展综合得分情况

排序	区县	综合得分
1	沙坪坝区	64.68
2	渝中区	63.35
3	万州区	62.85
4	江北区	62.44
5	九龙坡区	61.76

续表

排序	区县	综合得分
6	江津区	59.45
7	开县	58.13
8	渝北区	57.74
9	涪陵区	57.45
10	南岸区	56.99
11	合川区	56.78
12	綦江区	55.47
13	云阳县	55.25
14	北碚区	54.68
15	永川区	53.93
16	黔江区	53.85
17	忠县	53.49
18	大渡口区	53.23
19	铜梁县	52.74
20	长寿区	52.66
21	垫江县	52.61
22	奉节县	52.42
23	荣昌县	52.29
24	丰都县	52.03
25	巴南区	51.49
26	璧山县	51.38
27	梁平县	51.29
28	南川区	50.78
29	酉阳县	50.72
30	大足区	50.58
31	石柱县	49.79
32	潼南县	49.50

续表

排序	区县	综合得分
33	彭水县	48.36
34	武隆县	47.57
35	秀山县	46.83
36	巫山县	46.59
37	巫溪县	45.56
38	城口县	40.88

2. 排名分析

从得分来看，根据各区县之间得分差距，可以将38个区县按得分高低分为四个层级。第一层级有沙坪坝区、渝中区、万州区、江北区、九龙坡区，综合得分都在60分以上。第二层级依次有江津区、开县、渝北区、涪陵区、南岸区、合川区、綦江区、云阳县，得分都比较靠近。该层级排头的江津区与第一层级排尾九的龙坡区相差2.3分。第三层级依次包括北碚区、永川区、黔江区、忠县、大渡口区、铜梁县、长寿区、垫江县、奉节县、荣昌县、丰都县、巴南区、璧山县、梁平县、南川区、酉阳县、大足区。该层级排头的北碚区与第二层级排尾的云阳县相差近0.6分，组内相邻区县间最大差距为4.09分。第四层级依次包括石柱县、潼南县、彭水县、武隆县、秀山县、巫山县、巫溪县、城口县。该层级排头的石柱县与第三层级排尾的大足区只相差0.8分，组内相邻区县间最大差距为8.9分。从地域分布来看，都市核心区和拓展区排名比较靠前。两翼地区除渝东北翼的万州区排名第三，其他区县排名都比较靠后。

第二节 重庆经济可持续发展"中等收入陷阱"威胁评价报告

重庆市经济可持续发展的研究，是顺应国家发展战略的需要，也是避免重庆掉入"中等收入陷阱"的需要。

国际经验表明，在人均GDP超过4000美元的阶段，如果不及时转型，继续沿用旧的经济发展模式,容易积聚矛盾,陷入"中等收入陷阱"。我国于2008年人均GDP超过3000美元,于2010年超过4000美元,2012年达到6088.75美元,按照世界银行2011年划定的标准,中国已经成为"中等偏上收入国家",正面临着经济增长放缓、人均收入难以提高的"中等收入陷阱"考验。重庆人均GDP超过3000美元和4000美元的时间刚好与国家同步,并在2012年人均GDP达到6167.04美元,超过该年我国人均GDP平均水平,也就是说重庆现阶段也正面临"中等收入陷阱"的考验。

一、从时间角度来判断

本判断借鉴《中等收入陷阱的国际实证比较及对中国的启示》的研究成果。该研究在数据可获得的情况下,选择了人均GDP突破1万美元的56个高收入国家或地区以及54个中等收入国家或地区共110个国家或地区作为研究对象。根据其分析,110个研究对象中有32个成功跨越中等收入陷阱,有23个落入中等收入陷阱。在32个成功跨越的国家中,人均GDP从3000美元上涨到4000美元且用时不超过2年的有21个;在落入收入陷阱的23个国家中,人均GDP达到同样增长且用时不超过2年的有8个。重庆从2008年人均GDP突破3000美元至2012年突破4000美元,只用了2年时间。为了得到重庆在该期间"落入陷阱"的概率,这里假设:B_i($i=0.1$)表示"是否落入陷阱",其中,B_1表示"落入陷阱",B_0表示"跨越陷阱";A表示"中等收入国家从3000元到4000元用时不超过2年"的事件。则有:

$P(A|B_1) = 8/23$,$P(A|B_0) = 21/32$;

$P(B_1) = 23/(32+23)$,$P(B_0) = 1 - P(B_1)$

根据贝叶斯公式,得到

$P(B_1|A) = 8/29 \times 100\% = 27$

即根据目前发展趋势,从时间上判断重庆落入陷阱的概率为27%,也就是说重庆要跨越"中等收入陷阱"需想办法规避这27%的风险。

二、落入陷阱的特征及成因分析

1. 消费陷阱

重庆经济发展经历了投资高速增长的时期后,开始回落,目前固定资产投资额增长率为20%左右,居民消费率虽有所上升,但仍处在较低水平,在

2012年为35.09%，比同期全国平均水平（为35.98%）低，相当于或稍高于陷入"中等收入陷阱"国家人均GDP为3000美元时的水平，与跨越国家相比仍有很大差距。在居民消费结构方面，2012年重庆居民食品消费支出占消费总支出的比例为34.78%，与跨越国家消费结构相比，目前仍是一个明显的生存型消费结构地区。若此时在居民消费能力上没有明显提升，又不能继续以投资增长作为经济发展主动力，而消费结构也不能有所改善的话，重庆有陷入"中等收入陷阱"的可能性。

2. 收入分配陷阱

在收入分配上，一方面，重庆居民收入低于GDP和财政增长速度。按照现价计算，2000年以来，重庆人均国民生产总值年均增长率为16%左右，人均财政收入年均增长速度为29%左右，而城乡居民收入年均增长为12%左右，收入分配改革滞后，居民收入没有实现与国民经济同步增长。另一方面，重庆的贫富差距较大，表现为城乡差距大、不同等级收入组的居民收入差距大，且增长不同步，差距成拉大趋势。据统计资料计算，2012年重庆城乡差距为3.11：1，城市高收入组与低收入组差距为3.39：1，农村高收入组与低收入组差距为5.3：1。从收入增长速度看，以2000年以来数据计算（详见表1-4和表1-5），在城乡方面，城镇居民收入增长快于农村居民，年均增长率分别为12.22%和11.89%，在不同等级收入组方面，无论是城市还是农村，增长最快的是高收入者，而中低收入者尤其是低收入者收入增长缓慢。可见，近十几年来，重庆收入分配结构不够合理，且发展的趋势不够明显，2010年重庆的基尼系数达到0.438，2011年微降到0.421，均已超出0.4的警戒线。重庆目前的基尼系平与陷入中等收入陷阱国家人均GDP达到3000美元时的水平相当，若此时的基尼系数没有较大幅度下降，或者反而上升，中等收入阶层群体得不到扩大，居民整体收入水平没有较大提升，重庆的经济增长向消费型主导转变将会比较困难，新的经济增长动力难以找到突破口，就此落入中等收入陷阱的危险性较大。

表1-4 按收入等级划分的重庆城镇居民户人均收入年均增长率（2000—2011年）

单位：%

总平均	最低收入户	低收入户	中等偏下户	中等收入户	中等偏上户	高收入户	最高收入户
12.22	11.71	12.12	12.51	12.07	11.88	12.4	13.43

数据来源：根据《重庆调查年鉴2012》计算。

表 1-5 按收入等级划分的重庆农村居民户人均收入年均增长率（2000—2012 年）

单位:%

总平均	低收入户	中下收入户	中等收入户	中上收入户	高收入户
11.89	10.45	11.64	12.18	12.31	13.01

数据来源：根据《重庆调查年鉴2013》计算。

3. 环境与资源陷阱

一个国家或地区在工业发展的中后期，受资源环境的约束将越来越大，若继续原来的高消耗、高排放的生产发展方式，势必不可持续。因此，寻求产业结构升级，走资源节约型、环境友好型发展道路成为必然选择。高收入国家在经历经济高速发展时期后，深知资源环境的节约与优化对经济发展的重要性，及时调整了产业结构，加强了环境保护。如日本产业在向资源节约型转变的同时成立了环境厅，加强了环境立法，及时保护了环境；新加坡以高新技术产业与现代服务业为主导产业来实现经济增长，成为"花园城市"。

重庆目前正处于城镇化、工业化、城乡一体化同期快速发展时期，经济增长的环境资源约束不断加强，产业结构调整不容乐观，资源节约与环境保护任重而道远。高速发展的经济、以煤为主的能源结构以及以重化工业为主的产业结构所导致的结果是资源能源消耗大、污染物排放大。随着城镇化、工业化、城乡一体化的进一步推进，资源能源消耗与污染物排放将呈继续扩大趋势。由于重庆生态环境比较脆弱，水土流失、石漠化现象较严重，加上交通、水利、能源、矿山开采等一大批重大工程项目的开工建设，对原本脆弱的生态环境造成新的破坏，生态环境保护任务重、压力大。所幸，近年来重庆市开始重视节能减排及环境保护工作，单位 GDP 能耗有所下降、单位 GDP 环保投资有所上升，但是与资源消耗增加和环境保护任务加重的速度比较，仍然存在巨大压力。因此，从资源环境方面看，要保持经济快速发展，产业结构调整、节能减排、环保投资必然要放在重要位置，不然，可能陷入经济的高速发展无以为继、环境破坏难以修复的局面。

4. 技术创新陷阱

从重庆经济发展的历程看，虽然一直比较重视工业的发展，并强调新兴产业的发展，但是在技术创新方面还比较落后，跟不上经济社会发展的要求。近年来，重庆市研究与试验发展经费内部支出占 GDP 的比值虽逐步上升，但仍然非常低，2012 年为 1.4%，比全国水平（全国为 1.47%）低，远低于高收入国家水平。人力资本方面，重庆每百万人当中从事研发活动的人员数量为2172人，是2006年日本、韩国水平的40.1%和51.8%，差距很大。重庆企业发展还处于依靠资源红利、人口红利以及政策红利阶段，依靠技术和研发水平提高的较少，高端产业和高附加值产品生产在人力资本、产品质量、技术研发上不具备竞争力。重庆高端技术人才的缺失以及研发能力的不足将影响重庆经济结构升级转型，如果在扩大内需的经济增长动力上也受阻，将严重阻碍重庆经济进一步增长，将是重庆陷入"中等收入陷阱"的主要风险。

5. 产业结构陷阱

就目前国际国内形势看，我国出口依赖的劳动密集型产业，在世界金融危机爆发以后，一方面发达国家减少了该类产品的进口；另一方面一批发展中国家以更低廉的资源和劳动力成本生产同类产品，并出口给发达国家，与我国出口产品形成竞争，我国劳动密集型产业发展受到双面夹击。在这种情况下，我国或者调整国内需求结构，增加国内消费；或者调整产业结构，促进产业由低端向高端转化。

在上述形势下，重庆也只能采取类似措施，但是重庆当前产业结构存在一些问题，面临着陷入产业结构陷阱的风险。首先，三次产业结构比重不合理。近年来，重庆三次产业结构虽处于不断调整和完善中，但仍然不尽合理、效益偏低，2012年重庆三次产业增加值占GDP的比重分别为8.2%、52.4%和39.4%，仍是"二三一"结构，第一、二产业所占比重过高，第三产业的比重偏低，产业结构调整任务仍然较重。其次，产业以低技术、低附加值的劳动密集型产业和部分资本密集型产业为主，高技术、高附加值的技术密集型和知识密集型产业发展缓慢，不具备竞争力。虽然重庆一直努力进行产业结构升级，但目前在许多高附加值产业和战略性新兴产业方面不具备核心技术，产业产值占经济比重较小，不具备核心竞争力，同时还缺乏相应配套的制度环境。最后，第三产业质量不高。重庆第三产业虽然在总量和速度上都保持了较快发展，但由于起点低，目前还处于较低水平且内部结构不合理，在交通运输业、仓储邮政业、住宿餐饮业、金融业等方面处于较落后状态，在结构上表现为低端服务业比重过大（如2012年，批发和零售业占第三产业比重为18.78%），不能适应需求层次的提高，影响第三产业的发展和升级。在当前产业结构水平下，调整产业结构、促进产业结构转型升级毋庸置疑，而产业结构调整受技术落后等因素的影响，使产业结构转型升级存在一定困境，不能一蹴而就。可见，如果保持目前状态或者没有明显的改善，那么产业结构也将是重庆"落入陷阱"的重要因素。

6. 储蓄率陷阱

巴西和阿根廷等国家的经济之所以在数十年间都处于停滞状态，是因为其经济增长曾数次被国际收支危机所打断，而这背后的根本原因是这些国家国内储蓄率太低、不足以支持其较高的投资率。重庆城乡居民储蓄余额从2000年的1085.36亿元增加到2013年的9622.31亿元，增长了8536.95亿元，年均增长率18.5%，储蓄余额占GDP比重达到76.02%。重庆的储蓄率明显高于陷入中等收入陷阱国家的储蓄率，单从储蓄率看，重庆在供给方面有实现高增长的潜力。但这些潜力能否转化为现实，关键看是否有足够的需求来让这些储蓄充分发挥作用。重庆乃至中国作为消费过低、内需不足的失衡经济体，显然在这方面存在较大的问题。储蓄率高有其潜在的原因，其中被动储蓄、国家政策倾向、缺乏有效供给、投资渠道单一等是重要原因，高储蓄的"假象"背后，是真真实实的内需不足。因此尽管储蓄率较高，但最终还是落到内需不足这一陷阱中来。如何找到足够的需求（不管是来自于内部还是外部），避免落入需求不足、通货紧缩的陷阱，将是未来几年重庆经济增长要解决的重要难题。

7. 净出口陷阱

重庆一直保持着比较稳定的贸易顺差，净出口额较高，2013年重庆净出口额达到219.07亿元。净出口较高说明重庆经济受到国际经济波动的冲击较强，是落入中等收入陷阱的特征之一。从国际金融形势看，后危机时代外部需求的萎缩是长期的，即使全球市场需求能够恢复，也不是在原有规模和结构上的简单恢复，经济结构将被打乱。从国内环境看，作为拥有十几亿人口的大国，经济增长不能长期建立在外需的基础上，扩大内需仍然是经济增长的关键。净出口较高的现状下，如内需得不到有效增长，一旦外部环境发生变化，经济增长动力将随之变动。

8. 社会矛盾陷阱

从中国的整个大环境看，进入中等收入阶段后，我国社会结构、社会价值理念和社会组织形式发生变化，城乡家庭小型化、住房自有化和就业市场化，使社会主体的多元性、独立性、选择性增强，社会利益格局更加复杂多样。我国不同群体利益差异逐渐扩大，而体制机制建设比较滞后，不同群体之间的利益矛盾呈加快发展趋势。与此同时，随着物质生活水平的提高，人民群众对行使民主权利、维护自身权益和参政议政的要求也不断提高，对创新社会管理会提出新的更高的要求，在供给无法满足需求的情况下，社会矛盾就会发生。这些问题若处理不当，就会使潜在的矛盾显性化，并可能诱发群体性事件和系统性风险。

三、重庆落入"中等收入陷阱"的综合判断

从上述分析可见，虽然从时间上判断，重庆落入陷阱的可能性只有27%，但是从"中等收入陷阱"的特征来判断，重庆有大部分特征与之相符合；从"中等收入陷阱"成因来判断，重庆全部具有类似表现。综上，重庆大部分指标都与陷入国家处于相似状态，即使有部分指标不处于陷阱状态，但是这几方面将成为消费率低下、内需不足的原因，最终也成为落入陷阱的影响因素，如城市化率、储蓄率等。由此可以判断，在上述几个方面相互作用后，重庆陷入"中等收入陷阱"的可能性比较大。

第二章　重庆经济可持续发展
——战略篇

第一节　重庆市可持续发展战略研究

一、重庆经济可持续发展原则

重庆经济可持续发展，以改革和发展为双向动力，以发展和保护为双向目标，不仅形成国民经济发展系统，更要有效控制和运行好系统，强调环境保护与资源节约利用、经济发展以及包括政府、资本、"三农"在内的多方共赢。因此，需遵循以下建设原则：

一是开放性原则。重庆经济建设、发展将对全世界开放，在为全球服务的同时也引进全世界资本、管理与技术。

二是市场性原则。重庆经济发展将由政府全面组织经济发展系统格局，同时以市场化方式运行，全面引进国际资本、技术与管理。

三是系统性原则。新型城镇化建设与现代服务业战略发展是两个相互联系又相互不同的系统，系统有效地组织两个系统战略发展，才能建立起经济产业发展根治性文化。

四是有效控制原则。经济系统要达到可持续，即资源节约、环境友好，必须要在宏观控制和把握之中。

五是创新原则。主要是机制与制度创新。在现有资本要素条件的状态下，通过机制与制度创新，创造巨大的组合能量，以促进经济持续稳定增长。

二、重庆市经济可持续发展指导思想

人类已经进入互联网新时代，其生产、生活方式都将不以人的意志为转移地发生着大变革。重庆经济可持续发展，既要跟进中国的历史进程，又要把握世界的发展脉搏，战略性跨越陷阱发展；既要寻求经济持续稳定增长，

又要确保资源节约、环境友好。为此，可持续发展的指导思想是：立足于渝新欧国际铁路起点站、长江上游第一大城市、国家级中心城市、内陆唯一保税港区承载城市、成渝经济区（中国第四大经济区）核心城市、中国战略后方基地城市的背景，要在新丝绸之路发展战略、长江经济带发展战略、城市体系重构战略、对外开放新战略、区域经济空间布局发展战略这五大国家战略中实现重庆经济持续健康发展。为此，重庆要紧紧抓住改革、开放、发展三大主题，在农村土地管理体制、科技体制、农村市场经济运行机制、财税体制几个方面实现改革突破。在制度、机制与体制三位一体新的城镇化建设路径下，拉动传统工业向现代制造业转型发展，促进四化融合和"三农"问题根本性转变，保障经济持续稳定增长态势；通过市场性配置科技资源的科技体制改革，挖掘科技创新的第一生产力量，提高发展质量，创造发展机遇；通过创新建设三大国家级专业市场（中国应急产品专业市场、中国保健品专业市场、中国化妆品专业市场）和中国进出口电子商务一站式服务平台这四大战略性工程，推动现代服务业战略转型，抢先占领中国开放高地；通过与三大市场三位一体的中国国防动员信息枢纽站建设，推进重庆大数据采集战略性突破，促进重庆云计算基地建设，重构重庆战略后方基地地位；发展通用航空产业，为未来产业发展和普通人群生活方式的改变做准备。通过以上工程，形成巨大的发展空间，做好超前设计和过程管控、标准管控，游刃有余地完成经济增长方式转变和环境保护重大任务，逆转区域差距和城乡差距态势。

三、重庆市经济可持续发展的战略思路

重庆可持续发展的主线：一是发展，二是改革创新，三是控制。改革与发展相结合促进经济增长；科技创新和建设质量标准管理、环境管控、过程监督，完成经济发展方式转变和环境保护。战略核心，一是中央政府通过授权实施产品质量监管、授牌国家级市场中战略性推进产品信用和电子商务平台信用建设，促进电子商务、结算、衍生金融服务、现代物流跨越发展，在中小企业融资难问题、电子商务平台信用建设等关键问题上形成战略性突破；二是中央政府通过国防动员大数据枢纽站的建设，尽显中国国民经济动员和云计算在大数据采集中的体制与制度优势；三是政府管理与经济发展相得益彰，互相促进共赢；四是通过机制与制度创新，启动中国广袤的农村梯度全面发展，解决中国区域不平衡、城乡不平衡发展的关键问题。

1. 三位一体，重构重庆战略大后方，把握互联网新时代新机遇

在习近平总书记"平时服务、急时应急、战时应战"战略思想的指导下，以市场化配置公共资源为基本原则，依托包括产品类别齐全的电子商务网络平台，赋予三大国家级市场（国家应急采购专业采购市场、国家食品药品监督总局质量信用监管的中国保健品专业市场、化妆品专业市场）核心价值，最大限度地支持重庆电商平台的信用建设，牵引企业积极参与产品分类信息管理，支持后台大数据枢纽信息采集，一方面满足动态实时监控经济动员潜力信息，并链接各个专业性动员数据中心，建立国防动员大数据管理；另一方面为国家应急管理提供应急处理方案服务、物资采购服务、质量和价格监督信息服务，以及为国家食品药品监督管理服务，与此同时，拉动地方电子商务业、大数据信息服务业、物流业、装备制造业全面发展，最终形成国防动员、国家管理（国家应急管理、国家食品药品监督管理）和地区经济"三位一体"发展，建设重庆战略后方。

2. 机制、制度创新，构建新型城镇化新机制，开启广袤农村发展新征程

我国改革开放30多年来，农村集体经济体制下的联产承包经营制度效应得到全面释放，到了"破"农村集体经济所有体制和"立"市场经济产权体制的历史性转折关头。中国新型城镇化战略发展，一方面实现进城农民工市民化制度安排，另一方面"立"中国农村市场经济体制，部分释放农村土地资产价值和全面建立城市资本进入农村地区的市场条件，构建农村内在发展动力推动下的新型城镇化发展机制，创造以中小城镇为空间依托、以资源禀赋为依据的非农产业发展，农村公共资源集中配置，城镇发展资本溢出带动农业产品集体经济体制向公司化产权制度改革，农村人口共享城市文明的美好时代。

新型城镇化是一个系统工程，在现有的城乡二元结构下，面临制度、机制与体制困扰。为此，在重庆可持续发展战略中提出全面总结重庆城乡统筹综合配套改革的经验与局限，在地方财政制度、农村土地制度、农村产权制度、农村规划建设管理制度四个方面突破现有制度框架，从公共管理制度、市场经济体制、资本运行机制三维度立体化构建中国新型城镇化新机制的思路。

3. 建立市场性配置科技资源的新机制，促进科技第一生产力尽显雄风

1985年3月《中共中央关于科技体制改革的决定》实施三十年中，政府向科技市场行政性配置资源，干扰了市场机制的正常运行；科技评价、统计、税收、金融等国民经济管理制度缺失，科技作为生产力要素的价值没有被市场真正确认，科技市场机制建设无法全面实现；科技与其他经济要素的匹配机制和知识

产权的市场化流动机制的构建也无法推进。科技创新能力受到约束,按照市场性配置资源的科技体制改革成为迫切任务。研究认为,应以知识产权证券化,突破科技资产统计、核算制度障碍,拉动知识产权价值市场化评估,打通资本与科技对接的路径,推进科技资源市场化配置,促进地区创新战略突破。

第二节 重庆市经济可持续发展目标

中国新型城镇化建设目标,不仅是重构重庆的城镇体系,更重要的还是支持重庆五大经济区协调发展、根本解决"三农"问题、拉动四化融合、在高速增长中调整经济增长方式、在发展中保护环境、在开发中保护和控制耕地。具体内容(规划期间为20年)如下:

一、新增现代服务业目标

现代服务业销售收入达到5000亿元,其中GDP达到2000亿元。

二、新型城镇化发展目标

(1)改造、扩建、新建总计300个小城镇。

(2)在重庆现有1300个小城镇中,有300个小城镇达到3万~5万人适度规模。

(3)小城镇建设占用700平方千米土地:① 整理经营性建设用地230平方千米;② 新增城市建设用地470万平方千米,占中国现有宜林宜农荒地等潜在建设用地资源总量的4.8%。

(4)投资拉动经济发展:① 20年中7700亿元土地被开发投资;② 每年投资拉动GDP增量近1.2万亿元(年增长达到10%左右);③ 投资每年拉动生产性消费0.3万亿元;④ 投资形成产业发展4.35万亿元/年,形成GDP1.2万亿元/年。

(5)城镇化推进效应:① 小城镇建设带动城镇体系全面优化;② 农村社会保障制度向城乡一体化变革;③ 农村就业模式城市化变革;④ 城乡户籍制度一体化水到渠成、无为而治。

(6)农业发展效应:① 农业经济的地位在农村得到显著改变;② 农村经济组织得到全面发展。

(7)"四化"融合推进效应:全面推进四化融合。

第三章　重庆经济可持续发展——发展篇

第一节　建设进出口一站式服务平台

在军民融合、平战结合的战略指导下，以战时应战、急时应急、平时服务的机制运行。第一，通过市场化运行进出口一站式服务平台、中国应急技术及产品交易市场，获取中国应急管理和军事动员的服务信息来源，同时实现应急及国防动员信息平台运行的经济来源；第二，市场平台通过政府应急技术及产品采购、产品与技术标准、市场信用管理获取市场信用支持；第三，信息服务企业获取非保密性信息来源，开展云服务并衍生经济、社会大数据服务，推动信息产业发展，也满足产业信息服务需求。进出口一站式服务平台、中国应急产品专业市场和中国国防动员信息中心三者保密分界，却互相融合，共同发展，拉动重庆国际商贸物流、国际金融乃至国际经济的发展，建立重庆战略后方基地。

一、功能定位

当前国际商品电商发展缓慢，主要原因有：一方面，电商信用、国际结算服务能力和国际进出口海关服务能力等诸多限制；另一方面，进出口电商发展以后中间销售环节逐步削减，带来的集中进出口环节的服务需求无法满足。因此，重庆国际进出口电商一站式服务的职能是：以第三方服务方式取代传统销售中的总代理环节，为企业和电商实施国际金融、平台建设及管理、信用管理、质量管理、国际结算、现代仓储物流、进出口批量报关等一体化服务。

二、运行机制

1. 建立交易平台基础设施的投资及运营机制

主要采取社会资本投资基础设施建设模式。不局限于基础设施建设投资主体与经营主体的分离或统一,但是一定要具有经营能力和投资能力的经营性主体企业负责整个平台的运营。

2. 完善组织机制建设

一是组织平台建设运营商。一站式服务平台是商业运行平台,需要有专业运营商组织平台基础设施建设、网络平台建设、仓储物流服务、结算服务、信用管理及服务、质量管理及服务、金融服务以及其他关联服务(财务、税收、审计、物流加工)聚集。二是组织国际商品供应商。通过信用审核、国家(地区)总商会、行业协会管理,会员方式组织国际奢侈品等高端商品供应商。这也是抓住市场,构建核心竞争力的关键环节。三是组织国内电商。以供应商自营会招募方式,确定国际奢侈品等高端商品电商,并以行业会员管理方式强化质量与信用管理。

3. 金融及结算一体化服务

彻底打破中国企业金融服务瓶颈,同时引导重庆对外开放洼地效应的爆发。电子商务订单是产业链末端向全产业链提供商业信用的杠杆。因此充分利用电子商务结算与金融服务的一体化运行机制,推进金融向全产业链扩展,不仅可以扩大我们的金融服务区域,而且也将带动重庆对外开放洼地效应的爆发。

4. 采用报关节点分段服务模式

为减轻分散通关给海关带来的通关压力:一是实施到岸(报关后)结算模式。批量货物到岸(包括报关)的综合服务由供应商向平台集中委托,电商关内(网外)分零销售,与供应商分单结算。二是电商与供应商实施(批发)离岸结算方式。电商实行关外(网内)集中接货、报关,关外分销的分段运行模式。

5. 实施关内关外仓储物流代理服务

在一站式服务设计中,为消减报关环节的工作量,努力形成大进小出的物流格局,必将加大仓储物流服务需求。因此,在一般仓储和保税仓储都具备的良好环境下,将根据现代电商市场需求配置仓储物流服务。

6. 健全信用监督体系

一是建立标准化电商网络监督技术体系;二是在一站式服务基地建立政府的消费投诉专门管理;三是联动电商行业协会会员管理制度;四是实施供应

商、电商信用评审制度。

7. 建立一体化服务运行机制

以服务平台大数据服务为基础，建立国际贸易从进口报关开始的所有环节的电子信息服务和以投资或合作的方式实现整个平台运行的一站式服务、一体化服务。

三、构建核心竞争力

1. 抢占进出口集中代理服务市场

重庆建设全国进出口国际电商服务的一站式总平台，犹如为国际电商提供服务的"高速公路"，直接为国外产品进入中国市场和国内产品进入国际市场提供"一站式"的打包服务，超前应对互联网发展必将带来的国际国内贸易方式划时代改变。由此，让我市在国际贸易总协定下，以及不需要单方免税多边贸易协定的前提下，抢占国际国内代理市场，构建重庆自有贸易港的核心竞争力。

2. 构建国际进出口电商市场的信用监管体系

平台运行中通过建立生产供应商、电商的会员制度、国际国内产品在市场中的行业自律制度、网络平台集中管理制度、商业结算信用管理机制、商品营销中质量管理制度，构建进出口的信用监管体系，实现一站式平台的核心竞争力。通过提升中国产品的出口能力和占有中国旅游者国际商品购买市场较大份额来实现战略性突破。

四、总体目标

1. 总体目标

重庆进出口一站式服务平台建设，将进一步扩大重庆及全国的国际贸易规模；增强重庆对一些国际知名加工和生产企业的吸引力，直接在重庆建立相应的生产基地，进一步扩大重庆利用外资的规模；提升重庆的对外形象，增强重庆的国际影响力。

2. 投入产出目标

在投入资金方面，建设一站式进出口服务平台，重点是要建设好两个"贸易区"和两个"基地"，即中韩贸易、中欧贸易两个国家进出口电子商务区和国际贸易结算基地、现代物流基地。据初步测算，重庆一站式服务平台总投资为 200 亿元左右。

在产出规模方面，据初步测算，重庆国际自由贸易港建成后，每年可为重庆形成进出口总额 3000 亿元左右，其中，中韩贸易约 200 亿元；中欧市场约 1500 亿元；中美、中澳及东南亚市场约 1100 亿元；其他市场约 200 亿元。根据重庆国际自由贸易港可提供的海关报关、关内关外统一结算、仓储物流、税务代理、产品及企业的信用评估、金融保险等方面的系列服务，每年可为重庆增加服务费和税收约 200 亿元。

第二节　建设三大国家级专业市场

一、选址两江新区龙兴工业园区和大渡口剑桥工业园区

应急产品专业市场与两江新区龙兴镇国际电商城一体化建设。应急总部经济区落户地区，与巴南安全（应急）产业基地相呼应，配套生产基地及技术孵化基地分散在合川等远郊区县。中国化妆品专业市场和保健品专业市场落户大渡口剑桥工业园区，与工业园区化妆品生产基地、检验检测基地、标准基地相呼应。

二、依托两江新区的西部国际电商城和大渡口健康产业城

两江新区国际电商城投资接近 200 亿元，将全面开展国际电商一站式服务平台建设工作，商品品类将达到 30 个左右，包括中国、欧洲、韩国三个商区，为应急技术及产品市场奠定良好基础。

大渡口健康城将建成化妆品保健品现代服务区，投资近 60 亿元，将全面开展中国保健品化妆品标准服务、检验检测服务、国家质量监管、商品展示和国际电子商务。

三、抢先获取国家级的战略平台

中国应急产品专业市场将抢先占有国家级应急技术孵化平台、国家级应急产品质量技术检测基地、国家级（片区）消防产品检测基地、国家级应急产品专业市场、国家级军事采购基地之一、国家级应急产品采购基地之一、国家级应急产品技术及政府信息平台、国家级应急管理人才培养、重庆市消防产品专业市场等战略性平台，成为重庆·中国应急产业基地建设的战略关键。

中国化妆品专业市场和保健品专业市场，将抢先弥补中国化妆品保健品标准市场的空白，在化妆品效果标准上和使保健品脱离药品标准以建立自己的标准体系市场上崭露头角。同时抢先国家食品药品监督总局给予的中国化妆品保健品质量监管授信资格和监管产品标示和标码授权的巨大信用资格。

四、确立明确的建设目标

应急产品专业市场叠加在西部电商城中，基地开发投资 100 亿元，中期交易 1000 亿元；中国化妆品保健品专业市场，投资 60 亿元，中期交易 1000 亿元。

第三节　建设国家（级）国民经济数据动员信息枢纽站

一、建设思路

国家（级）国民经济数据动员信息中心建设中，以信息技术为核心，以综合国力提升为使命，以现代化国防动员能力建设与地区发展双赢为战略目标，实施"军民融合、平战结合"的有序结合的发展机制；以战时应对实战需求、平时带动经济发展为导向，建设国防动员与地区社会经济发展共享的信息枢纽港、信息装备制造基地、国防动员潜力储备及调运基地建设，实现国防动员与经济动员的双赢发展。建设思路为：

一是以"战时应战、平时发展""平战结合"需求为导向，提出国防动员的信息调查与动员、装备生产和物资的需求体系，建立国防动员能力建设规划和潜力调查、组织指挥、潜力提升、潜力储备等发展计划。

二是通过数字城市建设，集中整合政府各类公共信息资源并建立安防、重点人群、重点地区、重大项目等重要数据采集系统，构建大数据采集机制；在此基础上，建立政府公共管理、社会经济服务、军事动员三大大数据服务体系，为经济社会和国防动员服务。

三是根据西部地区国防动员能力建设规划，确立以军事装备技术民品化应用体系，扩展国防动员的生产潜力。

四是根据西部地区国防动员能力建设规划，建立军事产品采购标准体系和军事认证体系，扩展军事动员范围，提升国防动员的生产潜力。

二、信息枢纽站定位

无论是国防建设还是经济建设，信息化已经从辅助手段逐渐发展成为原动力之一。因此，应充分利用大数据时代具有的全量、多元、实时、融合与价值挖掘等特征，依托大数据的模式采集和整合泛在海量信息，以提取和挖掘重点信息为基础，建立面向实战与发展的支撑系统。构建兼顾国家安全与社会公共管理、经济产业发展、国防动员三位一体的大数据服务体系，确保国民经济发展与有序管理、是国防动员能力调查和应急指挥紧密结合。

三、枢纽站职责和任务

枢纽站主要职能任务是立足重庆，逐步服务全国的国防动员大数据收集。其特征主要有四点：一是全领域覆盖。包括能源、交通、物流、通信、装备、材料、金融、医疗、食品、环保等领域。二是全过程参与。国防动员潜力调查功能和国防物资的生产、储备、运输能力的预案设计；社会经济发展中的研发、生产、加工、运输、仓储、配送等过程的全数据采集及大数据服务功能。三是全方位服务。国家层面——国防、安全、反恐；地方政府层面——应急、救灾、抢险、预测；社会服务层面——信息服务。四是军民融合。国防动员能力发展的技术创新和民用技术应用转移的大数据采集及大数据服务功能；借力增强国防动员潜力，助推提高区域产业发展和竞争能力的结合功能。即以实战、应急、反恐需求为导向，以现代信息技术为支撑，实行军民融合、平战结合，构建服务于经济发展和国防动员的国家级数据采集和分析平台，以信息化指引装备制造、物资储备及调运基地建设。

四、信息枢纽站内容

"重庆国家安全与国防战略大后方基地"作为信息枢纽站，其功能应包括以下内容：一是呈金字塔状结构，自上而下，适用范围和产业规模趋于拓展、宽泛；二是自下而上，战略属性和核心机制趋于专注、集中。其内容主要包括四大序列。

第一序列——服务国家安全大战略的系列

此序列为功能金字塔的塔尖，率先搭建的是统一策略的顶层设计与部署，以大数据安全运行机制。在此基础上构建专属的单向传递信息流向的涉密大数据子中心，并使其平稳运行。

国家安全面临的考验主要来自内部、外部两个方面，信息时代无论是军事作战还是国内维稳,情报和信息的及时、有效地获取、传递、分析、研判将直接影响战略决策和统筹指挥。本序列的功能可以体现在重点资源实时分布、状态、可用性及调度路径等全量信息;海量人群分布态势、特殊人群与人员流动规律等;区域物理环境状态、基础设施可用性等信息的可视化管理调度等。此外,建立健全此序列的另一个重要作用可体现在:无论是现代战争的电子战、信息战、心理战等战法,还是国家社会维稳的信息安全和舆论导向等,"信息枢纽"都是继能源设施、装备制造、交通枢纽、基础通信、新闻广播之外的战略要塞。本基地建立健全此项功能,将成为随时应对突发情况、随时投入使用、随时掌握全局的大数据国家安全战略的备份中枢。

第二序列——支撑社会公共管理系列

此序列功能处于金字塔的第二等级,具有承上启下的作用,既是国家安全服务功能序列的继承和延伸,又是向经济建设、社会管理领域的有效辐射。

继承和延伸体现在:政府部门、国安、公安等部门的情报分析、维稳反恐、灾难应急大数据支撑平台,以及法院、检察院、纪检监察等其他政法部门事件取证、案件侦破的辅助平台。有效辐射体现在:通过海量社会活动信息的汇聚共享、整合研判等能力,为统计普查、工商执法、税务稽查、城市管理、卫生质检等行业监管单位对整个国民经济和社会平稳运行提供直接有效的支持。

第三序列——服务区域、行业的系列

此序列功能处于金字塔的中游,也是在政策适度引导之下依赖市场机制完整运行的一个序列。

此序列内容可涵盖一般化的垂直行业(支柱产业),其典型应用包括:能源领域的大数据全量分析,可为石油开采、冶炼及油料调配提供完全真实的需求与工业全过程控制辅助系统,可为智能电网的发电、输变电甚至配电网络提供实时需求和全量统计的全过程控制辅助系统;交通领域的车辆、道路、基建与维护、事故处置等智能辅助管理与处置系统;金融领域的用户数据、运行数据、结算数据的灾备与数据挖掘系统;卫生医药领域的疫情监控、重要物资统筹、急救物资调配等提供可直接参考的支撑数据;农林渔牧领域实施基于全量数据的产品溯源、气象服务、周期管理与灾害预警等信息服务。此外,可以应用的行业还有教育、通信、物流运输等。

更为重要的是"枢纽"的建立健全,可将上述各垂直行业的数据在政府(重庆市)的统一部署、统一管理、统一安全性保障的顶层设计之上达成直接融合共享,按权限与需求由基地运营中心封装各类不同的业务和服务。其可行性、可用性和可靠性得到了充分确保。

第四序列——全社会、全行业服务支撑系列

此序列功能处于金字塔的最基础一层。在安全机制的确保下可辐射全社会、全行业，拓展诸如产品制造、电子商务、现代服务、社会公益等领域的大数据支撑平台。这具体包括：

（1）建设面向政府、国防主管部门使用的《基于大数据的动员决策指挥平台》；

（2）建设面向军事物流及相关部门使用的《动员产品物流配送平台》；

（3）建设面向国防动员产品生产商、供应商动员使用的《动员产品集中采购平台》；

（4）建设或接入面向动员办的《基于 GIS 的国民经济动员信息系统》；

（5）建设或接入面向潜力调查队伍使用的《国防动员潜力调查系统》（移动终端）；

（6）建设或接入面向商贸企业使用的《商贸物流交易平台》；

（7）建设面向运维或运营部门使用的《综合信息服务平台》；

（8）接入相关应用系统和专项应急平台；

（9）建立统一规范的动员数据指标体系。

以上应用系统依托动员产品云计算数据中心进行建设，建设支撑"云计算"的基础软件平台；建设支撑各应用的应急资源基础数据库和业务数据仓库；建设数据交换与共享平台供各应用系统（包括其他相关系统——如行业应急指挥系统）接入数据中心。

五、信息枢纽站能力发展计划

逐步分阶段辐射和延伸，在垂直方向上逐步实现统一顶层设计、分层次实施的同时，信息枢纽可将信息逐步辐射至周边省份乃至全国。

六、构建国防动员相适应的产业体系

1. 打造全产业链基地

全产业链的打造是确保大后方基地在应对战时，以自有资源和能力可独立支撑局势的必然选择。主要板块（即产业链的主要环节）包括：

（1）战略板块——安全战略与核心技术研究中心。

本板块旨在建立健全国家级的安全战略与核心技术研究中心，其初始阶段

即引入本土研究机构、龙头科技企业、国家级权威专业研究机构等多元能力统一构建。在基地发展过程中，以规划和滚动规划为前提，以战略研究和核心技术研究为核心内容，不断完善知识的战略储备，沉积自主知识产权的核心技术（亟待发展的核心技术，如专用芯片设计与研制、大数据与云架构的应用创新技术、数据挖掘核心算法研究、超算系统设计能力等）。最终以该研究中心为基础形成多层级、多领域的具有国内权威的子中心。

（2）运营板块——软件、应用创新中心及大数据运营基地。

本板块的大数据运营基地如上述金字塔所述，可分阶段满足不同层级大数据应用的需求。细分环节包括跨行业、跨领域的数据采集平台、传感器与互联、多维数据仓库的运营、支撑平台、软件应用创新中心、业务服务创新设计中心、运营中心、安全中心等。每个细分环节特别是创新设计中心均需龙头企业率先发力，带动众多企业集群式发展。

（3）制造板块——装备制造基地。

装备制造基地包括：战略性重装备制造、智能化信息化装备研制。其中战略性重装备制造，以重庆为核心统领周边省市资源，统一布局。智能化信息化装备主要涵盖专用通信网络设备（如 Ad hoc、LTE、多网融合等技术应用的产业化）；传感器及物联网技术装备；智能专用终端（结合大数据运营中心的行业应用业务推送终端，如警用执法终端等），如可以进行北斗卫星导航系统（BeiDou Navigation Satellite System）开发。据调查，北斗卫星导航系统是中国正在实施的自主发展、独立运行的全球卫星导航系统。系统建设的目标是：建成独立自主、开放兼容、技术先进、稳定可靠的覆盖全球的北斗卫星导航系统，并促进卫星导航产业链形成，形成完善的国家卫星导航应用产业支撑、推广和保障体系，推动卫星导航在国民经济社会各行业的广泛应用。北斗卫星导航系统由空间段、地面段和用户段三部分组成，空间段包括 5 颗静止轨道卫星和 30 颗非静止轨道卫星，地面段包括主控站、注入站和监测站等若干个地面站，用户段包括北斗用户终端以及与其他卫星导航系统兼容的终端。

（4）人才板块——人才培养与配套服务基地。

科技产业对于各层级人才的需求一贯迫切。本基地建立人才引进和本土人才培养机制，创立人才培养基地，采用面向实战项目的人才培养模式。逐步建立梯次人才培育计划，战略性地引进人才和逐步发展学科带头人，运营和制造板块，吸纳和培育所需科研人员的中坚力量，同时结合本板块独立、有序的培育基地运行模式，为本基地乃至重庆地区未来信息产业取得长期发展优势奠定基础。配套服务基地需要突出其本身的科技含量，除一般化的仓储、物流、后勤保障等内容外，本基地先进的科技手段应该率先应用于此项工作。这将有利于多方位地树立基地的独立品牌。

（5）延伸板块——面向体验经济的演示验证与科普基地。

本板块旨在发展本基地总体能力多维化的延伸。体验经济的内容可以是创新业务的演示验证基地（如基于物联网的智慧驻地、智慧医疗、智慧家居等）。更多地体现在规模市场效益之前的小规模体验，受众可为有明确需求的行业用户、个人用户等。在体验的同时，促发展、促项目，亦可作为创新科技产业化的窗口的动力源泉。此外，本版块可以兼顾公益形式的科普教育等社会功能。

2. 完善产业发展路径和运行机制

第一阶段（第1年）——启动相关整体可行性研究与总体规划；同时引入创建战略能力的科研单位及龙头企业，并将具备一定基础的、拥有一定自主科技能力的项目率先落地于渝。其中，重点是软件创新及大数据运营板块率先启动服务国家安全的涉密大数据服务工程。以政府信息化服务采购的形式，注入启动的原发燃料。同时，将社会管理服务进行小范围示范，对行业应用进行安全性评估。这样既获得了启动的初速，又获得了国家级的先发政策优势。

第二阶段（第2~3年）——在第一阶段的基础上，实施分阶段分板块的详细规划与总体的滚动规划；引入龙头企业、发展配套资源型企业；深入科研产业化的项目，寻求系列化突破。其中，制造板块成为亮点，可结合大数据运营基地的初步影响力迅速形成产能和规模。随即可完成延伸板块基本构建，持续形成重庆品牌影响力。

第三阶段（第4~5年）——在前两个阶段的基础上，逐步夯实各板块发展基础，形成规模优势以及政策性优势，并向其他西部省份成功辐射。

第四节 推进新型城镇化建设工程

中国新型城镇化在顶层设计上包括农村人口的城镇化和农村地区的城镇化两个内容。其中农村地区的城镇化建设包括制度、机制与市场三个方面立体化架构，最后以资本市场的接受与响应为指南；人口的城镇化重点在于各级政府努力推进公共财政制度和农村发展两个方面，最终以发展为根本出路。

一、新型城镇化总体思路

落实到新型城镇化的总体思路,就是要以生态保护为前提,以政府逐步让出土地财政为诱导,以政府规划管控和项目审批为调控手段,以中国中小城镇规模化建设为重点,围绕农村集体主权利益和农村市场经济体制建设为主线,进行以农村经济主体主权为核心的农村经营性建设用地、宅基地、宜林宜农荒地的整治开发,使主权向农村释放,并加快农村集体经济产权制度改革;建立公共财政体制,推进农村人口享受城市居民待遇和共享改革成果;建立城乡一体化的建设规划、经济社会发展规划、土地利用总体规划、环境保护规划的制度,同时推进真正意义上的四规叠一的管理制度,在新型城镇化建设中形成以"三农"发展为基本、政府管控、农村主导、市场参与、多方共赢的利益格局、组织机制和运行机制。

二、新型城镇化基本目标

中国新型城镇化建设目标,不仅是重构中国的城镇体系,更重要的还是支持中国地区协调发展、"三农"问题根本解决、四化融合找到拉动机会、经济在高速增长中得到调整。具体内容(规划期间为20年)如下:

(1) 改造、扩建、新建总计0.8万~1万个小城镇。

(2) 中国现有2万个小城镇中有0.8万个达到3万~5万人适度规模。

(3) 全国小城镇建设占用7.7万平方千米土地;① 整理经营性建设用地1.2万平方千米;② 新增城市建设用地6.5万平方千米,占中国现有宜林宜农荒地等潜在建设用地资源总量的4.8%。

(4) 投资拉动经济发展:① 20年233万亿元土地开发投资;② 每年投资拉动GDP增量近40万亿元(年增长达到10%左右);③ 投资每年拉动生产性消费9.75万亿元;④ 投资形成产业发展145万亿元/年,形成GDP 30万亿元/年。

(5) 城镇化推进效应:① 小城镇建设带动城镇体系全面优化;② 农村社会保障制度向城乡一体化变革;③ 农村就业模式城市化变革;④ 城乡户籍制度一体化水到渠成、无为而治。

(6) 农业发展效应:① 农业经济的地位在农村显著改变;② 农村经济组织得到全面发展。

(7) "四化"融合推进效应:全面推进四化融合。

三、新型城镇化建设内容

新型城镇化战略重点建议是从四个方面突破现行制度框架:一是减弱地方财政对土地的依赖,构建新型的公共财政体制;二是改制或新建农村完全的市场经济主体并确立其建设用地主权,建立农村市场经济体制;三是以农村建设用地"地票"管理制度简洁推进城乡建设用地同权制度与运行机制;四是建立城乡一体化的规划制度(包括土地、建设)和行政管理制度。

(一)建立完善的制度体系

1. 建立公共财政制度

在新型城镇化中,地方财政由土地出让形成的前置收益模式转变为经济发展带来财税增长和城乡一体化发展的后置收益模式。

一是政府将农村土地一级开发整治权利让渡"农村法人",不与"农村法人"争夺土地一级开发可能产生的红利。

二是土地出让金全额返还"农村法人"专项用于农业基础设施建设。

三是适度减免新型城镇化开发建设中的规费或缩减规费项目。

四是给予新型城镇化道路不占经营性建设用地指标政策。

五是以税收政策引导"农村法人"所获土地红利在保障农民个体的利益之后,用于新农村基础设施建设的部分差别化抵扣应缴纳税金。

2. 建立新型城镇化用地的制度基础

以土地要素作为农村参与新型城镇化的原始资本,并以此确立"农村法人"在权益分配上的话语权力。

一是改革农村土地产权管理制度。将原来农村集体经济组织所有的农村经营性建设用地、宅基地、可复垦荒地剥离出来,由"农村法人"纳入实物量化的土地储备管理。一般农田、基本农田、林地继续留在农村集体经济组织下,执行联产承包经营体制。

二是建立"农村法人"主导、社会资本参与的一级土地开发制度与机制。

三是"农村法人"基于新型城镇化规划整治形成的农村经营性建设用地,以"地票"权能、按"属地化"原则全部转为就地城镇建设指标用地,有计划地对市场释放土地资源。

四是开发用地分地区管理。西部地区按照新型城镇化需要向农村计划性释放宅基地、建设用地和可复垦荒地,东部沿海地区因为经营性建设用地存量已经很大，只释放农村经营性建设用地，确保新一轮改革发展中西部与东部地区资源供给基本平等。

五是农村耕地等产权制度改革由新型城镇化带动。即在建设用地公司化经营形成发展后，带动农村林地、耕地经营制度从集体所有下承包经营向股权制度下公司化经营过渡。

3. 建立新型城镇化的利益分配制度

新型城镇化建设中改变现有的城市开发中政府主导一级土地市场、社会资本参与二级市场、农村农民整体退出模式，形成农村农民主体、社会资本参与土地开发的利益格局。转换的方向是地方政府在新型城镇化中放弃土地财政制度，由"农村法人"主导土地红利分配格局，实现新型城镇化中政府、"三农"、社会资本多方共赢。

一是政府利益。政府的利益在于建立农村完全市场经济体制，撬动形成中国新型城镇化、"三农"发展、经济可持续增长、四化融合的多赢格局。

二是"农村法人"与农民利益。"农村法人"拥有新型城镇化的利益分配话语权力，可保证农民在新型城镇化安置中获得居住环境改善的同时获得财产性收益和创业条件。"农村法人"主导土地一级开发使得"农村法人"与农民享受到土地红利。"农村法人"以整治利用（安置）后剩余土地与社会资本合作，获取合理股权，享受股东利润分配。股权的具体比例可根据社会资本在经营性建设用地、宅基地、荒地等土地整治投资、农民居住安置投资，获取结余土地使用量、一级土地级差收益预期等因素来综合平衡。"农村法人"组织性保障的农民就业和农民工与城镇职工同等收入、农民职业与技能培训、"五险一金"缴纳等。

三是社会资本利益。社会资本参与土地一级开发收益。在农村实现宅基地、宜林宜农荒地和经营性建设用地储备以后，进入一级开发中引入社会资本。政府管理和市场原则将保全社会资本在一级开发中获取自己的基本利益。社会资本参与土地二级开发收益。社会资本联合农村土地资本实施新型城镇化，不断完善产业体系，完善地区经济社会发展生态，创造出农村土地二级开发收益。资产经营性收益。在社会资本参与新型城镇化建设中，关键项目、核心项目出租和土地二级出让将获取一定的收益。资本运作性收益。3平方千米以上的小城镇建设总投资数十亿元，投资建设过程就是一个资本运作的过程，良性的资本运作，可以创造可观的利益回报。

新型城镇化利益结构如图3-1所示。

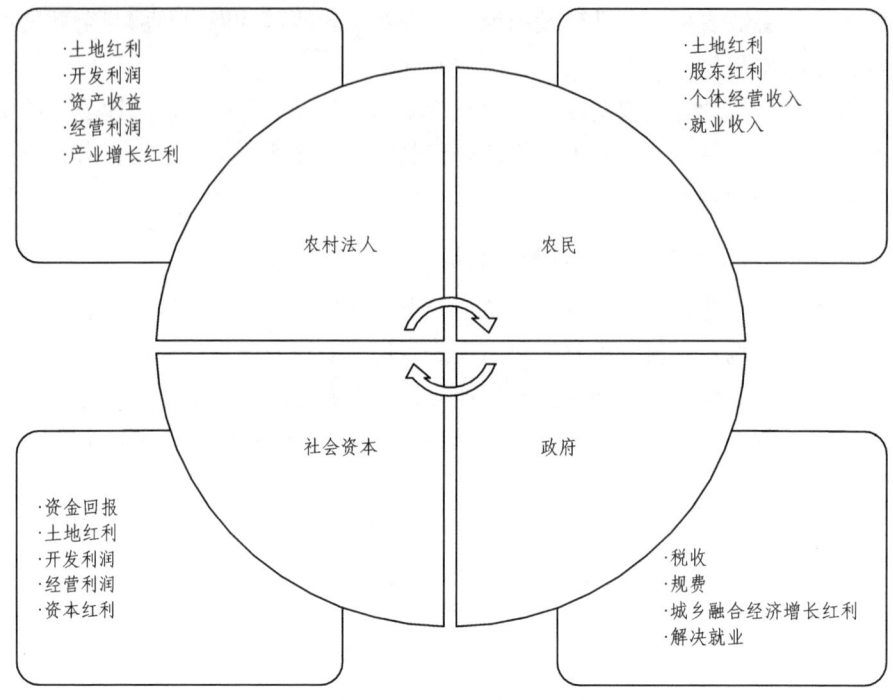

图 3-1 新型城镇化利益结构

(二)建立完善的新型城镇化运行机制

1. 市场化运行机制

新型城镇化中"农村法人"以土地要素为基础,遵循市场化原则按需配置市场资源,在法律框架下寻求多方及多方式合作。

(1) 竞争性选择社会资本共同组建土地一级整治开发公司。

(2) 竞争性选择符合实施新型城镇化规划条件的公司,通过出让土地或有选择性的合作进行新型城镇化项目建设。

(3) 以农业基础设施投入等资源作为基础,竞争性选择符合实施产业规划条件的公司合作,以实现农业产业延伸发展。

(4) 对在新型城镇化过程中所持有的物业按市场化原则进行资产经营。

2. 多元化可持续投融资运行机制

(1) 政府财政投资平台:解决义务教育、基本养老、基本医疗卫生等方面的公共性投入。资金来源中央财政与市级财政转移支付,以及地方财政收入预算投资。

(2) 政府公共投资平台：解决供排水、垃圾污水处理、主干道路交通、电力燃气供应、市政通讯设施等公共基础设施配套。在这些特殊领域可采取PPP投融资模式，关键是给出符合市场配置资源的特许条件。

(3) 农村法人投融资平台：解决农业基础设施、非主干道交通、社区服务设施、劳动就业等。资金来源是土地红利、建设红利与金融及社会资本。

(4) 社会资本与农村法人合作投资融资平台：解决保障性住房、城镇化建设、产业投资、农民就业、"五险一金"社会保障等。纯市场化投资和现行融资工具得以运用。

3. 政府运行机制

在新型城镇化中，政府所采取的运行机制的核心是：制定政策、建立规范和标准；严格规划、计划、监督与控制；研究与制定符合社会资源市场化配置的条件；根据不同的情况建立以基金方式参与市场资源的配置，但需建立政府投资的明确退出机制。

4. 城乡一体化规划与建设管理机制

(1) 按照城乡统筹规划法和新型城镇化的需要，建立城乡一体化规划管理制度与机制。彻底改变规划无序、建设杂乱、基础设施与公共服务设施配套欠缺的现象。确保新型城镇化规划满足技术、人才、资本、金融等要素进入条件，同时对城乡"产城融合"发展计划和小城镇建设发展规模、时序、标准进行有效控制。

(2) 按照城乡统筹规划法和新型城镇化的需要，建立城乡一体化建设管理制度与机制，特别是新型城镇化建设规范与标准，确保通过新型城镇化能推进四化融合发展。

(3) 建立城乡土地利用总体规划制度。确保新型城镇化建设中土地管理纳入政府土地管理，并在确保农村建设用地与城市建设用地同权的同时，确保新型城镇化建设过程中的土地管控。

(4) 建立城乡一体的规划、建设、土地行政管理体制。重点将城市的规划、建设、国土管理行政组织和政策向农村延伸，弥补农村三个方面行政管理的空缺。

5. 完善新型城镇化建设组织架构

第一层：农村法人主体。由农村集体组织与农民按《中华人民共和国公司法》共同设立的农村法人主体担负的职能是农业与农村产业经济结构调整；

农村经营性建设用地一级开发；主导农村农业基础设施建设实施；参与新型城镇化开发；按市场化原则获取农村集体组织和农民的利益；保障新型城镇化中农民的就业和利益。

第二层：农村法人主体与社会资本共同构建的一级开发平台。在新型城镇化整体规划方案框架下，按市场化原则，"农村法人"以契约的方式引入社会资本，完成土地的一级开发，同时完成土地资源的资产化和股份化。

第三层：在一级开发平台下组织二级开发。在开发平台以"农村法人"为主体将国有经营性建设用地面向社会资本"出让"以获取土地红利；或者参股建设开发环节，获取建设开发利润分红或物业分配。

第四层：资产高级化运营组织。就所拥有的资产或资源，独立或与社会资本合作进行资产经营。

新型城镇化建设组织架构如图3-2所示。

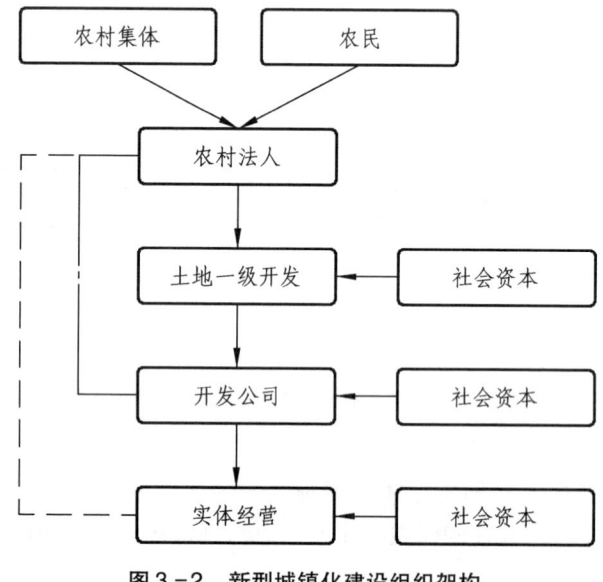

图3-2 新型城镇化建设组织架构

第五节 发展民营经济

重点实施专业化发展、企业创新、发展混合所有制经济、发展集群经济四大战略，发展民营经济。

一、实施专业化发展战略

民营企业规模较小,资金、技术、人力、管理等资源有限,经济实力较弱,应避免贪大求全、盲目多元化,走小而专、小而精的发展道路,发展成"专、精、特、新"民营企业,将有限的经营管理资源集中到有限的经营领域,实施专业化发展战略,取得竞争优势。实施专业化发展战略,不仅资金进入壁垒低,而且生产技术易于更新改造,产品创新或工艺创新相对容易发生,有利于提高生产技术水平,也有利于产品推陈出新,提高产品质量,取得规模经济效益。在专业化生产经营中,民营企业又可选择特色经营战略,以个性化、特色化的产品或服务,建立企业经营特色,以其他企业难以模仿和替代的核心竞争力取得竞争优势,提升市场地位和竞争力。与强势企业分工协作,实行社会化大生产的专业化分工协作,为大企业提供零部件配套产品,也是民营企业实施专业化发展战略的一个重要方面。截至2013年,通过产业带动,重庆市有13.2万户非公有制企业与国有企业形成了产业链合作。为核心企业提供专业配套服务,与核心企业建立长期稳定的业务合作关系,有利于民营企业提高生产技术水平和管理水平,取得少品种、大批量生产的成本优势,谋取规模经济效益,实现自身的不断发展。

二、实施企业创新战略

创新是企业可持续发展的永恒主题。自1912年奥地利经济学家约瑟夫·熊彼特出版其名著《经济发展理论》以来,创新的概念和思想就被纳入经济发展理论之中。创新已成为企业未来发展的核心问题。创新是企业可持续发展的强大动力,它是一个将资源从低效率使用转向高效率使用的过程,它不但能使企业赢得竞争优势,而且能为企业不断持续这种竞争优势提供保障。熊彼特将创新定义为"新的生产函数的建立",即"企业家对生产要素的新的组合",也就是把一种从来没有过的生产要素和生产条件的"新组合"引入生产体系。它包括五种情况:一是引入一种新产品或提供产品一种新的质量;二是采用一种新的生产方法;三是开辟一个新的市场;四是获得一种原料或半成品新的供应来源;五是实行一种新的企业组织形式。民营经济企业创新主要包括技术创新、管理创新和制度创新等内容,核心在于技术创新。民营企业加强企业创新,要建立鼓励企业创新的机制,加大科技投入,加强对员工的技术培训,尊重员工个性发展,创造员工进行技术创新的宽松环境,激发员工创新精神。在技术创新的方式上,一方面,民营企业要加大自主技术创新的力度;另一方面，民营企业要积极开展合作技术创新，建立产学研协同创新机制，与大型企业、大中专院校、科研机构以及其他民营企业合作进行技术开发与创新，与合作者实现优势互补、风险共担、利益共享、共同发展，实现企业技术升级和进步，促进产品更新换代和质量提升。

三、与国有经济优势互补，发展混合所有制经济

党的十八届三中全会指出，国有资本、集体资本、非公有资本等交叉持股、相互融合的混合所有制经济，是基本经济制度的重要实现形式，有利于国有资本放大功能、保值增值、提高竞争力，有利于各种所有制资本取长补短、相互促进、共同发展。允许更多国有经济和其他所有制经济发展成为混合所有制经济。国有资本投资项目允许非国有资本参股。允许混合所有制经济实行企业员工持股，形成资本所有者和劳动者利益共同体。

四、实施合作竞争战略，发展集群经济

近年来，经济竞争日益全球化，市场竞争日益加剧，市场环境变化加快，不确定性增加，商业环境"唯一不变的就是变化"。企业之间的竞争也从对抗竞争走向合作竞争。未来的竞争是不同商业群落之间的竞争，对于一个单独的企业个体来讲，竞争更体现在加入或营造有影响力的、能为自己带来实际价值的企业生态系统。实行组团发展，发展集群经济成为重庆市民营经济参与市场竞争、实现可持续发展的重要抉择。

第六节 打造城市新中心，实现城市价值提升

一、建立适应国家中心城市定位要求的城市新中心空间

从重庆打造国家级中心城市，建成1200平方千米、1200万人口的巨型城市，作为国家级中心城市的城市中心，需要从更大空间尺度考虑重庆主城区的城市中心构架，其空间应由单核形态（即以解放碑CBD为核，联动江北观音桥、南坪的单核城市中心）向北、南和西三个方向扩展成多核形态，在重庆城市向北拓展的同时，重庆中心城区应突破中梁山向西延伸，向东突破铜锣山的阻隔，打造若干个新的城市中心，形成网状珠联式布局支撑的国家中心城市的空间结构。

对于城市新中心的选址，基本的考虑因素有：一是有一定的建设开敞空间，有具有发展潜质的产业基地，以便形成产城融合的发展格局；二是距原城市中心，拉开一定的距离，以便使两个中心之间的发展干扰和交叉影响至最小，一般距离为 25～35km 为宜。据此，建议对重庆城市新中心的理想构架为：

以双福—走马—金凤为主体，打造西南部城市中心；以大学城—西永为主体，打造西部城市中心；以龙洲湾为主体，打造南部城市中心；以茶园新区为主体，打造东南部城市中心；以悦来—空港新城为主体，打造北部城市中心。从国家中心城市发展看，这若干城市新中心应承担与解放碑城市中心比量齐观的综合服务功能，以起到疏解人口和产业的目的，缓解未来巨型城市中心压力。

二、率先打造双核型城市新中心引领城市发展

由于发展条件和建设进程的不一样，五大城市新中心的建设不是一蹴而就，也不可能同步建设形成，而是一个较为长期的城市演变过程。当前，应率先打造悦来—空港新城，形成国家中心城市的双核型城市中心。其理由如下：

一是有良好的产业发展基底。该区域地处两江新区核心地带，集多重优惠政策于一身，是重庆市重点开发地区，布局有长安福特等大批高新技术制造业集群和金融、商贸、会展、旅游等现代服务业。

二是空间距离恰当。该片区距解放碑中心区 28 千米，匀速车程在 40 分钟左右，两个中心对周边形成排斥力和吸引力正好达到平衡，构成双核磁力场，起到稳定城市发展结构、优化城市发展结构的作用，不会干扰或者削弱一个已经存在的城市中心的发展。

三是发达便捷完善的交通体系。由"国际航空港＋轨道交通＋城市快速干道"等复合交通组成，体系完善发达、便捷。航空港有全国排名第 9 位的江北国际机场。轨道有 3 号线、6 号线，未来规划有 6 条轻轨覆盖。城市快速干道有同茂大道连接东西，节庆大道贯穿南北。

四是成熟的大型公共服务配套。有八中、巴蜀等优质教育资源入驻，重庆报业传媒中心、人力资源产业园已经开工建设，该区域拥有占地面积 1.53 平方千米、重庆市最大、定位于世界级的城市开放公园——重庆中央公园，有总建筑面积达 60 万平方米，其中室内展览面积 20 万平方米，拥有全国第二、西部第一的重庆国际博览中心。

三、建立 SOD 和 TOD 驱动的城市发展机制

悦来—空港片区是重庆城市具有重要发展潜力的新中心，由于交通发达、社会公共设施配套完善，应导入 SOD（service oriented development）与 TOD（transit oriented development）复合发展动力机制，将之打造成城市各阶层社交休闲、陶冶情操、回归自然的理想场域，成为新兴产业、高端服务业集聚的区域，成为全球人们的关注焦点、国际名流精神属地，成为城市价值高地。

第七节 促进农业加工业创新发展

一、农业加工业发展思路

坚持把农产品加工业作为统筹城乡发展的载体、带动"两翼"农户万元增收的龙头，以农产品加工综合利用和精深加工为方向，以农业产业化经营为基本途径，以发展特色产业、名牌产品为重点，以科技创新为动力，努力提高农产品加工业综合效益和市场竞争能力，促进农业增效、农民增收和农村繁荣。

1. 整合资源，增强竞争力

坚持"扶大、扶强、扶优"的原则，制定促进农产品加工行业整合的政策，全面推进行业整合工作，不断提高农产品加工业的核心竞争力和主要农产品加工增值率。加大农产品加工企业的整合力度，鼓励现有优势企业盘活存量资产，重点在粮油、畜产品、蔬菜加工等行业开展跨区域、跨行业、跨所有制的整合，做大做强，组建一批集贸、工、农一体化的大型企业集团，力争"十二五"内扶持培育2~3家上市公司，5个年销售收入过50亿元、10个年销售收入过10亿元龙头企业；新增市级农产品加工示范企业150家，累计达到300家。

2. 建设园区，形成产业群

重庆的基本农情是人口多资源少、山地多平坝少、条件差基础弱。基于这样的基础条件，农产品加工业必须走集约利用资源、推进科技创新、提高产出效益的集聚发展路子。特别是随着工业化、城镇化的加快推进，农村人口有序转移，农村资源人均占有量提高，为农业推进专业化、规模化、集约化生产创造了条件。为此，要按照高起点规划、高标准建设、高效益产出的要求，扎实

推进特色工业园区、綦江食品工业园、现代农业园区、中小企业特色产业基地、小企业创业基地、农产品加工基地建设，特别要加强27个国家级农产品加工基地建设，培育一批市级农产品加工园区（基地），创新管理机制，完善配套设施，引导农产品加工业集聚发展，打造一批规模较大、特色鲜明、竞争力强的农产品加工园区。加强农产品加工原料基地建设，充分发挥重庆农业资源优势，做大做强各种农产品生产基地。支持龙头企业组织建设自有原料基地，鼓励龙头企业、专业合作经济组织和农户"三位一体"建基地。强化科企"联姻"，推进科技入园，积极推进各类科研院所与农产品加工园区建立稳定的合作关系，鼓励科研院所和农业科技人才以技术入股的形式参与农产品加工业发展，为农产品加工业发展提供科技支撑。"十二五"期间，组建一批贸工农一体化大型企业集团；新增市级农产品加工基地24个，累计达到30个，扶持培育一个销售收入千亿级农产品加工产业集群。

3. 打造品牌，提高知名度

推行农产品质量安全产业链监管模式，构建农产品质量安全可追溯体系。引导龙头企业树立质量意识、品牌意识，围绕质量塑造品牌，围绕品牌开拓市场。推进管理创新，引导企业树立品牌经营理念，实施标准化生产，规范生产、加工、包装的全过程。推进品牌创建，大力开展名牌产品推荐认定，积极扶持发展无公害农产品、绿色食品、有机食品和地理标志农产品。注重农业品牌培育，鼓励创建重庆名牌农产品、中国驰名商标，发挥我市现有影响力较大的知名品牌的带动作用，在生猪、柑橘、蔬菜、茶叶等行业中分别选择1~2个强势品牌，进行整体包装策划，努力打造一批全国品牌、世界品牌。推进加工产品流通，加快农产品批发市场改造升级，支持龙头企业建立直销网络，广泛运用现代营销手段，拓展国内市场，开辟国际市场。

4. 立足双赢，打造"共同体"

引导龙头企业从长远战略出发，树立"农民兴、基地兴、企业兴"的理念，切实加强农企利益联结机制建设。大力发展农民专业合作组织，加快"农民专业合作社"建设，吸引更多的农民加入到各类专业合作组织中来，到2015年使我市农民参合率达到50%以上。创新利益联结模式，积极推广"龙头企业+专业合作社+农民""股份合作"等发展新模式，使农民与龙头企业结成利益共享、风险共担的"共同体"，为实现基地生产标准化、规模化奠定基础。

5. 优化服务，完善服务体系

认真贯彻落实重庆市政府办公厅《关于加快推进中小企业服务体系建设的意见》（渝办发〔2012〕299 号）精神，努力推进中小企业、农产品加工服务体系建设。"十二五"末，基本建立市级公共服务平台＋区县窗口服务平台＋产业集聚区窗口服务平台"三位一体"的公共服务平台网络体系。争创 10 个国家级公共服务平台，打造 30 个市级公共服务示范平台，培育 100 家市级重点服务机构和 10 家具有区域特色的优质服务品牌，带动数千家专业服务机构建设。服务体系的覆盖面、需求满足率和服务满意度明显提高，对中小企业、农产品加工业发展的支撑作用明显增强，形成区域特色鲜明，服务功能完善，运营规范、方便快捷、社会影响力大和品牌知名度高的服务网络体系。

二、主要措施

1. 加大财税扶持力度

大力发展农产品加工业，对于推进城乡统筹发展、调整农业农村经济结构、提高农产品的市场竞争力，具有重要意义。为此，建议：

一是整合财政支农专项资金，重点扶持农产品加工业的发展。设立农产品加工业发展基金，增加市级乡镇企业发展专项资金规模，从 2012 年的 2200 万元增加到 5000 万元。乡镇企业发展资金 80%、中小企业发展资金 25%～30% 用于扶持农产品加工企业加强技术创新和技术改造，加大创业扶持和技术人员的培训。

二是对《重庆市人民政府办公厅关于保障食品安全财税扶持政策的通知》（渝办发〔2011〕245 号）规定"两翼"地区市级以上（含市级）经济开发区、工业园区内食品企业缴纳房产税、城镇土地使用税确有困难的，经市地税局审批后，定期减征或免征房产税和城镇土地使用税的政策，扩大到所有农产品加工企业享受。对市级以上（含市级）从事食品加工的农业产业化经营龙头企业缴纳的企业所得税，其地方留成部分全额补助企业。

三是减轻企业负担。贯彻落实中共重庆市委、重庆市人民政府《关于推进新型工业化的若干意见》（渝委发〔2012〕21 号）规定，市级及以上农产品加工示范企业新建工业生产性建筑，减免城市建设配套费。严格执行国家税法，按企业实际融资利息计算财务成本并作为税前抵扣。

四是解决增值税"高征低扣"问题。农产品加工业尤其是其深加工业，是农业产业化发展的根本出路和基本实现形式。不少企业反映，农产品加工增值税抵扣不合理，其进项税率为13%，但深加工后的销项税率为17%，比一般工业企业要多承担4个百分点的增值税税赋，且面向农民收购原料时，因农民无法出具增值税发票，企业无法获得抵扣。同时，由于农产品注释范围界定不清，简单加工与精深加工区分标准不明，在实际操作中很难把握农产品简单加工后的产品类别归属，很容易造成增值税进项税额抵扣执行政策的不一致。为此，建议：一方面，向国家税务总局和农业部反映，希望国家有关部门研究扩大和统一农产品征税注释范围，制订新的《农业产品征税范围注释》，增加农产品的注释品种，最大限度地把以农产品为原料的加工产品列入农产品征税范围；另一方面，对"高征低扣"的税负差进行超税负返还或由市财政对"高征抵扣"税负差部分进行补贴。

2. 切实解决融资难问题

贷款难、融资难是长期以来农产品加工企业遇到的共性问题。在严厉的信贷责任追究制度下，金融机构为防范信贷风险，普遍采取充分抵押措施，严格审批程序，审慎发放贷款。不少农产品加工企业面临着抵押物不足、贷款担保难度大、融资难的现实问题。为此，建议：

一是市政府尽快制定有针对性的政策，引导商业银行在风险分担、放大倍数和业务开展等方面加强与信用担保机构合作。同时，鼓励社会法人和民间资本进入担保资本体系，支持民营资本采用独资、股份制等形式参与担保机构建设或设立企业互助性、商业性的担保机构，为企业融资提供担保服务，提高企业融资能力。

二是成立农产品加工信用担保机构，由农产品加工业协会负责组织有实力的农产品加工企业出资成立重庆市农产品加工信用担保有限公司，对会员给予优先担保。

三是支持农产品加工企业开展联保贷款、合伙互助等信贷服务。

四是重庆市乡镇企业担保公司、重庆农业担保公司等，对农产品加工企业给予优先担保。

3. 切实解决用地难问题

按照《中华人民共和国乡镇企业法》和《重庆市中小企业促进条例》规定，切实解决农产品加工企业的用地难问题。法规依据如下：

《中华人民共和国乡镇企业法》第二十八条规定：举办乡镇企业使用农村集体所有的土地的，应当依照法律、法规的规定，办理有关用地批准手续和土地登记手续。

《重庆市中小企业促进条例》第十六条规定：市和区县（自治县）人民政府应当把中小企业发展用地依法纳入土地利用总体规划和年度计划，并在城乡规划中安排相应的建设用地建立中小企业创业基地。农村集体经济组织兴办的中小企业，或者以农村集体所有建设用地使用权入股、联营等形式与其他单位或者个人共同创办的中小企业，可以依法取得农村集体所有建设用地使用权。鼓励中小企业通过农村集体用地使用权流转从事农业产业化、规模化、集约化经营。在区县耕地复垦中，用一部分建设用地指标集中在中心镇规划建设一批小企业创业基地，支持农产品加工企业投资举办实体经济。

4. 市政府出台新的政策文件

重庆市农产品加工业现在执行的是《重庆市人民政府办公厅转发市乡企局市农业局市农办关于促进农产品加工业发展意见的通知》（渝办发〔2007〕310号），已经执行5年多，随着经济社会发展，有的已经过时，建议市政府出台进一步促进农产品加工业发展的新的政策文件，修订进一步促进农产品加工业发展的财税政策、用地政策等。

第四章 重庆经济可持续发展——改革篇

第一节 确实推进农村集体产权制度改革

重庆市作为城乡统筹综合配套改革实验区，实施农村集体经济产权制度改革战略意义非凡。通过7年努力，基本形成全面、系统、规范的农村集体"三资"管理制度，基本形成产权明晰、权责明确、管理民主、监督有力的三资运行机制，基本形成科学高效、公开透明的指导、服务、监管体系，确保农村小城镇与新农村建设顺利开展，实现重庆城乡统筹综合配套改革的试点、示范价值。具体措施：

一、加强集体资产的规范管理，推进农村集体经济组织产权制度改革

一是根据经济社会发展情况进一步完善《重庆市农村集体资产管理条例》，出台该条例的具体实施细则。

二是制定"农村集体资产处置办法"，由市政府出台《撤消村、组建制中农村集体资产处置办法》。该处置办法应该充分体现集体经济组织的所有权和选择权。

三是分离农村集体经营性资产和公共服务资产，对公共服务资产进行重新分类和资产评估，建立农村集体公共服务财产信息档案，确立农村公共服务财产全部归属集体的准则。

四是分离（在重庆市农业管理中现有的集体资产统计口径下）农村国有资产和农村集体资产。重点对大型水利、交通、电力等基础设施进行国有化登记管理，同时对农村集体资产进行财务分类明晰管理。

五是对农村农业经营性财产实行资产量化。在实行全面清产核资基础上按

照产权清晰、权责明确、保护严格、管理科学的原则，对集体"三资"进行股份量化。在实施量化过程中对集体经济组织成员按照当期人口继续执行"生不补，死不退"的原则进行认定。

六是在农村集体土地没有实现资本化产权开发的时候，土地继续保留现存集体自治管理组织，同时维持农村基层组织对土地经营管理的职能。

七是在农村实现土地资本化开发以后，按照土地资产评估价值，转入村社公司化组织账户。

二、改革发展集体资产经营的组织机制

一是把现行的代行村、社集体经济功能与村民委员会、村民小组、居民委员会计策自治管理功能区分开。发展农村合作经济组织和公司化企业组织。

二是推进农村公司化经济组织建设。可以参照农民专业合作社法登记办法，简化农村社公司化经济组织登记手续，其中主要是考虑农村集体注册现金缺乏，准予以资产评估的农业经营性实物资产进行登记。

三是发展农村经济中介服务组织。重点发展农村资产评估、审计、金融担保等中介服务组织。

三、改善农村土地联产承包责任制度

农村联产承包责任制度是农村集体经济体制下的经营制度，不是所有制度。在联产承包经营制度实施38年来，随着农村劳动力大量转移、80年联产承包土地人口死亡率达到50%左右，剩余劳动力人口30%转移，人口与农村资源分离率达到70%左右，从法律上去规定联产承包经营权利不得调整，严重阻碍农村经济资源的重组与经营发展。因此，改革重点如下：① 法律上规定农村村民联产承包经营土地的权利，即对凡是户口在原籍、在家务农或返乡务农的村民给予土地承包经营的权利；② 对农村联产承包经营实行考核制度，对长期撂荒土地、转亲友、留老人粗放经营的土地可以由村集体根据土地流转需要收回承包土地或收回部分承包土地的经营权利。

四、实现农村土地集体所有制度

核心是将农村非农林土地转化为符合当前政策的土地资产。具体路径如下：

一是通过承包经营的精细管理，一定程度上认定：包产到户联产承包经营

是农村集体与经营农户的契约关系；农村集体对农地享有自物权。

二是给予农村集体土地整治权利。政府建立土地整治中心和制定农村土地整治政策，以加强农村土地整治的管理和帮助，但具体整治权利仍归属农村集体。

三是对农村土地整治还林还农指标（地票）给予农村集体。如果地票上市交易，交易管理按照重庆市当前地票交易及收益管理制度进行。

四是对农村地票就村落地，给予本村集体企业土地国有化登记管理优惠制度。

五、提升农村土地的市场价值

要提升农村土地的市场价值，首先就是要集中。农村宜林宜农荒地和农村宅基地、其他建设用地分布散乱，复垦整治是占补平衡条件下农村开发用地集中的关键。为此，建议：

一是农村必须编制土地利用中长期规划，将分散的各种用地进行重新安排。

二是农村必须逐步对各种土地按照土地利用总体规划编制土地整理计划。

三是土地利用计划和土地整治计划叠一，保障遵循农村土地占补平衡原则，获得农村耕地占用。

四是对农村的林地、承包地、水源地、宅基地等空间上没有调整的土地进行环境整治，提升各种用地农产品生产经营价值和体验农业、观光农业的市场价值。

六、实施土地资产化开发制度与流程

在现行法律不变的情况下，农村集体经济组织必须实现土地集中整治和国有化两个过程。因此实施的流程与制度要求如下：

一是完成农村集体各种用地，包括宅基地、荒地、林地、水源地、其他建设用地的所有权证颁发。

二是对农村土地进行整治管理制度的改革。关键是将农村集体土地的整治权利逐步由政府回归为农村集体公司化经济组织。这是农村产权集体所有制度回归的关键一步。

三是农村集体土地整治的资金来源包括：① 与社会资本结合，协议合作，整治农村土地；② 建立政府信用担保、风险补偿机制，获得国家企业债或各

种金融资本；③政府关于土地整治的各种专项补贴。

四是完成农村各项产权证办法工作。①农村集体土地权证由农村集体颁发。不主张由政府对农村土地、林地经营权证颁发，因此已经颁证的，权证管理交由村组集体管理，对没有颁证的，由村社集体颁证。②农村集体流转土地，由农村集体办理使用权证，与流转合同归一管理。③由乡镇无偿占用农村集体土地，由村组集体办法使用权证，并补充土地使用协议。④市、县级政府对农村集体通过土地整治的，按照现行农村地票管理办法发放地票指标。⑤农村本村通过整治的可获取地票在本村使用土地，免交土地出让金和其他各种税费，获取国有土地权证，实现农村土地资产化。⑥获得国有用地指标的土地在资产评估基础上转入集体公司化组织的资产账户。⑦农村用巨大的土地资产与城市资本的对接，保全农村集体开发主体地位，推动新农村与小城镇建设。

第二节　市场性配置科技资源体制改革

积极推进科技资源市场化配置的机制与制度，其基本思路是：确立政府科技事业管理和应用技术市场双轨运行体制。在科技事业管理中，重点推进事业拨款和合同采购双轨并行机制，纠正合同采购的事业经费审核制度；确立应用科技市场中以知识产权证券化为关键的市场化配置资源的运行机制。

一、市场性配置资源的科技体制改革重点

市场性配置资源的科技体制改革重点是：优化事业性科技管理的市场化配置资源的机制；调整政府对应用技术创新转换的促进方式，提高政府资源配置对科技创新的引导作用；在现有核算体系下，推进知识产权证券化交易市场体系建设，提高知识产权流动性能，促进知识产权与其他资源的对接能力；按照联合国要求，逐步建立国民经济管理体系中知识产权核算制度，并建立金融对知识产权的服务制度。最终形成管理体制与运行机制的系统改革，建立市场化配置资源的科技管理体制与机制。

二、市场化配置科技资源的实现方式

一是建立市场化配置资源的信息环境。即，推进科技创新价值评价制度、

知识产权国民经济核算制度建设，为政府市场化配置资源和其他市场经济要素向知识产权对接提供信息基础。

二是确立政府科技事业管理的市场化配置公共资源的运行机制。即，以政府招标市场化采购基础研究和公共技术研究；不断探索科技创新服务政府投资向政府采购制度转换方式。

三是政府在科技市场推进中，以贷款贴息、政府担保、成果奖励、科技投入抵扣税收，科技产业减免税收等多方式分层次推进关键应用技术和一般应用技术创新和转化。

四是全面建设应用技术的市场运行环境。即，建立知识产权证券化流动制度、知识产权贷款金融许可制度、科技创新转换风险担保管理制度，扩大知识产权与其他经济要素的结合能力和知识产权的流动能力。最终形成市场化配置资源的科技管理体制大格局。

1. 建立市场化配置资源的基础条件

（1）建立科技创新价值及科技创新风险之专业化、市场化评估机制。第一，确立评估对象和环节。重点参与科技立项的技术及市场价值评估；参与科技结项的技术与市场价值评估；参与社会科技创新技术、设备、产品的市场价值及风险评估。第二，建立完善评估机构组织体系。当前技术评估机构职业素质和规模远远跟不上发展需要，因此要采取鼓励政策，突破难关以吸引国外机构、加大专业技术经济评级专业培训、鼓励评估机构发展政策等壮大评估机构组织体系。

（2）建立科技资产化财务管理制度。科技管理部门组织对产业、企业科技研究、创新能力建设、创新服务建设项目立项和结项评估。对最终创新价值进行认定，并进入企业资产报表，纳入企业资产管理，扩大企业资产总量，提升企业资产信用能力。

（3）建立科技资产化的金融及非金融服务制度。建立专业银行、专业信托、专业基金、专业担保等金融及非金融服务体系，逐步摒弃金融及非金融服务对科技创新及转换的风险排斥。

2. 建立政府科技管理中的市场化配置公共资源的运行机制

（1）明确政府科技创新活动管理的职责内容。明确科技管理部门在基础研究、公共服务领域的技术创新的发展职责；对科技创新服务体系的分类管理职责；对应用技术市场具有计划指导、发展鼓励职责。

（2）建立基础研究和公共服务领域的技术研究的市场化采购机制。其重点是在现有政府科技采购价格总量包干、质量优先的原则上，一是合理预算项目成本和预测科技创新价值，即确立合理的价格总量与结构，结余归己，不再按照三公经费进行全额审计，严格科技成果质量验收程序；二是建立政府采购中风险分担机制，实施科技经费分段拨付制度，项目预算费用定期拨付，项目创新机制根据项目验收情况具体处理，不合格项目不支付创新收益；三是科技成果的知识产权政府所有，政府奖励科技人员部分占有知识产权。

（3）建立科技创新服务体系建设资源的市场化配置制度。主要是公共服务平台建设的市场化建设、社会市场化采购服务、政府补贴配套制度。所有生产力促进中心、行业工程中心、各级工程技术研究中心、科技孵化基地等公共服务平台，尽可能依托服务需求最大的企业或社会资本投资，对社会进行有偿服务，同时，政府采用合理的模式对供需双方进行财政补贴。

（4）建立应用技术创新的鼓励和奖励政策。主要是对应用技术创新中的银行贷款进行贴息、风险担保制度；对应用技术创新成果采取奖励制度；对科技投入实施税收抵扣政策、科技产业减免税收等，支持鼓励应用技术创新转换。

三、建立应用技术创新与转化的市场机制

1. 建立科技创新无形资产市场化流动机制

以科技无形资产机制评估公信为基础，努力争取建立知识产权证券化市场体系，确立无形资产市场化流动机制。即通过证券市场，一是创造知识产权流动场所；二是实现知识产权的单元化，增强流动能力；三是增加知识产权与金融资产匹配的机会，促进知识产权从无形资产向资金转换的程序，为知识产权与社会资金结合形成投资，推进知识产权生产力转换与利用奠定基础；四是完成知识产权向生产力转化的核心资源配置过程；五是在政府担保、基金管理服务的基础上，建立科技专业银行，推进科技市场的金融服务。

2. 建立科技投入税收抵扣制度

在科技管理部门产业科技体系目录和科技计划管理体制下，企业组织立项和结项申报，科技管理部门立项审批和结项审核，对企业自发投资研究和创新能力建设、创新服务建设项目投资，实施税收抵扣管理制度。

第三节 市与区县财政体制改革

市与区（县）财政体制存在的问题既不利于市级政府调控政策的实施，也不利于五大功能区功能定位的实现。为此，经过调研后我们认为，应当着力在以下几个方面完善现有市与区（县）财政体制。

一、进一步明确市与区县的事权划分

事权划分是财权划分的前提，也是各级政府履行职责的指导。要根据各个功能区的定位研究出台《市与区县政府间财政支出责任划分方案》，这一方案应当首先对重庆政府职能做一个比较清晰的界定。要规范支出责任划分体制，按照公共财政理念下的政府与市场的作用边界，合理调整财政支出的规模与结构，解决政府事权范围的"缺位"和"越位"问题。其次是要对市级财政与区县财政目前的财政支出职责进行梳理，按照各类财政支出职责受益范围的大小以及各类财政支出职责公平属性的差别，合理确定市与区县相应应当承担的主要职责。

二、适当提高市级财政占全市财政收入的比例，增强市级调控能力

重庆市城乡、区域差距较大，这就要求市级财政应当拥有较强的财力空间，为此，应当扭转目前市级财政收入占全市比例持续下滑的局面。据测算，如果市级财政占比由目前的41.6%提高到2004年时的45%，则可使市级财政增加约55亿元的收入，对进一步增强市级财政的调控能力具有重要意义。

三、改革市与区（县）的体制分类

在进一步明确和科学划分市与区县政府间财政支出责任的前提下，为适应五大功能区的定位，应当将现行市与区（县）的三类体制分类，即主城区、渝东南民族区、其他区（县），改分为主城区（包括都市功能核心区和都市功能拓展区）、渝东北生态涵养发展区和渝东南生态保护发展区、城市发展新区新的三类体制。也就是说，将原归类于"其他区（县）"的渝东北区归类于渝东南区，原归类于"其他区（县）"的都市功能拓展区单独归为一类，主城区的分类保持不变。

在将区（县）按照其功能定位重新进行分类后，应当实行不同的收入分

成办法。根据功能定位、经济发展水平以及未来发展方向，应当适当提高市对主城区的地方财政收入分成比例，降低市对和渝东北生态涵养发展区的收入分成比例，维持市对城市发展新区和渝东南生态保护发展区的体制格局不变。具体来说：

1. 主城区——"一上"

都市功能核心区和都市功能拓展区属于重庆传统上的主城区，从历史上来看，一直是重庆经济发展的核心区域和重点发展区域。经过长期发展，主城区已经形成了相当规模的经济基础和产业结构，具备较强的自我造血功能和内生发展动力，有能力为全市区域之间、城乡之间的协调发展做出贡献，也应当成为工业反哺农业、城市支持农村的主要力量。因此，主城区应当成为市级财政可支配财力的主要贡献者和来源地。为此，在市与主城区的财政体制上可将部分税种如所得税、增值税的市本级分成比例进一步提高，相应降低两个功能区的分成比例。同时，可将主城区部分具有发展潜力的税种如耕地占用税、土地增值税、城镇土地使用税和契税改为市本级与区（县）的共享税。

2. 都市发展新区和渝东南生态保护发展区——"两个不变"

都市发展新区是全市未来工业化和城镇化的主战场，集聚新增产业和人口的重要区域。都市发展新区担负着以发展工业为主要手段来承载未来都市功能核心区适当疏解人口、渝东北生态涵养发展区和渝东南生态保护发展区人口迁出的使命。对于都市发展新区来说，经济发展的好与坏直接决定着渝东北和渝东南两个功能区功能定位及其人口迁出政策的成败，发展任务十分艰巨。对于这一功能区，应当维持目前市对都市发展新区部分收入参与分成的格局不变，不再增加市级收入分成比例。

渝东南生态保护发展区。渝东南在功能定位上更加强调了生态保护。在现行市与区（县）财政体制下，渝东南所有地方收入全部留给区（县），市级不参与分成。从确保渝东南生态保护功能的角度，这一收入全留的政策应当予以维持。

3. 渝东北生态涵养发展区——"一下"

渝东北生态涵养发展区在功能定位中生态功能强化而经济发展功能弱化，需要超载人口的梯度转移。在现行市与区（县）财政体制下，渝东北生态涵养发展区是与都市发展新区采取同样的财政体制，市级财政参与了区（县）部分收入的分享，不利于渝东北功能定位的实现。为此，市参与渝东北收入分成的财政体制应当改为与渝东南生态保护区相一致的财政体制，即渝东北生态涵养发展区的财政收入全部留给区（县），市财政不再参与分成。

四、优化财政转移支付，实行功能区导向的市对区县转移支付

市级财政筹集到的可用财力并不是用于市本级，而是要面向区（县）进行财政转移支付，以实现财政资源的再分配。从市级向区（县）的财政转移支付的分配中，应当更加注重基于各功能区的定位来进行分配，并在总体上向城市发展新区、渝东北生态涵养发展区以及渝东南生态保护发展区倾斜。具体来说：

1. 对不同的功能区实行不同的财政转移支付政策

都市功能核心区承担着金融创新、现代服务业中心的功能，要集中展现智慧城市和现代化大都市风貌。对于都市功能核心区来说，其产业结构优化的方向主要是现代服务业，其城市空间优化的主要方向是城市风貌的改造与提升。为此，财政转移支付应当注重申报与安排国家设立的智慧城市、低碳减排城市等专项经费。财政转移支付要向鼓励现代服务业发展和促进城市升级改造倾斜。

城市功能拓展区是全市科教中心、物流中心以及先进制造业集聚区，可以说，重庆经济发展质量能否得到提升取决于城市功能拓展区先进制造业能否取得大发展。为此，市级财政应当优先考虑与产业升级相关的技术改造、贷款贴息、科技研发等转移支付补助。此外，应当实施引导经济增长方式转变和产业结构升级的财税政策，要充分发挥税收政策的调节作用，注重对技术创新和产业升级的引导和支持等。

城市发展新区是全市未来工业化、城镇化的主战场，属于传统产业大力发展的区域和城镇化的区域。为此，财政转移支付应当注重于支持城市基础设施建设和支持传统产业发展，建立产业发展专项资金，支持城市发展新区的产业集聚。应当实施推动经济可持续发展和承接产业转移的财税政策，为支持经济发展，财政转移支付应当加大对交通、能源、水利、水电供应以及污水处理等基础设施建设的投入力度，为加快城市发展新区工业化和城镇化创造条件。

渝东北生态涵养发展区和渝东南生态保护发展区的首要任务是加强生态保护与涵养。为此，一是要加大对于环境保护与生态涵养方面的转移支付力度，二是要加大对于发展生态旅游等方面的基础设施建设转移支付力度。此外，为了保障生态涵养发展区和生态保护发展区不因部分或全部地限制经济发展造成

公共服务水平的下降，市级财政应当明确基本公共服务均等化的范围和标准，并通过均衡性财政转移支付满足两个功能区公共服务均等化所需的财力。

2. 以一般性转移支付作为主要财力提供手段，严格限制专项转移支付

对于主要以区县为主的事权，不再采取"一事一补"的方式，而是通过增加一般性转移支付的规模和完善分配方法来为区县事权履行提供财力保障。除非是涉及普遍的区域性事权，对于区县范围内个案式的单独事权都由区县通过一般性转移支付等财力提供手段自行解决。

3. 进一步规范分配专项转移支付

对属于市与区县共同承担的事权，严格按照新的主城区（包括都市功能核心区和都市功能拓展区）、渝东北生态涵养发展区和渝东南生态保护发展区、城市发展新区新的三类体制，渝东北和渝东南不再要求提供财政资金配套，而是由市本级全额提供补助，而对主城区（都市功能核心区和都市功能拓展区）则要求提供较高的配套率，以体现均等化原则，不再"一地一率"、对特定地区特别对待。

第四节　人口城镇化制度性突破

一、户籍制度改革

促进农民工及其总供养人口市民化，就是要消除"农民工"这个概念下人群，同时构建农民工进城与返乡的各项保障制度的双向流转通道，实现人口城镇化、城乡统筹、"三农"协同发展。城市化建设基本思路是户籍改革与相关政策制度同时推进，城市与农村协同推进。其中，首要问题是厘清中国城乡二元制度体系内容，解析制度之间的关联关系，快速推进农民工市民化综合配套制度改革，继而全面实施农村综合配套体制改革，最终实现城乡一体化目标。

1. 城市方面

主要推进农民工进城子女入学、进城农民工老人的医疗、养老保障优惠政策，明确农民工进城后的养老保障和医疗保障制度，加快重点针对农民工的保障性住房（经济适用房、廉租房、公租房、限价房制度）体系建设、与之配套保障性住房建设管理制度和土地制度建设等。这一系列的政策制度的建立和

完善旨在解决农民工进城后，之前在农村享受的住房福利得到有效续接；满足农民工在城市"居者有其屋"的财产需求；确认农民工进城以后的养老保障；根本解决农民工子女入学问题；落实农民工在城市的工伤、医疗保障；实现农民工失业救助等。

2. 农村方面

配套推进联产承包责任考核制度，推进农村土地有效利用；建立农民工联产承包责任退出机制；建立返乡农民工承包准入机制；推进农村承包责任60岁退休制度建设；配套推进农村养老保障制度建设；提高农村医疗保障制度建设水平；健全农民工农村宅基地改造审核审批制度；推进农村保障性住房建设；进行农村保障性住房的土地国有化征用制度，推进农村规划和建设制度改革，确保农村保障性住房科学管理；推进农村产权制度改革，实现农村市场化经济体制建设；以农村保障性住房土地国有化为突破口，开放农村建设市场。这一系列措施旨在：解决农民工撂荒土地问题、盘活农村土地资源；退却农村土地养老功能和六十岁以上就业的保障功能；解决农民工进城的在住房、就业方面的顾忌；实现农村土地的资本价值，提高农民工积蓄的经济价值，为农村获得发展准备条件；推进农村集体资产清理，为下一步农村集体经济产权制度做好改革准备，减少农民工在农村建设空置房形成的资金、土地浪费。

3. 城乡对接方面

一是大胆探索以农村建设用地国有化征用和划拨回农村的制度，保证农村有足够的国有土地资源撬动农村保障性住房建设，也让农村保障性住房与城市保障性住房在管理上对接；通过农村保障性住房制度改革，逐步推进农村住房市场的开放与开发。二是推进城乡社会保障对接制度。三是推进省级行政区内农民工城乡户籍流动制度。

二、关联制度改革

以推进福利制度为基本思路，以公共财政体制改革为支撑，城乡各司其职，通过城乡联动，全面实施城乡统筹综合配套体制改革。

1. 推进城乡统筹的财政体制改革

财政体制改革是城乡统筹的核心与动力。公共财政体制建设的关键是建立城乡公共服务和公共资源差距缩小的制度体系，确保尽快弥补农村贫困地区长期以来公共服务与城市的差距，进而与城市同步发展。

财政制度改革基本思路是上下联动，里外互动，循序渐进、系统配套。具体地说：一是进行公共财政制度改革的战略研究、规划编制和实施方案研究，确立城乡统筹公共财政制度建设的可行性、阶段步骤和实施方案；二是进一步调整分级财政体制的分配方案，逐步加大农村地区财政留成比例、降低城市地区的财政留成比例，或加大城市地区的财政解缴数量；三是在加大农村地区的预算管理审核的同时，放缓减少行政层级的措施，确保地区基本公共服务能力不至于下降；四是进行户籍制度改革，推进农村转移劳动力城市化进程，让城市地区履行对该人群的公共服务义务，减少农村地区公共服务人口负担；五是加大专项转移支付，弥补长期以来农村地区在基础设施、教育、卫生等基本公共资源上的缺失；六是逐步减少专项转移支付的比例，加大一般性转移支付的比例，确保农村基本公共服务稳定发展；七是逐步调整"三不变"的财政制度，将落后地区的农村基本公共服务的提供主体逐步调整为市、区（县）两级政府。

2. 推进城乡一体化的保障性住房制度建设

据调查，农民工购买商品房的意愿不强，因此要在城市加快公租房建设，拓展针对农民工的经济适用房、自建房建设。同时，利用农村富余的建设用地资源，参照城市保障性住房开发模式，建立与现代农村发展相适应、促进农民工进城的农村住房保障体系。

（1）强化政策刺激，建立农民宅基地退出机制。按照当前重庆市农民工退出宅基地的办法，进行农村宅基地拆迁与补偿。重庆江北区试点看，每人可以获得11万补偿金。

（2）建立城市保障性住房体系。一是继续推进公租房制度建设，为中等以上收入的暂住人口提供临时居住。二是试点让企业推进农民工集资建房，实现农民工自我住房价格控制。三是试点推进农民工经济适用房建设，政府控制农民工住房价格。四是进一步推行廉租房建设，让经济收入低、买不起房并随时可能返乡的农民工居住。

（3）建立农村保障性住房体系。一是实施农村建设用地整治、国有化征用和划拨制度，为农村保障性住房提供国有土地资源；以配套国有土地提供为途径，为农村保障性住房提供资金来源。二是继续推进"巴渝新村""居民新村"等形式的农村经济适用房建设，一方面让农村居民集中居住，改善居住环境；另一方面合理预留经济适用房，为返乡农民工提供住房，让进城农民工摆脱对农村宅基地的依赖。三是参照城市公租房建设模式，在乡镇城镇少量开发农村公租房，为返乡农民工务工、本地务工和探亲农民工临时居住做准备。四是建设农村廉租房，实现农村危房改造工程和完善农村住房救助。

（4）建立城乡保障性住房统一管理机制。一是继续推进保障性住房专业管理机构建设。二是建立健全保障性住房审核、审批管理制度。三是建立城乡统一的保障性住房建设标准。四是严格城乡保障性住房建设的监督。五是建立城乡保障性住房结转制度。六是建立城乡一体化的保障性住房的土地管理制度，确保农村土地利益由农村获得。七是建立城乡一体化的保障性住房的规划。

3. 建立农民土地承包考核、退出和准入联动机制

农村劳动力大量进入城市导致农村土地撂荒；因为实施生不补充、死不退还的承包责任制度，导致大量土地与人口脱离；这使土地的养老保障、就业保障功能严重退化，也使土地的生产要素功能弱化。

（1）建立农民联产承包考核制度。因为20世纪80年代土地承包责任人中，当时30岁以上年龄人口现在都在死亡或退休年龄，30岁以下年龄人口60%以上现在成为农民工离开土地，农村承包地与人口分离严重。为了提高农村耕地利用效率，在农村联产承包责任制度不变的前提下，实施联产承包责任考核制度，考核土地经营绩效。

（2）建立农民联产承包退出制度。让长期无法对承包地进行认真、科学经营的农民工将土地退回村集体，进行流转经营。

（3）建立返乡农民工土地联产承包准入制度。给予返乡农民工土地流转优先权，解决其后顾之忧，可以安心进城。

4. 多管齐下，做好"四同步"，提高人口城镇化水平

人口城镇化水平是反映一个国家或地区社会经济发展的一个重要指标。人口城镇化包括人的思想观念、生活方式、消费方式、行为方式和文明礼仪等各方面的城镇化。如何提高准市民的素质，笔者认为可以采取这样一些措施：

（1）移民与培训同步。通过多种方式对准市民进行培训，使其跨好从农民到市民的第一步。一是依托各类社会资源搞培训。如各城镇利用农广校、职业中学对准市民开展培训。二是区分层次搞培训。针对未受过较高程度教育的准市民进行建筑工程、餐饮服务、家政服务等方面的技能培训。三是搞订单式培训。积极通过中介组织等与用工单位联系，了解用工信息，并有针对性地开展订单式培训。

（2）创业与就业同步。加强创业者协会建设，培养创业致富典型。政府

大力加强科技信息服务网络建设，为准市民提供快捷、方便、准确、可靠的技术信息等服务。建立劳务中介等组织，随时帮助准市民创业和就业。通过继续壮大劳务中介的经营规模和扩大经营领域，多方寻求劳务输出。

（3）经济与文化同步。城镇文化越发成为满足市民精神期待的重要保证，要以文化活动为载体，抓好公共文化设施如文化站、图书馆、电视广播、宽带服务等设施的力度。广泛动员和组织市民参与各种喜闻乐见的文化活动，通过各种活动吸引市民群众参与其中，会对市民群众自身素质产生潜移默化的影响。

（4）教育与管理同步。城镇建设中，对所有人口都要加强教育与管理，两手都要硬。一方面要对市民加强引导教育，如组织市民群众对损害公共设施和破坏公共秩序等行为进行劝阻以达到自我教育目的；另一方面要严格管理。管理，主要指对社区治安、计划生育、交通出行、公共卫生、市场秩序等方面的管理，公安、计生、交通、卫生、工商等部门责任重大。可通过创建"文明城市""卫生城市"和"文明市民"等工作，提高市民文明素质，使城市生活更美好。

第五章　重庆经济可持续发展
——政策篇

为了促使重庆经济的可持续发展，必须从重庆经济发展所处的现状出发，结合长远发展规划目标，针对重庆经济、社会和环境各子系统在发展中存在的问题，及各子系统相互之间协调发展方面存在的问题，以可持续发展为准绳，对重庆经济实施相应的可持续发展对策，即从经济、社会和环境子系统方面采取相应措施，并注重协调三个子系统之间的相互关系，最终促进重庆朝着可持续方向发展。重庆作为全国面积最大、人口最多的大都市，是一个具有"大城市、大农村"特色的直辖市，其经济繁荣与否，直接影响我国西部大开发战略。重庆直辖市的设立、三峡工程建设和库区开发、西部大开发战略、我国成功加入WTO等举措都为重庆经济的建设创造了难得的历史性机遇。

第一节　经济可持续发展建议

重庆是中国西部地区唯一的直辖市，也是西南地区和长江上游最大的经济中心城市和水陆空立体交通枢纽，作为全国面积最大、人口最多的大都市，其经济繁荣与否直接影响我国西部乃至全国国民经济和社会的发展。经济发展是可持续发展的基础和必要条件，经济发展的不持续将直接影响重庆经济的发展。根据重庆的实际情况，重庆经济开发的理论模式应是非均衡开发模式。按照非均衡开发理论的三种模式，再结合重庆山区多、贫困县多、经济落后、资金严重不足的市情，我们应选择"点轴梯次开发战略模式"。第一梯次点轴开发选择：重庆至涪陵区；涪陵区至万州区；重庆至黔江区。分别分为两点，两点之间连线为轴，实行以点为中心、带动两点间轴线的开发战略。这样，重点把资金、技术、人才、信息连续地、高强度地投放到四个中心城市，同时又强化重庆到涪陵、涪陵到万州、重庆到黔江的陆、水、空交通、通信、动力通道，就能同时加快四个中心城市的发展。由带动四个中心城市之间的中小城镇的经济开发与发展，经过若干年的第一梯次点轴开发战略实施后，便可进入第二梯次点轴开发战略。第二梯次点轴开发，选择：重庆与永川；重庆与合川；重庆与南川；万州与巫山；万州与巫溪；黔江与酉阳；酉阳与秀山，各为两点，连续地、高强度地投入资金、技术、人才与信息建设，同时强化两点之间的水、陆、空交通、通信和动力通道，这必然促使年轻直辖市全区域的经济快速增长与发展。通过前面对重庆经济可持续发展存在问题的分析，提出以下建议。

一、制订产业整体发展规划，大力发展第三产业

重庆是西部重要的经济、政治和文化中心。应充分利用这一优势来制订产业发展规划。产业整体发展规划的关键在于立足区域资源与产业布局，引导各次产业及内部结构间按照一定方向变化，以达到协调发展的目的。重庆的产业发展规划，要处理好城乡二元经济结构的协调发展，充分发挥城市产业的辐射作用和带动能力，促进农村产业的升级换代，实现"以工哺农、以城带乡"；要处理好区际产业布局，实现区县产业的均衡发展，在大力扶持产业强区（县）的同时，逐步解决三峡库区产业空洞化问题；要处理好重化工业与第一、三产业的发展关系，根据现有产业特点和经济基础，加大政策的调控力度。

对于产业结构的调整，今后重庆市第三产业结构调整的方向应从市情出发，继续加大对交通运输业的投入，大力发展商贸、服务业，提高服务质量，改善相应配套设施。同时，要大力加快通信业的发展。大力改革旧的管理体制和投资体制。加快发展科技、教育事业，加快社会福利、保险事业的发展等。在大力发展高新技术产业的同时，重点应用高新技术改造现有企业、传统产业，继续大力发展汽车、摩托车、医药等优势产业，大力发展产业电子信息、光机电一体化、新材料、生物技术与现代医药四大高新技术产业，鼓励和引导发展环保产业和其他高新技术产品。政府应鼓励和引导民间投资城市基础设施，形成城市建设投资主体的多元格局。重庆必须及时调整产业结构，提高经济总量和效益，实现经济持续增长。首先应推进农业适度规模经营，将剩余劳动力彻底从土地上解放出来，进行第二、三产业的生产经营活动。其次，及时调整乡镇企业结构，改革传统农业，大力发展技术密集型产业，提高产品的科技含量。最后，大力发展第三产业，使资金密集型产业向技术密集型产业转移。

第三产业的发展不仅是产业结构整体提升的主要体现之一，也是增加就业容量、促进就业增长、实现劳动力转移的重要途径。大力发展第三产业，要在产业素质发展上下工夫，着重提高现有服务业的科技含量和规模效益；要支持大型商贸集团的扩张，提高行业集中度；要积极发展现代物流配送技术，改变大市场的传统经营方式，提高商贸业的技术含量；要支持高新技术在金融行业的应用，加速金融机构的市场创新；要大力发展 IT 产业，形成结构完善、运转高效的信息服务体系；要鼓励民间资本进入教育文化产业，形成多元技术培训格局。

二、发展地区优势产业，加快发展多元经济主体

重庆经济经过改革开放以来的发展，已经形成以制造、有色冶金、医药等为龙头的较为完整的工业体系。对具体各产业的发展应根据资源和经济发展而有所侧重。对现有优势产业，如汽车、摩托车、有色冶金等产业，要继续给予大力支持。对某些颇具发展潜质且代表区域产业发展方向的新兴产业，如环保、生态旅游业等，要给予重点培育。对那些专业化水平过低、污染严重、产业关联度不高的产业，如化工、造纸等，应该逐步向外转移或淘汰。逐步降低单位 GDP 能耗，培育区域支柱产业和特色产业在全国的相对竞争优势。重庆科研机构和高校数量众多，智力资源丰富，要充分发挥高等学校、科研机构的创新能力，鼓励原创研究，调动创新积极性。要改造传统产业，提升产品技术含量，开发新产业和新技术，提高产业竞争力。发挥财政投资的导向作用和财政资金的直接扶持作用，带动民间资本进行新技术开发，逐步形成高等学校、科研机构、政府、各类企业共同参与创新升级的局面，推进产业结构调整升级。

随着重庆改革开放的进一步深化，非公有制经济已经对重庆的经济发展起着举足轻重的作用。加快发展多元化的经济主体，已成为推进重庆工业化进程的当务之急。要改变对非国有工业的歧视性政策，需在财政、税收、工商管理、信贷、土地使用、资源开发、社会保障等方面建立非国有工业与国有工业同等的政策环境。在竞争性领域的市场上，要对非国有经济全面开放，在国有经济不必退出的公益性、基础性领域，也要吸收非国有经济进入。鼓励非国有经济租赁、承包、兼并、购买国有工业企业，实现国有经济战略性调整。通过国有经济的退出和非国有经济的发展，实现投资主体多元化、民营化。

第二节　环境可持续发展建议

良好的生态环境，包括美学意义上的融合、生态意义上的协调、居民有舒适的居住环境和较高的生活质量。控制和防治各类污染物，使生态平衡保持良性循环，呈现山水田园城市风貌。主要从前面分析的重庆环境可持续发展中存在的大气、水环境污染较重，农村生态环境差等几个方面的问题来给出环境可持续发展建议。

一、持续改善大气状况

重庆是一个老工业基地，城市生产和生活能源消费以煤为主。由于燃煤导致的煤烟型大气污染一直较为严重，并直接影响到人民群众身体健康，制约了经济社会发展，也影响了重庆改革和对外开放形象。根据多年监测表明，我市大气污染以煤烟型为主，主要污染物是二氧化硫和烟尘，污染物主要来源是工业和民用燃煤。持续推行清洁能源，优化能源消费结构，降低原煤消耗所占的比例，努力扩大电、天然气等清洁能源消费量，依靠科技进步，强化节约能源，提高能源利用效率；加强工业污染防治，转变传统的经济增长方式，降低污染。加强工业污染源监管力度，对大气重点工业污染源实行在线监测；加强建筑扬尘、道路扬尘为主的扬尘污染控制，建立健全扬尘污染控制的长效机制。加强道路冲洗和机械化吸尘作业，增加改性沥青路面比例，严格和规范施工扬尘、建筑渣场管理；加强机动车尾气污染治理，严格执行机动车维护、改造、报废制度，继续对出租车、公交车进行CNG、LPG等清洁能源改造，加强机动车的路检、年检，适当限制私家车发展，实行"公交优先"的战略。通过这些综合整治措施进行大气污染防治，重庆的大气污染突出问题将会逐步从根本上得到解决，蓝天白云在城市上空重现指日可待。

二、加强三峡库区水污染防治工作

长江是中国第一大河流，水资源丰富。对长江流域地区的经济和社会发展起着极大的支持作用。长江上游和三峡库区绝大部分面积都位于重庆境内。拥有80%三峡库区的重庆市，每年有13亿立方米废水流入长江、嘉陵江。工业废水处理率约70%，废水处理达标率约60%，生活废水处理率极低。事实上，万州、涪陵、宜昌等沿江市、县仍会排放工业废水和生活废水进入三峡水库，其总量必将大幅度增加。三峡库区水污染的严重性不仅在于污染本身，而在于污染之后无法治理。因此必须加强三峡库区的水污染防治工作。以国务院批准的《长江上游水污染整治规划》要求的目标，坚持可持续发展战略的原则，结合经济增长方式的转变，并把调整产业结构和生产力布局相结合，把节水与污水资源化相结合，把点源治理与城市污水治理以及面源治理相结合，把整治污水与整治城市垃圾结合起来，在采取综合措施的基础上突出重点，实现经济效益、社会效益和环境效益三者的有机统一。主要措施如下。

（1）加强组织领导，实施流域管理。

加强对全市水污染治理的组织领导，综合考虑流域水污染治理，统筹协调上游和下游的关系。对于跨行政区的河流，要建立水质目标考核制度，定期公布水环境质量，限期实现达标。

（2）狠抓重点，综合治理水污染。

为加快城市污水治理设施建设步伐，规划建设的三峡库区流域的城市污水处理厂要尽快启动实施，做到污染治理与三峡工程建设同步。要做好项目建设前期工作，配套建设好城市下水管网系统；要尽快建设城镇垃圾处理场、完善城镇垃圾收集和清运系统。在三峡工程蓄水前，做好库区沿岸垃圾的清运工作。

（3）加强船舶垃圾的污染防治。

加强对机动船舶的监督检查，加强对船舶垃圾的收集和管理；做好化学品运输的监管，防止发生海损事故，严格控制水面"白色"污染。

（4）控制面源污染，整治次级河流。

抓住西部大开发加强生态环境建设的契机，治理水土流失，加强生态农业建设，合理施用化肥和农药，适度发展人工养殖，积极控制水体面源污染。同时，开展清污分流、疏浚河底淤泥，大力实施绿化，开展次级河流污染的综合整治工作。

（5）加强环境法制建设，完善水污染防治的法规政策体系。

要认真贯彻执行《中华人民共和国水污染防治法》和《重庆市三峡库区流域水污染防治条例》，依法保护水质。在划分水域功能区的基础上，确定污染物排放容量，实行水污染物排放总量控制。按照政府宏观调控和市场机制相结合的原则，多渠道筹措水污染治理资金，制定适应市场经济体制的水污染防治政策。改革计划经济下的城市污水和垃圾处理投资体制，实现城市污水和垃圾处理有偿服务，全面开征城市污水处理费和垃圾处理费，逐步实现污染治理社会化。

三、改善城乡环境

按照城市总体规划要求，大力发展城市绿化。在城市发展规划中，加强城区外围森林公园、城市公园绿地、广场绿地、居住区绿地、小区绿地等公共绿地，河流、道路两侧防护林，道路绿化以及单位专用绿地和庭院绿化建设，逐步形成完善的城市绿色斑块、绿色廊道与外围绿色空间和农田绿野基质有机联系的绿化系统，从根本上改善重庆的生态环境。绿化带的建设对改变重庆城市绿化状况，特别是促进大气环流的形成与交换，减缓城市热岛效应，改善重庆的生态环境，以及对重庆城市未来的发展都具有十分重要的作用。在农村大力实行封山植树、退耕还林还草。结合新农村建设，大力推广"三改"（改厨、改厕、改卫），从而改善农村居住环境。

第三节 社会可持续发展建议

党中央提出构建社会主义和谐社会，深得党心民心。我们所要建设的和谐社会，应该是民主法治、公平正义、诚信友爱、充满活力、安定有序、人与自然和谐相处的社会。构建和谐社会，必须维护社会稳定。稳定是和谐的前提和基础。推进和谐社会建设，就必须保持社会的平安、稳定、有序。没有稳定，构建社会主义和谐社会就无从谈起。构建和谐社会需要做很多方面的工作，涉及教育的公平、医疗卫生保障、社会保障、居住条件的总体改善等。这大都是关乎广大民众利益的大事，而这些行业很难简单通过市场经济手段来实现，必须依赖国家和地方政府财政的大力支持和科学的管理。

一、快城市基础设施建设，大力推进新农村建设

重庆的基础设施经过直辖十年的建设，已经取得了巨大成就。然而由于历史负债过多，基础设施的建设仍不能完全满足经济和社会发展的需要。在一些偏远地区，基础设施还很落后。城市基础设施是人居硬环境的主要构成部分。重庆应坚持适度超前原则，规划建设道路交通、水、电、热、气等一批基础设施重点工程，提高承载能力，增强服务功能，为居民营造良好的城市人居硬环境。确保渝怀（化）铁路、兰（州）渝铁路、三峡沿江铁路，以及重庆江北国际机场扩建和沿江港口改扩建等重点工程的顺利建设。积极构筑综合交通体系，构建以中心城区为核心，以公路、铁路、水路运输为主导，以航空运输为

辅助的中心成网、外围成环、四周放射的现代化立体交通体系，使重庆成为连接东西部最重要的交通要道，西部最完善的水、陆、空立体交通枢纽。加强城市路网建设，以完善城区道路网、建设城市快速路，重点发展大容量城市公共交通，完善与新建轨道交通工程；加快城市信息化建设，加强信息基础设施建设。在大力加强环境基础设施建设，大幅度提高生活污水集中处理、生活垃圾无害化处理和危险废物处置能力的同时，也要加大面向广大农村的基础设施建设。

建设社会主义新农村，是贯彻落实科学发展观的重大举措。科学发展观的一个重要内容，就是经济社会的全面协调可持续发展，城乡协调发展是其重要的组成部分。全面落实科学发展观，必须保证占人口大多数的农民参与发展进程、共享发展成果。如果我们忽视农民群众的愿望和切身利益，农村经济社会发展长期滞后，我们的发展就不可能是全面协调可持续的，科学发展观就无法落实。新农村建设是统筹城乡发展、构建社会主义和谐社会的内在要求。大力推进新农村建设，必将大大改善农村的生产和生活条件。在新农村建设中，居民点将统一规划，并配套相应的水、电、通讯、交通等基础设施，彻底改变以前农村"脏、乱、差"的局面，极大改变广大农村的人居环境。建设社会主义新农村对于重庆统筹城乡发展、改变目前社会"二元"结构也有重要意义。

二、继续加大对教育和社会保障的投入

"百年大计，教育为本"，对教育投入的重要性不言而喻。除了继续加大对教育特别是义务教育的投入外，更要关注教育的公平。要建立义务教育经费保障新机制，增加对义务教育的投入，可以从根本上解决学校的经费困难，进一步改善办学条件，有利于广大教师集中精力、一心一意抓好教育教学工作，全面提高教育质量。

改革开放一方面带来经济的繁荣，另一方面也不可避免带来个人收入差距的不断扩大，使得一些民众并没有享受到经济发展带来的好处，这对社会的稳定是一个隐患。实行社会保障，必须首先建立统一、规范、完善的社会保障制度，同时还必须有充足的社会保障资金，否则，再好的社会保障制度也是一纸空文，对保障对象来说如画饼充饥。我国社会保障中的社会救济、优抚安置、社会福利包括城市居民最低生活保障等所需资金基本上是国家财政拨费，有比较可靠的保证；而社会保险，即养老、失业、医疗、工伤、生育等，在社会主义市场经济体制建立、发展过程中，改革、变化比较大，其基金提供时常发生一些困难。因此在国家政策的框架下，重庆地方政府应该加大对社会保险的投

入，同时对城市医疗救助、公益岗位开发、小额贷款担保、再就业培训、临时救济等方面加大投入力度，以切实解决人民群众的实际困难，真诚为广大人民群众谋利造福。社会保险不仅包含着企业与劳动者权利和义务的关系，更重要的还包含国家的职责与劳动者权利和义务的关系，政府对社会保险要负最后的责任。

三、改善医疗卫生条件

医疗卫生条件是衡量人居环境建设的重要因素之一。重庆的医疗卫生事业在直辖十年以来取得了一定进步。但是由于体制的原因，广大农村的医疗卫生条件由于投资不足，远远不能满足农民看病、保健的需要。因此，必须以《中共中央、国务院关于进一步加强农村卫生工作的决定》为重点，全面推进农村卫生工作，开展新型合作医疗试点，加强农村卫生基础设施建设，建立社会化农村卫生服务网络，加大农村卫生投入；大力发展社区卫生服务，完善配套政策。加强社区卫生服务网络建设，基本实现主城区两级卫生服务体系；在条件成熟的区县开展"三位一体"的农村社区卫生服务，加强社区卫生服务规范化建设。重点加强预防保健工作，不断完善社区卫生服务功能，提高服务水平。加强制度建设和监督指导，制定并启动社区卫生服务考核评价体系，完善社区卫生服务各项制度。加大监督指导力度，通过有效的监督促进社区卫生服务质量的不断提高。

第六章 重庆经济可持续发展
——核心篇

第一节 重庆经济可持续发展综合评价

一、选题的背景及意义

可持续发展，是当今世界各国公认的发展准则，重庆市地处西部欠发达地区，人口众多、资源相对匮乏、城乡差距较大，实施经济利益、环境利益以及社会福利三者相互协调和相互促进的可持续发展战略具有极为重要的意义。为了测度重庆市及各区县经济可持续发展能力，系统性、科学性、经常性地开发应用相关数据资料，对重庆市及各区县的经济可持续发展进行及时的描述、检测和评估，我们拟建立一套恰当的区域经济可持续发展指标体系，对重庆市区域经济及各区县区域经济可持续发展状况、水平和能力进行衡量和评价。通过这套评价指标体系的应用，试图将可持续发展从概念和理论推向实践，与重庆市及各区县社会经济发展相结合，对重庆市及各区县经济可持续发展状况、水平、能力以及存在的重大问题进行分析和描述；在描述的基础上，对重庆市及各区县经济发展现状和趋势所达到的可持续发展水平以及是接近还是更加远离了可持续发展的目标做出评价，进而对重庆市及各区县实施经济可持续发展战略进行引导，并提供相应的政策及对策建议，为市委市政府及区县政府的决策咨询服务。

(一)重庆市经济可持续发展内涵及评估体系

1. 重庆经济可持续发展内涵

1987年，世界环境与发展委员会（WCED）向联合国提交的《我们共同的未来》探讨了人类面临的一系列重大经济、社会和环境问题，正式提出了可持续发展。直到1992年6月，联合国环境与发展会议在巴西的里约热内卢召开，通过并签署了《里约热内卢环境与发展宣言》《二十一世纪议程》等重要文件，标志着可持续发展观已得到普遍认同。今天，可持续发展观已经成为世界各国理解经济、环境、人口、资源、寻求社会经济生态全面协调发展的理论指导原则，同时也是制定全球以及各国发展战略的基本理论依据。可持续发展由理论研究开始逐步推向实际行动。此后，世界各国都通过制定可持续发展政策、发展战略，对政策和规划的不断深入进行调整，努力转变经济增长方式，以适应生态、经济、社会的全面协调发展。可持续发展是"既满足当代的需求，又不危及后代满足需求能力的发展"，是经济利益、环境利益以及社会福利三者间相互协调和相互促进的过程。可持续发展包括生态可持续、经济可持续和社会可持续。可持续发展鼓励经济增长，经济增长是实现可持续发展的前提。可持续发展要求保持资源的持续利用，以保护自然为基础，与环境的承载能力相协调。可持续发展的最终目的是增进社会福利、改善和提高民众的生活质量，包括物质生活质量和精神生活质量，并使经济的增长、资源环境的保护都服务于促进社会进步这一最终目的。经济可持续发展是可持续发展整个系统的核心部分。生态可持续是经济可持续发展的自然基础，社会可持续是经济可持续发展的重要保证，经济可持续为生态和社会可持续发展提供物质条件。

梁晓波（1998）认为，区域经济由区域经济要素、区域经济结构、区际关系三大部分构成。区域经济的可持续发展由区域经济要素的可持续发展、经济结构的持续优化以及区域之间的协调发展三部分决定，其实质是生态可持续性和经济可持续性的和谐统一。魏建中等（2004）将区域经济可持续发展概括为：在现有自然资源（包括环境）的约束条件下，充分发挥区域优势，实现区域经济的持续有效增长。其中，经济增长是在技术进步、产业结构不断高级化的基础上的专业化集约型经济增长；可再生资源的消耗速度要小于其再生速度，不可再生资源利用应约束在技术进步的条件之下；废物的产生应小于环境的吸纳能力。何爱平（2005）认为从区域经济的角度看，区域可持续发展是指不同区域尺度的社会、经济、资源、环境相互协调发展，也就是既能满足当代人的需求，而又不对后代人满足需要的能力构成危害的发展。其经济增长、社会稳定发展要建立在有效控制人口增长、合理利用自然资源、逐渐改善环境质量的基础上，使其保持良性循环，并且应当促进不同类型区域发展的协调，缩小区际发展水平的差距。朱国传（2007）认为区域经济可持续发展是指在一定经济区域范围内，以人为中心的主系统与自然、资源环境、经济和社会子系统之间存在着协调的发展关系，即在不损害后代人满足其需要的前提下，建立最大限度地满足当代人物质和精神需要的区域经济发展模式，同时也不危害和削弱其他区域满足其需要的能力。显然，区域经济的可持续性就是人类生产经济活动的持续经济增长和可获利性，它是可持续发展的基础，是其他子系统持续发展的物质保障。在区域可持续发展系统整体中，区域经济的可持续发展处于主导地位。

依据可持续发展的内涵和要求，重庆经济可持续发展包括经济发展水平、经济发展动力、经济发展要素支撑、经济发展生态约束、经济发展成果分配五方面内容。经济发展水平：从经济总量、经济结构、三次产业发展等方面反映重庆市及各区县经济发展的水平，挖掘并揭示目前重庆市及各区县经济发展中存在的突出问题。经济发展动力：从拉动经济发展的投资、消费、进出口这三方面考察重庆市及各区县经济发展的动力，挖掘并揭示各区县经济发展的潜力及不足。经济发展要素支撑：反映支撑重庆市及各区县经济可持续发展的科技、信息化、人力、土地等要素方面的水平及潜力。经济发展生态约束：反映制约重庆市及各区县经济可持续发展的能耗水平、环境保护、资源约束等方面的内容，揭示生态环境的限制及约束。经济发展成果及分配：反映重庆市及各区县经济发展的成果，经济成果在收入、住房、储蓄、公共服务、社会保障等社会福利方面的分配情况，揭示经济可持续发展的最终目的，即社会福利的实现度。

2. 重庆市经济可持续发展评估体系

本书拟建立重庆市经济可持续发展的统计测度体系，其目的和功能是对重庆市经济发展中存在的重大问题进行发现和描述，并在描述的基础上，研究重庆市经济发展现状和趋势、所达到的可持续发展水平以及是接近还是更加远离了可持续发展的目标，并做出评价和引导。

（1）评价指标体系设计的一般原则。

由于区域复合系统结构复杂、层次多变，子系统之间既有相互作用，又有相互间的输入和输出。某些层次、某些元素及某些子系统的改变可能导致整个系统由优到劣或由劣到优的变化。因此，要在众多的指标中筛选出那些最灵敏的、便于度量且内涵丰富的主导性指标作为评价指标。对于区域复合系统这样的复杂巨系统而言，不可能用少数几个指标来描述系统的状态和变化，需要用多个指标组成一个有机的整体，通过建立指标体系来描述系统的发展状况。根据区域经济可持续发展特点和要求，我们对于指标体系的构建确定了如下几个原则：

① 科学性原则。这一原则主要包括两个层次的含义：第一层次，指标的选择、每个指标的权重、参考数据的选择以及在进行计算合成时所采用的计算方法等。这些都必须采用公认的科学理论，要以相关的统计报告、学术理论、管理科学等理论作为依据。第二层次，更进一步地，在指标选择的问题上，除了要满足有科学依据的条件以外，该指标系统对于现在和以后区域经济发展的指导性作用至关重要，所以还要注意在这一指标系统中的指标的选择是否合适，是否全面或者是否有重叠成分。如果指标的选择不够全面，那么该指标系统势必不能完整的反应该区域经济的可持续发展状况；相反，如果指标中含有重叠的部分，那么势必会夸大某一方面在区域经济发展中的作用，同时也就忽略了区域经济其他方面的发展。

② 客观性原则。这一原则要求该指标体系当中所涉及的所有指标，必须以实事为基础取得相关数据，同时在计算和计量过程中要尊重科学结果的客观性。

③ 可比性原则。这一原则要求在该指标体系的构建过程中的指标选择、数据的获取和计算、计量方法和计量单位等等都要采用国际或者国内的统一口径，以便于进行相关方面的横向和纵向比较。

④ 匹配性原则。在区域经济可持续发展指标体系的构建过程中，我们必须明白一个前提条件，就是区域经济可持续发展的指标体系并不是万能的，对任何区域经济的可持续发展都适用。它和我们其他的事物一样，对于不同的区域经济的发展情况，有着不同的指标内容，即使在有些情况下，不同的区域选择了相同的指标内容，但是其每个指标的权重肯定是不同的，这个完全是根据具体情况确定的。所以，区域经济的发展情况和可持续发展指标体系之间存在着两者要匹配的问题。不能奢望仅构建一种指标体系，就能解决所有的区域经济的发展问题。

⑤ 可行性原则。这一原则要求我们所提出的指标和指标权重相关的参考资料是可以通过一定努力获得的，最好是简单可行的材料，而不是一些无法得到的数据和材料。

⑥ 引导性原则。这一原则要求我们要明确构建区域经济可持续发展指标体系的目的，并不仅仅为了评价一下现阶段该区域经济的可持续发展的状况，更重要的是，要用它来引导该区域经济未来的可持续发展战略。还要进一步对该评价结果进行跟踪，指出该区域经济发展中的不足，吸取经验和教训，以期对未来的该区域的经济可持续发展起到一定的指导作用。

⑦ 发展性原则。根据现实的经济状况不断地对我们现有的区域经济的可持续发展指标进行调节和修正，使它能够不断地完善，同时也和区域经济的发

展一起保持同步前进。

（2）区域经济可持续发展指标。

依据可持续发展的内涵和要求，重庆经济可持续发展评价指标体系如表6-1所示。

表6-1 重庆经济可持续发展评价指标体系

一级指标	二级指标	三级指标	四级指标
经济发展水平	经济总量及结构	总量水平	人均GDP
			人均财政收入
			全社会固定资产投资
			社会消费品零售总额
			金融机构人民币贷款余额
			城镇化率
		结构优化	第二、三产业产值比重
			第二、三产业从业人员比重
	农业及农村	农业投资及效益	农业人口人均生产性固定资产投资
			农业投资效益
		农村经济组织建设	万人农村合作经济组织数量
			集体经济组织产权制度改革比例
			特色中心镇数量
			农产品市场化率
		农村资源要素	农村人均用电量
			农村老龄化程度（51岁以上农村劳动力占比）
			农村劳动力素质（人均受教育年限）
	工业	工业的行业效益	每万元工业总产值产生的增加值
			成本费用利润率
			工业企业全员劳动生产率
		工业规模化、集群化程度	规模以上工业企业数量
		高新技术产业发展程度	高技术制造业产值比重（高技术产业产值/GDP）
		国有及私营经济总量及效率	国有、私营控股工业企业工业增加值比
			国有、私营控股工业企业成本费用利润率比

续表

一级指标	二级指标	三级指标	四级指标
经济发展水平	现代服务业	行业效益	每万元第三产业总产值产生的增加值
		旅游	旅游收入
		文化	文化产业增加值
		物流	货运量总计
			港口货物吞吐量
			空港吞吐量
		商贸（批发及零售）	批发业法人企业商品销售总额（批发）
		金融	上市公司数量
			企业债发行额
经济发展动力	投资	投资效益	投资贡献率
			投资乘数
		投资结构	房地产开发占全社会固定资产投资比率
	消费	消费水平	农村居民消费支出占总支出比重
			城市居民消费支出占总支出比重
			各区县农村居民生活消费支出占纯收入比重
			城市居民全年总支出占全年总收入比重
		消费结构	各区县农村居民文教娱乐用品及服务支出
			各区县农村居民家庭设备用品及服务支出
			城市居民家庭设备用品及服务支出
			城市居民文教娱乐用品及服务支出
		消费潜力	农村居民高收入户与低收入户生活消费支出差距
			农村居民高收入群体户均居住消费水平差距
			城市居民高收入户与低收入户消费性支出差距
	进出口	总量	城市居民高收入与低收入户居住支出差距
		结构	进出口总额
			净进口总额

续表

一级指标	二级指标	三级指标	四级指标
经济发展支撑	进出口	结构	对外依存度
			对外承包工程和劳务合作实际完成营业额
			FDI
	科技	技术创新	研究机构R&D人员数
			R&D投入占GDP比重
			科技资本量
	信息化	网络普及	固定互联网络用户
	人力	劳动力数量	14~60岁以下人口
		劳动力质量	每10万人拥有的大专及以上人口
	土地	土地供给	农村建设用地规模
经济发展生态约束	能耗及环境保护	生产能耗	单位生产总值能源消费量
		环保投入	环保投资占GDP比重
	资源约束	能源依赖	能源外部依赖率
	资源约束	资源潜力	人均水力资源蕴藏量
			人均主要矿产资源保有基础储量
			生态容量
经济发展成果及分配	生产成果	生产含金量	个人收入（劳动者报酬）占GDP比重
	成果分配	收入	城市居民人均可支配收入
			农村人均纯收入
			城乡人均收入比
			恩格尔系数
		住房	城市人均房屋建筑面积
		储蓄	人均储蓄存款余额
		公共服务	每万人科教文卫资产（每万人专任教师数）
			每万人拥有卫生技术人员
			城镇社区服务设施数
			人均绿地（生态覆盖率）
		社会保障	养老保险参保人数

（3）各级指标解释。

① 一级指标解释。

经济发展水平：从经济总量、经济结构、三次产业发展等方面反映重庆市及各区县经济发展的水平，挖掘并揭示目前重庆市及各区县经济发展中存在的突出问题。

经济发展动力：从拉动经济发展的投资、消费、进出口这三方面考察重庆市及各区县经济发展的动力，挖掘并揭示各区县经济发展的潜力及不足。

经济发展支撑：反映支撑重庆市及各区县经济可持续发展的科技、信息化、人力、土地等要素方面的水平及潜力。

经济发展生态约束：反映制约重庆市及各区县经济可持续发展的能耗水平、环境保护、资源约束等方面的内容，揭示生态环境的限制及约束。

经济发展成果及分配：反映重庆市及各区县经济发展的成果，经济成果在收入、住房、储蓄、公共服务、社会保障等社会福利方面的分配情况，揭示经济可持续发展的最终目的，即社会福利的实现度。

② 二级指标解释。

经济总量及结构：包含经济总量水平、人均经济量以及经济结构比例等方面内容，反映了重庆市及各区县目前经济发展总体水平。

农业及农村发展：揭示了农业的行业效益、农村经济组织发展水平、农村资源要素等方面的内容，反映了重庆市及各区县经济发展中第一产业——农业的发展水平，并揭示了整个农村发展状况。

工业发展：揭示了工业的行业效益、行业创新、行业集群、不同所有制下的总量及效率等方面的内容，反映了重庆市及各区县经济发展中第二产业——工业的发展水平。

现代服务业发展：揭示了现代服务业的行业效益，以及旅游、文化、物流、商贸、金融等方面的内容，反映了重庆市及各区县经济发展中第三产业——现代服务业的发展水平。

投资：包含投资效益、投资结构等方面的内容，反映并揭示了投资对重庆市及各区县经济发展的拉动力及其可持续性。

消费：包含城乡居民的消费水平、消费结构、消费潜力等方面的内容，反映并揭示了消费对重庆市及各区县经济发展的拉动力及未来潜力。

进出口：梳理了进出口总量及结构，包括商品、劳务、外商投资等方面的内容，反映并揭示了进出口对重庆市及各区县经济发展的拉动力及其可持续性。

科技：涵盖了科技创新的人员投入、资本投入以及科技投入创造的价值等方面的内容，反映了科技投入及产出效益，揭示了科技对于重庆市及各区县经济可持续发展的支撑力。

信息化：包含网络普及程度的内容，反映了信息化环境发展程度，揭示了信息化对于重庆市及各区县经济可持续发展的支撑力。

人力：涵盖土地供给方面的内容，反映了土地资源供给容量，揭示了人力对于重庆市及各区县经济可持续发展的支撑力。

土地：涵盖劳动力数量和劳动力质量方面的内容，反映了人力资源在数量及质量方面的供给，揭示了其对于重庆市及各区县经济可持续发展的支撑力。

能耗及环境保护：涵盖了生产能耗、环境保护投入等方面的内容，揭示了能耗及环境对重庆市及各区县经济可持续发展的约束力。

资源约束：涵盖了资源依赖、资源潜力等内容，反映了资源容量及对外依存度，揭示了资源对重庆市及各区县经济可持续发展的约束力。

生产成果：涵盖生产含金量等内容，反映了通过经济发展取得的最终成果。

成果分配：涵盖城乡居民收入、住房、储蓄、公共服务、社会保障等方面的内容，反映了经济发展取得成果的分配情况，揭示了经济发展最终目的——社会福利的实现程度。

③ 三级指标解释。

总量水平：反映重庆市及各区县经济总量及人均经济量，揭示经济发展水平。

结构优化：反映第一、二、三产业比例，揭示经济结构优化程度。

农业投资及效益：反映第一产业——农业的投资水平及行业投资效益。

农村经济组织建设：反映农村合作社等经济组织建设情况，揭示农村由过去家庭为主的分散型经济发展模式向新时期多元化的集聚型经济组织发展模式转变程度。

农村资源要素：反映支撑农业及农村经济发展的人口、电力等要素。

工业的行业效益：反映第二产业——工业的行业效率及行业效益。

工业规模化、集群化程度：从组织形式反映工业结构，揭示工业现代化程度。

高新技术产业发展程度：反映工业技术水平和创新能力，揭示工业现代化程度。

国有及私营经济总量及效率：从所有制形式反映工业结构，揭示工业现代化程度。

现代服务业行业效益：反映第三产业——现代服务业的行业效益。

旅游：反映旅游业发展水平。

文化：反映文化产业发展水平。

物流：反映物流产业发展水平。

商贸：反映金融行业发展水平。

金融：反映商贸产业发展水平。

投资效益：反映投资对经济的拉动力及贡献率。

投资结构：反映不同所有制下的投资比例，揭示对经济拉动的潜力。

消费水平：衡量城乡居民消费支出在支出及收入中的占比，反映城乡居民目前的消费水平。

消费结构：衡量城乡居民在文教娱乐用品、家庭设备用品等常用消费品方面的支出，反映城乡居民目前的消费层次。

消费潜力：衡量城乡居民高收入组和低收入组在生活消费和居住支出上的差距，揭示城乡居民有待挖掘的消费潜力（即新的经济增长点）。

进出口总量：重庆市进出口总额。

进出口结构：重庆市商品、资金和劳务的输入量和输出量，反映重庆市对外开放程度以及对经济的拉动作用。

技术创新：衡量科技创新投入的人力、资本以及创造的价值（包括无形资产），反映科技创新对经济发展的支撑力。

网络普及：衡量社会信息化普及程度，反映信息化环境对经济发展的支撑力。

劳动力数量：衡量劳动力数量，反映人力资源数量对经济可持续发展的支撑力。

劳动力质量：衡量劳动力知识结构层次，反映人力资源质量对经济可持续发展的支撑力。

土地供给：衡量农村建设用地规模，反映土地资源对经济可持续发展的支撑力。

生产能耗：衡量经济发展消耗的能源数量，反映能耗对经济可持续发展的约束。

环保投入：衡量经济发展需要的环境保护投入，反映环境保护对经济可持续发展的约束。

能源依赖：衡量重庆市经济发展所需能源的外部供给依赖度，反映外部能源供给对经济可持续发展的约束。

资源潜力：衡量水、矿产等资源的储备量，反映自有资源对经济可持续发展的约束。

生产含金量：衡量经济发展所取得的成果，反映经济发展最终目的——即增加社会福利的实现程度。

收入：衡量经济发展对城乡居民收入的改善，反映经济发展创造的社会福利及其分配。

住房：衡量经济发展对城乡居民个人住房的改善，反映经济发展创造的社会福利及其分配。

储蓄：衡量经济发展对个人储蓄的改善，反映经济发展创造的社会福利及其分配。

公共服务：衡量经济发展对居民在社会保障方面的改善，反映经济发展创造的社会福利及其分配。

社会保障：衡量经济发展对居民在教育、医疗等公共服务方面的改善，反映经济发展创造的社会福利及其分配。

④ 四级指标解释。

人均 GDP：指重庆市及各区县人均 GDP 水平，从人均经济量反映经济发展水平。该指标为正向指标，值越大表明经济发展水平越高。

人均财政收入：指重庆市及各区县人均财政收入水平，从政府控制力反映经济发展水平。该指标为正向指标，值越大表明政府控制力越大，经济发展水平越高。

全社会固定资产投资：指重庆市及各区县全社会固定资产投资水平，从投资角度反映经济发展水平。该指标为中性指标，取值应在合理范围以内。

社会消费品零售总额：指重庆市及各区县社会消费品零售总额水平，从消费角度反映经济发展水平。该指标为正向指标，值越大表明经济发展水平越高。

金融机构人民币贷款余额：指重庆市及各区县金融机构人民币贷款水平，从金融环境角度反映经济发展水平。该指标为正向指标，值越大表明金融环境越宽松，经济发展水平越高。

城镇化率：指重庆市及各区县人口空间迁移及集聚程度，根据库兹涅茨理论从人口迁徙角度反映经济发展水平。该指标为正向指标，值越大表明经济发展水平越高。

第二、三产业产值比重：指重庆市及各区县第二、三产业产值占 GDP 的比重，反映经济结构优化程度。该指标为正向指标，值越大表明经济结构越优化。

第二、三产业从业人员比重：指重庆市及各区县第二、三产业从业人员占全体从业人员比重，反映经济结构优化程度。该指标为正向指标，值越大表明经济结构越优化。

农业人口人均生产性固定资产投资：计算公式为"农业生产性固定资产投资/农业总人口"，反映重庆市及各区县农业人均投资水平。该指标为正向指标，值越大表明农业及农村发展越好。

农业投资效益：计算公式为"第一产业GDP/第一产业固定资产投资"，反映重庆市及各区县农业投资产生的效益。该指标为正向指标，值越大表明农业的行业投资效益越好。

万人农村合作经济组织数量：计算公式为"农村合作经济组织数量/总人口（万人）"，反映各区县农村合作经济组织建设情况。该指标为正向指标，值越大表明农村经济发展模式更优。

集体经济组织产权制度改革比例：反映各区县农村集体经济组织改革情况。该指标为正向指标，值越大表明农村经济发展模式更优。

特色中心镇数量：反映各区县特色中心镇建设情况。该指标为正向指标，值越大表明农村经济发展模式更优。

农村人均用电量：计算公式为"农村用电量/农村总人口（/万人）"，反映各区县农村经济发展中电力资源消耗情况。该指标为正向指标，值越大表明农村经济发展更活跃。

农村老龄化程度（51岁以上农村劳动力占比）：反映各区县农村劳动力老龄化程度。该指标为逆向指标，值越大表明农村劳动力老龄化程度越高，越不利于经济可持续发展。

农村劳动力素质（人均受教育年限）：反映各区县农村劳动力文化状况。该指标为正向指标，值越大表明农村劳动力文化素质越高，越有利于经济可持续发展。

每万元工业总产值产生的增加值：计算公式为"工业增加值/工业总产值"，反映工业的行业效益。该指标为正向指标，值越大表明工业生产创造的效益越好。

成本费用利润率：计算公式为"利润总额/成本费用总额×100%"，反映工业生产在一定成本下的利润创造情况。该指标为正向指标，值越大表明工业生产越高效。

工业企业全员劳动生产率：计算公式为"工业增加值/全部从业人员平均人数"，反映企业职工技术熟练度和劳动积极性。该指标为正向指标，值越大表明工业生产越高效。

规模以上工业企业数量：反映重庆市及各区县工业企业规模化、集群化程度。该指标为正向指标，值越大表明工业现代化程度越高。

高技术制造业产值比重：计算公式为"高技术产业产值/GDP"，反映重庆市及各区县高技术制造业产值比重。该指标为正向指标，值越大表明工业技术水平和创新能力越高，工业现代化程度越高

国有、私营控股工业企业工业增加值比：计算公式为"国有工业企业工业增加值/私营工业企业工业增加值×100%"，反映重庆市及各区县国有及私营经济比例。该指标为中性指标，取值应在合理范围以内。

国有、私营控股工业企业成本费用利润率比：计算公式为"国有控股工业企业成本费用利润率/私营工业企业成本费用利润率"，反映国有经济效益。该指标为正向指标，值越大表明国有经济越高效。

每万元第三产业总产值产生的增加值：计算公式为"第三产业增加值/第三产业总产值"，反映现代服务业的行业效益。该指标为正向指标，值越大表明现代服务业创造的效益越好。

旅游收入：反映重庆市及各区县旅游业发展状况。该指标为正向指标，值越大表明旅游业越发达、越活跃。

文化产业增加值：反映重庆市及各区县文化产业发展状况。该指标为正向指标，值越大表明文化产业越发达、越活跃。

货运量总计：反映重庆市及各区县物流业发展总体状况。该指标为正向指标，值越大表明物流业越发达、越活跃。

港口货物吞吐量：反映重庆市及各区县港口物流发展状况。该指标为正向指标，值越大表明港口物流越发达、越活跃。

空港吞吐量：反映重庆市及各区县航空物流发展状况。该指标为正向指标，值越大表明航空物流越发达、越活跃。

批发业法人企业商品销售总额（批发）：反映重庆市及各区县商贸业发展总体状况。该指标为正向指标，值越大表明商贸业越发达、越活跃。

上市公司数量：反映重庆市及各区县企业上市融资状况。该指标为正向指标，值越大表明企业间接融资越活跃，金融环境越宽松，越有利于经济可持续发展。

企业债发行额：反映重庆市及各区县企业发债融资状况。该指标为正向指

标，值越大表明企业间接融资越活跃，金融环境越宽松，越有利于经济可持续发展。

投资贡献率：计算公式为"固定资产投资增长额/GDP增长额×100%"，反映经济增长中投资所做的贡献。该指标为正向指标，值越大表明投资对经济增长的贡献越大。

投资乘数：计算公式为"国民收入增加量/投资增加量"，反映投资变动对国民收入的影响。该指标为正向指标，值越大表明投资增加对国民收入增加拉动更明显。

国有投资与民间投资比：反映国有投资与民间投资的活跃度。该指标为中性指标，取值应在合理范围以内。

农村居民消费支出占总支出比重：计算公式为"各区县农村居民生活消费支出/各区县农村居民总支出×100%"，反映农村居民生活消费水平。该指标为正向指标，值越大表明农村居民生活消费水平越高，消费对经济的拉动力越强。

城市居民消费支出占总支出比重：计算公式为"各区县城市居民消费支出/各区县城市居民总支出×100%"，反映城市居民消费水平。该指标为正向指标，值越大表明城市居民消费水平越高，消费对经济的拉动力越强。

各区县农村居民生活消费支出占纯收入比重：计算公式为"各区县农村居民生活消费支出/各区县农村居民纯收入×100%"，反映农村居民生活消费水平。该指标为正向指标，值越大表明农村居民生活消费水平越高，消费对经济的拉动力越强。

城市居民全年总支出占全年总收入比重：计算公式为"各区县城市居民全年总支出/各区县城市居民全年总收入×100%"，反映城市居民消费水平。该指标为正向指标，值越大表明城市居民消费水平越高，消费对经济的拉动力越强。

各区县农村居民文教娱乐用品及服务支出：指各区县农村居民文教娱乐用品及服务支出占生活消费总支出的比重。该指标为正向指标，值越大表明农村居民消费水平越高，消费对经济的拉动力越强。

各区县农村居民家庭设备用品及服务支出：指各区县农村居民家庭设备用品及服务支出占生活消费总支出的比重。该指标为正向指标，值越大表明农村居民消费水平越高，消费对经济的拉动力越强。

城市居民文教娱乐用品及服务支出：指各区县城市居民文教娱乐用品及服

务支出占生活消费总支出的比重。该指标为正向指标,值越大表明城市居民消费水平越高,消费对经济的拉动力越强。

城市居民家庭设备用品及服务支出:指各区县城市居民家庭设备用品及服务支出占生活消费总支出的比重。该指标为正向指标,值越大表明城市居民消费水平越高,消费对经济的拉动力越强。

农村居民高收入户与低收入户生活消费支出差距:指各区县农村居民高收入户与低收入户在生活消费支出上的差距。该指标为正向指标,值越大表明随着经济增长、农民收入提高,可供挖掘的消费潜力越大。

农村居民高收入户与低收入户消费性支出中居住支出差距:指各区县农村居民高收入户与低收入户在居住支出上的差距。该指标为正向指标,值越大表明随着经济增长、农民收入提高,可供挖掘的消费潜力越大。

城市居民高收入户与低收入户消费性支出差距:指各区县城市居民高收入户与低收入户在生活消费支出上的差距。该指标为正向指标,值越大表明随着经济增长、城市居民收入提高,可供挖掘的消费潜力越大。

城市居民高收入户与低收入户消费性支出中居住支出差距:指各区县城市居民高收入户与低收入户在居住支出上的差距。该指标为正向指标,值越大表明随着经济增长、城市居民收入提高,可供挖掘的消费潜力越大。

进出口总额:反映重庆市进出口总体状况。该指标为正向指标,值越大表明重庆外向型经济越发达、越活跃,对经济增长的贡献越大。

净进口总额:计算公式为"进口总额-出口总额",反映重庆市净进口状况。该指标为正向指标,值越大表明重庆外向型经济越发达、越活跃。

对外依存度:计算公式为"进出口总额/GDP",反映重庆市对外开放程度。该指标为正向指标,值越大表明重庆外向型经济越发达、越活跃。

对外承包工程和劳务合作实际完成营业额:反映重庆市劳务对外开放程度。该指标为正向指标,值越大表明重庆外向型经济越发达、越活跃。

FDI:反映重庆市投资对外开放程度。该指标为正向指标,值越大表明重庆外向型经济越发达、越活跃。

研究机构 R&D 人员数:反映重庆市技术创新人员状况。该指标为正向指标,值越大表明技术创新越活跃。

R&D 投入占 GDP 比重:反映重庆市技术创新资金投入状况。该指标为正向指标,值越大表明技术创新越活跃。

科技资本量:反映科技投入创造的价值(包括无形资产)。该指标为正向指标,值越大表明科技投入创造的价值越大。

固定互联网络用户：反映重庆市信息化环境。该指标为正向指标，值越大表明信息化环境越好，越有利于经济发展。

14~60岁以下人口：反映重庆市劳动力供给量。该指标为正向指标，值越大表明劳动力供给越充足，越能支撑经济可持续发展。

每10万人拥有的大专及以上人口：反映重庆市劳动力文化素质。该指标为正向指标，值越大表明劳动力素质越高，越能支撑经济可持续发展。

农村建设用地规模：反映支撑重庆市未来经济发展的土地供给情况。该指标为正向指标，值越大表明土地供给越富裕，越有利于经济可持续发展。

单位生产总值能源消费量：反映支撑重庆市能耗情况。该指标为逆向指标，值越大表明能耗越严重，越不利于经济可持续发展。

环保投资占GDP比重：反映经济增长用于环保的投入。该指标为正向指标，值越大表明越重视环境保护，有利于经济可持续发展。

能源外部依赖率：计算公式为"能源调进量/能源消费总量×100%"，反映经济发展对外部能源供给的依赖度。该指标为逆向指标，值越大表明对外部能源供给的依赖度越大，不利于经济可持续发展。

人均水力资源蕴藏量：反映水力资源储存和供给潜力。该指标为正向指标，值越大表明水力资源储存和供给越充足，有利于经济可持续发展。

人均主要矿产资源保有基础储量：反映矿产资源储存和供给潜力。该指标为正向指标，值越大表明矿产资源储存和供给越充足，有利于经济可持续发展。

生态容量：指在人类生存和自然生态系统不致受害的前提下，各区县环境所能容纳的污染物的最大负荷量。该指标为正向指标，值越大表明对污染物的容纳度更大，对经济可持续发展的约束越小。

个人收入（劳动者报酬）占GDP比重：反映经济增长对个人收入的改善。该指标为正向指标，值越大表明经济增长对个人收入的贡献越大，人民从经济增长中分享的成果更多，有利于经济可持续发展。

城市居民人均可支配收入：反映经济增长对城市居民收入的改善。该指标为正向指标，值越大表明城市居民从经济增长中分享的成果越多。

农村人均纯收入：反映经济增长对农村居民收入的改善。该指标为正向指标，值越大表明农村居民从经济增长中分享的成果越多。

城乡人均收入比：反映经济增长成果在城市居民和农村居民中的分配情况。该指标为中性指标，越接近1越好，表明城乡居民平等分享经济增长成果。

恩格尔系数：衡量家庭富足程度。该指标为逆向指标，值越小表明居民家庭越富裕，从经济增长中分享的成果越多。

城市人均房屋建筑面积：反映经济增长对城市居民居住条件的改善。该指标为正向指标，值越大表明城市居民住房越宽裕，从经济增长中分享的成果越多。

农村户均用地：反映经济增长对农村居民居住条件的改善。该指标为正向指标，值越大表明农村居民住房越宽裕，从经济增长中分享的成果越多。

人均储蓄存款余额：反映经济增长对居民储蓄的改善。该指标为正向指标，值越大表明居民储蓄越多，生活越好，从经济增长中分享的成果越多。

每万人科教文卫资产（每万人专任教师数）：反映经济增长对居民教育条件的改善。该指标为正向指标，值越大表明居民教育条件越好，从经济增长成果中分享的社会福利越多。

每万人拥有卫生技术人员：反映经济增长对居民医疗卫生条件的改善。该指标为正向指标，值越大表明居民医疗卫生条件越好，从经济增长成果中分享的社会福利越多。

城镇社区服务设施数：反映经济增长对居民公共服务条件的改善。该指标为正向指标，值越大表明居民公共服务条件越好，从经济增长成果中分享的社会福利越多。

人均绿地（生态覆盖率）：反映经济增长对居民生活环境的改善。该指标为正向指标，值越大表明居民生活环境越好，从经济增长成果中分享的社会福利越多。

城乡居民社会养老保险参保人数：反映经济增长对居民生存条件的改善。该指标为正向指标，值越大表明享受到养老服务的居民数量越多，居民从经济增长成果中分享的社会福利越多。

(二)重庆经济可持续发展现状

1. **重庆市简介**

重庆，简称巴、渝，是四大中央直辖市之一，五大国家中心城市之一，国家历史文化名城，长江上游地区经济中心、金融中心和创新中心，及政治、航运、文化、科技、教育、通信等中心。

重庆市位于中国西南部、长江上游，四川盆地东部丘陵山地区，与湖北、湖南、贵州、四川、陕西等省接壤，幅员总面积8.23万平方千米。重庆辖区主要分布在长江沿线，以丘陵、低山为主，平均海拔为400米。地势从南北两面向长江河谷倾斜，起伏较大，多呈现"一山一岭""一山一槽二岭"的形貌。地质多为"喀斯特地貌"构造，因而溶洞、温泉、峡谷、关隘多。重庆属于中亚热带湿润季风气候。具有冬暖夏热、无霜期长、雨量充沛、温润多阴、雨热同季的特点。年平均温度16℃~18℃，年均降雨量1000~1400mm，日照总时数1000~1200h。重庆现共辖40个区、县（市），2013年全市共常住人口2970万人，平均人口密度为361人/平方千米，其中城镇人口1732万人，占常住人口的58.3%。全市国民经济持续快速发展，2013年国内生产总值（GDP）达12 657亿元，人均GDP为42 752元。重庆地处长江经济带的"龙尾"，三峡库区腹地，是进出中国大西南的水上门户，长江经济带和西南地区承东启西、左传右递的区域性轴心，连接东、中、西部的重要桥头堡和大走廊之一。面对设立直辖市、三峡库区开发建设、实施西部大开发战略的历史机遇和本身面临的生态环境恶化、经济发展落后等挑战，要真正实现重庆人居环境的可持续发展还有一定距离。

2. 经济可持续发展现状

经济发展的目的就是为了发展生产、扩大生产规模、改善经济结构、提高生产效率，最终提高地区综合实力及人民生活水平。优越的经济条件对人居环境的改善无疑起了巨大作用，而落后的经济必然导致人居环境发展只能停留在较低的水平。只有经济发展才能使人类摆脱贫困，为环境保护和人居环境建设提供资金和技术；只有居民的经济水平提高才能带来相应的生活设施的改善和生活品质的提高。因此，经济发展是人居环境可持续发展的根本前提。

（1）经济总体水平可持续现状。

中华人民共和国成立初期重庆市国内生产总值仅13.89亿元，1978年全市国内生产总值为67.32亿元，1997年全市国内生产总值达到1509亿元，2012年全市国内生产总值达到11 409亿元，是1949年的全市国内生产总值的820倍，是1997年的全市国内生产总值的7.6倍。人均GDP从1997年4485元上升到2012年的38 914元，经济发展迅速。但在经济发展中也存在经济发展不平衡的严峻事实：重庆市幅员82 403平方千米，从地理版图上看，可以把重庆分为一小时经济圈、渝东北翼和渝东南翼。"一小时经济圈"完成地区生产总值8864.78亿元，比上年增长13.4%，占全市生产总值的77.4%；"渝东北翼"完成1960.96亿元，增长14.5%，占全市的17.1%；"渝东南翼"完成633.26亿元，增长13.2%，占全市的5.5%。"一圈两翼"人均GDP之比由上年2.16∶1缩小到2.09∶1。城乡居民收入比由上年3.12∶1缩小到3.11∶1。

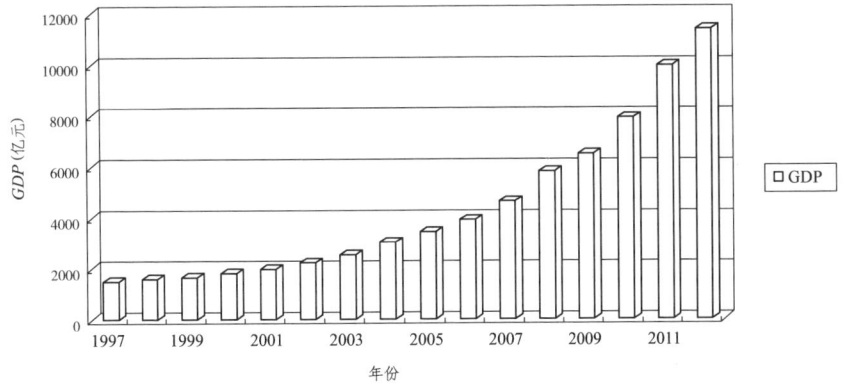

图6-1 1997—2012年国内生产总值图

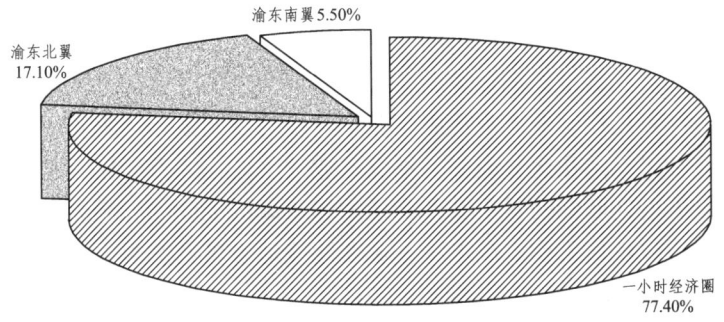

图6-2 按"一圈两翼"分占全市GDP比重

总体来说,重庆经济总量呈增长趋势,区域经济发展极不平衡,渝东北生态涵养发展区和渝东南生态保护发展区土地、人口占的比例最大,而实现国内生产总值总量却是最小的。这种巨大的发展差距有持续甚至扩大的态势,这将加剧本来就已存在的区域内部发展不平衡的矛盾,要加强两翼地区的发展缩小发展差距,进一步做到经济的可持续发展。

(2) 经济结构可持续现状。

重庆 2012 年地区生产总值 11 459.00 亿元,比上年增长 13.6%。其中,第一产业增加值 940.01 亿元,增长 5.3%;第二产业增加值 6172.33 亿元,增长 15.6%;第三产业增加值 4346.66 亿元,增长 12.0%。三次产业结构比为 8.2∶53.9∶37.9。非公有制经济实现增加值 7105.69 亿元,增长 15.1%,占全市经济的 62.3%。

重庆成为直辖市以来,第二产业产值占 GDP 比重由 1997 年的 39.7% 上升到 2012 年的 52.4%;第三产业产值占 GDP 比重由 1997 年的 37.7% 上升到 2013 年的 39.4%;与此同时,第一产业从业人员比重和产值占 GDP 比重则持续下降，由1997年的20.3%下降到2012年的8.2%，这表明产业结构在持续优化。但是重庆城乡"二元"经济结构突出：重庆是一个典型的城乡之间二元结构矛盾突出的地区，城市化滞后于工业化进程，农村有几百万过剩劳动力滞留于传统农业。重庆是一种"城域经济"与"县域经济"结合的二元经济。在城域经济板块中，二元结构突出表现在：存在着较发达的特大城市一座和相对发达的若干中小城市。根据杜平等著的《西部开发论》，重庆的城市可分为四类：第一类是非农业人口上百万的特大城市，第二类是非农业人口在50万~100万的大城市，第三类是非农业人口在20万~50万的中等城市，第四类是非农业人口在20万以下的小城市。城域经济板块中存在大量农村人口，大量农业从业人员，大量非正规部门从业人员，大量拥挤在旧城、旧房中的城市低收入阶层。在重庆的主城或城域经济板块中，工业化、非农化、城市化均是发育不充分的，不仅中小城市的发育程度低，仅有的特大城市的现代城市功能也是不强的。在县域经济板块中，存在着近代手工业、半机械化工业、传统服务业占主导，现代工业、现代服务业刚起步的建制镇和传统农业占优势的广大乡村。这种二元结构充分表明，不仅农业的工业化、市场化、产业化未能从总体上起步，就连已经初具小城市雏形的建制镇的工业化、城市化程度也是极低的，因为不仅现代工业、现代服务业在这些地方难觅踪影，就连现代农业在这些地方也很少见。

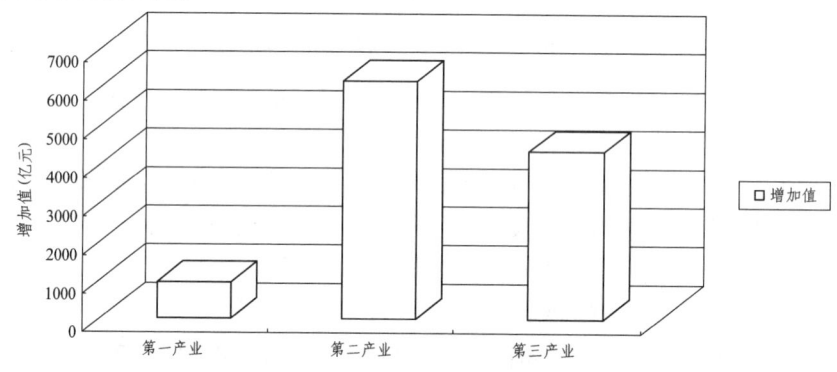

图6-3 重庆市三次产业增加值图

（3）经济繁荣与经济集约发展可持续现状。

重庆直辖为重庆经济带来了大发展，经济空前繁荣，外商投资、固定资产投资、进出口贸易在这十年里都稳步提升。2012年实现社会消费品零售总额3961.19亿元，比上年增长16.0%，扣除价格因素，实际增长14.2%，比1997年的568.19亿元增加了7倍。单位GDP能耗从1997年的1.81吨标准煤/万元降低到2012年的0.886吨标准煤/万元，这表明重庆经济在高速度发展

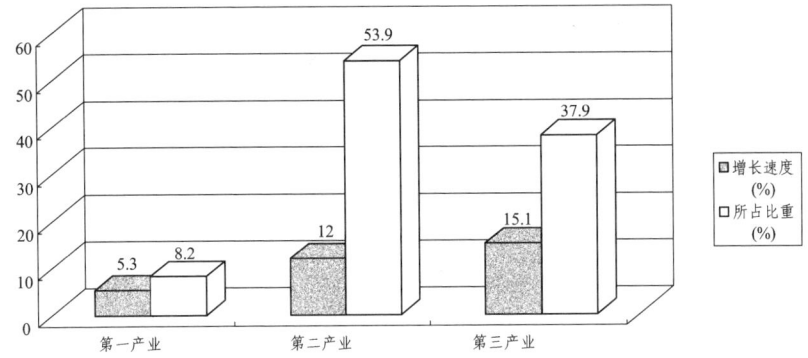

图6-4 重庆市三次产业增长速度和占比图

的同时，单位 GDP 能耗在逐渐降低，经济集约性逐渐增强。但是重庆也是一个发展中的直辖市，农业人口总多，城市化水平较低。对比西方发达国家、东南亚新兴工业化国家以及东南沿海发达地区，目前重庆市处在工业化中期，城市化虽然进入加速发展阶段，但仍处于初期，城市化水平还不高，城市化明显滞后于工业化进程。2012年全市国内生产总值中第一、二、三产业增加值的比重分别为 8.2%、52.4%、39.4%，而城镇化率为 57%。重庆市城市化滞后，除了长期计划经济体制和特有的历史背景下形成的城乡分割的二元化社会经济结构原因外，乡镇企业布局分散也是一个原因。乡镇企业分布分散、规模小、重复建设，难以形成规模效益和集聚效益，不利于小城镇发展，是制约乡村城镇化快速发展的主要因素，并导致土地资源浪费、基础设施投资大、环境污染严重等一系列后果。城市化的滞后，使城镇发展与工业发展难以形成良性互动关系，制约着城镇可持续发展。

3. 社会可持续发展现状

在市场经济体制下，区域规划和城市规划、基础设施建设、财富的公平分配以及社会事业（住房、医疗、教育、社会保障等）的健康发展，以至最终提高人民生活质量、人口素质和社会文明，是区域可持续发展的重要保障，也是区域发展和人居环境追求的目标。

（1）人口可持续发展现状。

人是社会的主体，社会发展指标主要是以人为主体的指标，这是与人居环境可持续发展密切相关的。直辖以来，重庆经济持续发展，基础建设、城市规划等各方面都得到前所未有的优化，社会事业取得了新成就，人们的生产和生活方式有了显著的改善。同时，重庆的人口发展也呈现出良好的发展态势。重庆直辖以来，全市常住人口规模稳定下降，下降速度呈逐步放慢的趋势；人口结构、人口素质等方面都得到进一步的改善，人口形势不断向好，为重庆市实现可持续发展和全面建设小康社会创造了良好的人口环境，为和谐社会的发展作了铺垫。

① 人口规模的变化。

从历年常住人口数据看，1996 到 2004 年全市常住人口处于下降通道，但下降趋势逐年减缓，8 年间全市常住人口下降了 81.98 万人，年均下降 0.4%。由于重庆市典型的二元经济结构和相对落后的经济状况，在市场经济全面推进的过程中，重庆市的人口大量外出，重庆成为了全国的净外出人口省份，由此形成了全市常住人口规模持续下降的特点。直辖后，重庆社会经济快速发展，经济总量不断增大，投资迅速增长，经济结构进一步优化，城市的聚集力和辐射能力增强，开始创造更多的就业岗位，形成较好的就业环境，重庆外出市外人口的增长速度随之减缓，市外外来人口不断增加，从而导致全市常住人口开始进入上升通道。从 2005 年开始，全市常住人口首次出现了近十年来的小幅回升，2006 年继续保持增长态势，2005 年和 2006 年全市常住人口分别增长 0.2% 和 0.4%，到 2013 年全市常住人口 2945 万人，比上年增加 26 万人。常住人口的上升态势反映了在重庆经济快速发展的同时，城市的人口承载力得到提升，为和谐重庆的构建奠定了基础。

② 人口的年龄结构变化。

重庆市 1997—2006 年人口年龄结构总的变化趋势是：少儿人口比重下降，老年人口比重有所上升，劳动力资源人口维持在一个相当充裕的阶段。

少儿人口规模缩小，占总人口的比重持续下降。2013 年重庆市人口出生率为 11.02‰，比上年下降 1.42 个千分点；人口自然增长率 3.88‰，比上年下降 2.66 个千分点。由于出生人口的减少，2012 年全市 0~14 岁少儿人口为 490.93 万人，比重占全市人口的比重降至 16.7%，与上年相比，比重下降 0.22 个百分点。

15~64 岁人口规模保持稳定。从 1997 年以来，全市 15~64 岁的人口比重基本保持在 68% 左右。2012 年全市 15~64 岁人口占 71.75%，与上年相比，比重上升 0.21 个百分点。由于重庆市的青壮年劳动力人口大量外出，使得该年龄段人口比例低于全国平均水平，但重庆市的劳动力资源绝对量仍然处于最为丰富的时期。老年人口比重不断上扬。2012 年重庆市 65 岁及以上老年人口比重上升到 11.58%，与上年相比，比重上升 0.01 个百分点。不难看出，重庆市老年人口比重，且上升趋势呈加快的态势。

（2）居住条件改善和基础设施可持续现状。

① 居住条件改善。

重庆直辖以来，居住环境大大改善，越来越多的市民从拥挤的职工宿舍、大杂院中"解放"出来，住进形式多样的花园式小区。1996年，重庆房地产开发投资金额仅有55亿元，2006年全市房地产开发投资达到629.53亿元；2012年，重庆房地产市场在继续严控和"国五条"政策的影响下，开发投资保持了较快稳定的发展态势。2012年完成开发投资3012.78亿元，同比增长20.1%，高于全市投资增速0.6个百分点。2012年重庆市商品房销售面积4522.40万平方米，下降0.2%。房地产开发投资规模占同期全社会固定资产投资比例，由1996年的17.4%增加到2012年的26.9%。重庆居民平均居住面积由直辖之初的7.5平方米增加到2012年的30平方米。

② 基础设施建设。

重庆地处大巴山脉和武陵山脉之间，由于交通历史欠账多、建设成本高等原因，交通一直是制约其经济发展的瓶颈。根据统计资料显示：2013年重庆市以能源、交通、邮电通信、水利、环境、城市基础设施为主体的基础设施建设项目投资逐月走强，至12月全市基础设施完成投资2962.10亿元，同比增长23.2%。基础设施投资对全市投资的贡献率为30.6%，拉动全市投资增长5.9个百分点。目前，重庆"二环八射"项目已基本建成，2012年重庆市的7条铁路和21条高速公路同时在建，建设力度空前。铁路建设在渝利铁路、重庆至万州铁路、重庆至贵阳铁路、成渝铁路、兰渝铁路等项目投资的带动下完成投资253.72亿元，增长121.1%。高速公路建设在三环高速永川至江津、成渝复线、沿江高速主城至涪陵、奉节至巫溪、涪陵至丰都等高速公路项目推动下完成投资220.99亿元，增长32.8%。

2012年年底高速公路通车里程将达到2312千米；累计投入78亿元用于水运建设，强化了重庆作为长江上游航道中心的作用。目前，重庆的货物吞吐量占到了整个长江上游地区的90%以上，长江黄金水道功能日益突出。通信覆盖全面大发展，通信条件明显改善，公用信息网综合通信能力显著增强，基本实现由模拟技术向数字技术，电话、电视网向信息网、宽带网，单一网向综合网、智能网转变。全市电话普及率达到100%，全部行政村实现通电话，建立了国内第一个省级互联网交换中心，基本实现乡乡通宽带，邮政服务能力显著提高。

城市基础设施水平直接影响着城市人居环境的可持续发展。良好的城市基础设施对保护和改善城市居民的生活环境，促进经济社会的可持续发展都可以发挥积极的作用、产生良好的社会效益和环境效益。虽然近几年大力加强了城市的基础设施建设，由于历史欠账过多，城市建设投资长期不足，城市基础设施特别是环境基础设施相对薄弱，突出表现在交通、污水处理、固体垃圾无害化处理等市政公用设施的严重不足。2012年重庆生活污水集中处理率达到80%。随着城市化进程的加快，城市快速发展与基础设施建设相对滞后的矛盾将更加突出。

(3) 生活、教育、医疗卫生及社会保障可持续发展状况。

① 生活水平提高可持续状况。

随着重庆经济的不断快速发展，重庆人民的生活质量也在不断改善。2012年人民币个人储蓄存款余额8361.64亿元，增长19.6%。城镇居民人均家庭总收入24 811元，比上年增长13.8%，其中人均可支配收入22 968元，增长13.4%。城镇居民恩格尔系数41.5%，比上年上升2.4个百分点。全年农村居民人均纯收入7383.27元，比上年增长13.9%。农村居民恩格尔系数44.2%，比上年下降2.6个百分点。农村居民人均住房面积41.0平方米，比上年增加0.8平方米。重庆人民生活水平逐年提高。

② 教育可持续发展状况。

直辖以来，重庆坚持"科教兴渝"政策，大力发展教育，教育事业取得了长足进步。

人口平均受教育年限上升：随着重庆教育投入力度的不断加大和一系列教育政策的实施，使重庆人口的受教育程度得到较大的提升。经计算，2012年重庆市6岁以上人口的平均受教育年限为9年，比1997年的6.6年，增加了2.4年。

各种文化程度大幅度提高：通过重庆第五次人口普查（2000年）和第六次人口普查（2010年）对比分析可以看出，每十万人拥有初中以上文化程度的人数显著提高。2000年全市每十万人拥有初中文化程度的人数为27 190人，2010年为33 441人，与2000年和2010年增加了6251人。2010年每十万人拥有高中和中专文化程度的人数为13 223人，与2000年相比增加了4408人。2010年每十万人拥有大专及以上文化程度为8478人，与2000年相比增加了5324人。显然拥有初中文化程度的人口数量增长最快，反映了直辖十年全市积极开展的普及九年义务教育成效，显示了重庆市在大力发展教育和提高人口文化素质方面取得的丰硕成果。

高等教育发展迅速：在1998年高校扩招开始，重庆高校发展步入了一个快速上升时期。1997年高等学校在校生人数只有8.06万，到2012年已经达到48.5万人。众多受过高等教育的学生是今后重庆经济发展的重要智力资源。

③ 医疗卫生和社会保障可持续发展状况。

统计资料显示：2001 年重庆医疗卫生机构数、卫生技术人员分别为 4151 个和 86 430 人，全市卫生资源有所增加，特别是加大了基层医疗卫生资源的投入。2012 年年末，重庆市医疗卫生机构总数达 17 961 个，增加了 301 个，其中，基层医疗卫生机构数增幅最大，增加了 263 个。全市床位数与 2011 年比较，增加了 15 186 张，其中，基层医疗卫生机构的床位数增加了 3911 张，民营医院的增长幅度较大，与 2011 年相比，增加了 34.24%。按照"一圈两翼"—小时经济圈、渝东北和渝东南划分，到医疗卫生机构就诊的人均诊疗次数为 1.8 人次、0.8 人次和 0.5 人次。病床使用率分别为 92.55%、94.05% 和 79.04%，渝东南均为最低。病床周转次数以渝东北最低，为 30.98 次。渝东南的卫生资源配置和卫生服务利用均较差。

此外，由于经济发展水平不高、社会保障水平也不高，社会保障占财政支出从 1997 年的 2.10% 上升到 2012 年的 11.2%，虽然投入连年加大，但仍有许多下岗和退休职工生活困难。特别是在重庆被确定为城乡统筹综合实验区后，大量进城农民的社会保障是一个很大的问题。

4. 环境可持续发展现状

近年来，随着对环境工作的重视以及投入的逐年加大，重庆环境建设取得了令人瞩目的成就，环境质量状况有了较大改善。但是，不可否认，目前环境质量状况依然不能令人乐观，空气质量差、水质污染、绿化水平低、农村环境质量差等问题依然比较严重。保护三峡库区水环境和进一步改善主城区大气环境质量仍将是长期而艰巨的任务。

（1）环境污染控制可持续现状。

① "三废"排放与处理。

直辖以来，重庆市的工业废气、废水和固体废物排放量基本都呈上升趋势。2012 年，工业废气的排放量为 8359.88 亿立方米，其中二氧化硫的排放量为 50.98 万吨，工业烟尘的排放量为 16.61 万吨，是全国空气污染较重的城市之一。2012 年重庆废水排放总量 13.23 亿吨，其中工业废水 3.06 亿吨，生活污水排放量 10.17 亿吨。工业固体废物、城市垃圾产生量增长趋势突出。2012 年，重庆市工业固全体废物产生量为 3164 万吨较上年减少 5.4%，综合利用量占产生量的 81.56%。截至 2011 年，重庆市已投资约 45 亿元，建成城镇生活垃圾处理场（厂）50 个，日处理能力达到 13 200 吨，覆盖了县城以上城区和部分重点建制镇。2011 年，全市共无害化处理生活垃圾 473 万吨，城镇生活垃圾无害化处理率达到 81%。

② 空气质量改善状况。

自创建国家环保模范城市工作开展以来,重庆市采取了一系列卓有成效的大气污染治理和防控措施,主城区空气质量持续稳步改善。主城区空气质量优良天数逐年上升,从 2000 年的 187 天上升至 2012 年的 340 天,比例为 92.9%。空气中主要污染物可吸入颗粒物、二氧化硫、二氧化氮浓度大幅下降,年均浓度均达到国家环境空气质量二级标准,分别为 0.090 mg/m^3、0.037 mg/m^3 和 0.035 mg/m^3,各区县(自治县)、经开区中环境空气质量达到国家二级标准的有 40 个,比 2011 年增加 4 个。从 2006 年起,主城区空气综合污染指数小于 3.0(空气综合污染指数 4.0 以上为中度污染,4.0 以下为轻度污染),退出了全国重污染城市行列;主城区雾天从直辖前的多年平均 124 天降至 47 天左右,摘掉了"雾都"的帽子。

③ 城市噪声控制。

社会生活噪声是城市噪声的主要声源,建筑施工噪声扰民较为突出。主城区 2009 年至 2012 年区域环境噪声平均值由 54.2 分贝下降至 54 分贝,已达到国家环保模范城市考核指标区域环境噪声平均值≤60 分贝的要求,网格噪声达标率为 94.1%,道路交通噪声平均等效声级为 67.2 分贝。郊区县(自治县)、经开区区域环境噪声平均等效声级为 53.2 分贝,网格噪声达标率为 94.9%,道路交通噪声平均等效声级为 66 分贝。2012 年重庆 12369 环保投诉受理中心接到的主城区噪声污染投诉量比 2011 年同期下降 8.1%。

④ 河流水质状况。

虽然受三峡工程截流影响,库区水质有一定影响,但同时也加大了治理的力度。2012 年,长江、嘉陵江、乌江重庆段水质保持稳定。按 21 项指标评价,"三江"重庆段 24 个断面中,水质为Ⅱ类、Ⅲ类、Ⅴ类和劣Ⅴ类的分别有 4 个、15 个、1 个和 4 个,分别占 16.7%、62.5%、4.1% 和 16.7%;水质满足Ⅲ类的断面比例为 79.2%,与 2011 年持平。长江 15 个断面水质均为Ⅲ类,嘉陵江 4 个断面水质均为Ⅱ类,总体水质状况为优;乌江 5 个断面水质为Ⅴ～劣Ⅴ类(主要原因是乌江贵州入渝万木断面总磷负荷高,导致乌江总磷 1 项指标超标)。次级河流总体水质良好。按 21 项指标评价,73 条次级河流 131 个断面中,水质满足Ⅲ类和满足水域功能要求的断面比例分别为 85.5% 和 93.9%。与 2011 年相比,水质满足Ⅲ类和满足水域功能要求的断面比例分别上升 6.0 个和 7.5 个百分点。全市集中式饮用水源地水质良好。53 个城市集中式饮用水源地水质达标率为 100%;990 个乡镇集中式饮用水源地水质主要指标基本达到要求。

(2) 生态环境建设与保护可持续现状。

直辖以来,重庆投入农林水生态建设、三峡库区周边绿化带建设、水环境治理、地质灾害治理、大气污染治理和环保基础设施建设等生态环境建设项目逐年增长,直辖之初的 1997 年,重庆市投入生态环境建设的财政资金在 12 亿元左右,而 2012 年全市投入生态环境建设的财政资金达到 232.4 亿元,巨大的财政资金投入有效改善了全市生态环境。"十二五"期间,随着财政投入的不断加大,重庆市相继实施了水土流失综合治理、退耕还林、天然林保护、农村环境保护、地质灾害治理等一系列保护和改善生态环境的重大举措,2012 年度累计治理水土流失面积 345 平方千米,完成投资 19 655 万元,水土流失预防监督工作成效显著,建成自然保护区 58 个、森林公园 73 个、风景名胜区 36 个。园林绿地面积由 1997 年的 9432 公顷提高到 2012 年的 58 354 公顷,人均公共绿地面积也由 1997 年的 0.82 平方米上升到 2012 年的 17.41 平方米。自然保护区面积由直辖时的 15.03 万公顷提高到 2012 年的 89 万公顷。自直辖以来,重庆的生态环境建设和保护都取得了很大进步。

(三)小结

综上所述,总体来看重庆人居环境在政府和社会的共同努力下,是不断改善的,但也存在一些问题,主要有:大气及水环境状况仍不容乐观,生活污水集中处理、生活垃圾无害化处理和危险废物处置能力严重不足,特别是农村生态环境差;经济结构不太合理,特别是第一产业和第三产业发展缓慢,经济总体发展水平不是很高;城市基础设施建设特别是环境基础设施建设不足,社会保障和医疗卫生状况还需要更大的改善。

二、重庆经济可持续发展评估

(一)重庆经济可持续发展指数综合评价方法

重庆经济可持续发展指标体系是一个动态的、综合的多指标体系,评价方法本身必须具有可操作性,并且正确、简便。目前用于进行各类评价的方法很多,有技术经济分析法、专家咨询法、层次分析法、投入产出法、模糊评价法等。由于重庆经济可持续发展综合评价既是一个发展状态的评价,又是一个发展趋势的评价,单独某一种方法很难适用于重庆经济可持续发展综合评价,为此应采用多指标综合评价方法。综合评价的实施由以下几个步骤组成:定性指标的量化、指标标准值的确定、指标的无量纲处理、权重赋值及综合指数计算方法选取工作。

1. 指标的量化

指标按其性质可分为两类：一类是定量指标，可根据基础统计数据或计算出指标值；另一类是定性指标，这类指标较难量化，是评价工作中需要克服主观因素的一大难题。如本研究的公共文化服务满意度、文化法治环境满意度等。为实现定性指标的定量化，通常做法是：首先给定性指标明确的定义，再根据指标定义和实际情况给指标评分。对于定性指标而言，可结合具体技术参数等情况，把定性指标人为定量化，定量化的标准使各个评价方案之间具有可比性。定性指标定量化方法很多，如 Delphi 法、头脑风暴法、模糊方法、灰色关联度法、AHP 法等，但由于问题的复杂性，至今仍没有一个彻底解决定性指标定量化的方法，在应用中常综合使用多种方法。本课题将该类指标作为设计问卷的调查指标。为了不影响综合评价结果，将该类指标各省市指标值统一设定值为相同固定值进行计算。

2. 指标标准值的确定

在进行重庆经济可持续发展指数综合评价时，需要对各项评价指标确定其标准值，本报告所确定的指标并没有一定的标准，而且有的指标并非越多越好，或越少越好，呈简单的线性关系，对于此类指标的标准的确定就比较困难。为了适应当前评价的要求，现拟定以下几项原则供制定标准值时参考：

一是凡已有国家标准的或国际标准的指标，尽量采用规定的标准值；

二是参考国外具有良好特色的城市的现状值作为标准值；

三是参考国内城市的现状值，作趋势外推，确定标准值；

四是依据现有的环境与社会、经济协调发展的理论，力求定量化作为标准值；

五是对那些目前统计数据不十分完整，但在指标体系中又十分重要的指标，在缺乏有关指标统计数据前，暂用类似指标替代。

根据以上原则拟定的重庆经济可持续发展指数综合评价标准，有相关标准的采用相关标准进行计算，没有相关标准的就选用各年份指标值平均值作为标准值进行计算。

3. 无量纲处理

对于已选定的指标体系，由于各个指标的计量单位及数量级相差较大，所以一般不能直接进行简单的综合。必须先将各指标进行标准化处理，变换成无量纲的指数化数值或分值，再按照一定的权重进行综合值的计算。

无量纲处理，也叫作指标数据的标准化、规范化，是指采用数学变换以消除指标值数量级或量纲的不同对综合绩效评价值产生的影响。目前常用的无量纲处理方法大致可以归为三类：直线型无量纲化法、折线型无量纲化方法、曲线型无量纲化方法。

直线型无量纲化方法基本思想是假定实际指标值和评价指标值之间存在着线性关系，实际指标值的变化引起评价指标一个相应的比例变化。代表方法有阈值法。阈值也称临界值，是衡量实物发展变化的一些特殊指标值，比如极大值、极小值、满意值、不允许值等。阈值法是用指标实际值与阈值相比以得到指标评价值的无量纲化方法。公式化表示为：

标准化处理值＝（指标值÷标准值）

即

$$Y_{ij} = \frac{X_{ij}}{X_j}$$

式中：X_j 称为标准值，一般可以取指标极大值、极小值、平均值、指标总值、理想值等，本课题中 X_j，有相关标准的采用相关标准进行计算，没有相关标准的就选用各省市指标值平均值作为标准值进行计算。X_{ij} 为各指标量化的实际指标值。Y_{ij} 为无量纲化后的标准化值。

4. 权重赋值方法

指标权重的合理与否在很大程度上影响综合评价的正确性和科学性。目前，在综合评价实践中确定权重的方法大致可分为两类：主观赋权法与客观赋权法。主观赋权法根据决策者对各指标的主观重视程度赋权，如专家打分法、二项系数法、层次分析法等；客观赋权法依据客观信息（如决策矩阵）进行赋权，如主成分分析法、摘值法、多目标规划法等。各种方法都有优点，也都有局限性，在具体使用时应根据评估目的和指标数据的情况有选择地使用。到目前为止，在实践中常用的方法仍是依据研究者的实践经验和主观判断来确定权重。专家打分法是在定量和定性分析的基础上，以打分等方式做出定量评价，其结果具有数理统计特性。其最大的优点在于，能够在缺乏足够统计数据和原始资料的情况下，做出定量估计。

专家评价法的主要步骤是：首先根据评价对象的具体情况选定评价指标，对每个指标均定出评价等级，每个等级的标准用分值表示；然后以此为基准，由专家对评价对象进行分析和评价，确定各个指标的分值，采用加法评分法、乘法评分法或加乘评分法求出评价对象的总分值，从而得到评价结果。

本研究通过专家打分法得到的各级指标的权重计算结果见表6-2。

表6-2 各级指标权重

一级指标	二级指标	三级指标	四级指标	权重
一、经济发展水平(19.02)	(一)经济总量及结构(5.3)	1.总量水平(4.25)	(1)人均GDP	0.77
			(2)人均财政收入	0.67
			(3)全社会固定资产投资	0.73
			(4)社会消费品零售总额	0.72
			(5)金融机构人民币贷款余额	0.69
			(6)城镇化率	0.67
		2.结构优化(1.05)	(7)第二、三产业产值比重	0.48
			(8)第二、三产业从业人员比重	0.57
	(二)农业及农村发展(4.31)	3.农业投资及效益(1.12)	(9)农业人口人均生产性固定资产投资	0.53
			(10)农业投资效益	0.60
		4.农村经济组织建设(1.46)	(11)万人农村合作经济组织数量	0.47
			(12)集体经济组织产权制度改革比例	0.50
		5.农村资源要素(1.73)	(13)特色中心镇数量	0.49
			(14)农村人均用电量	0.54
			(15)农村老龄化程度(51岁以上农村劳动力占比)	0.54
			(16)农村劳动力素质(人均受教育年限)	0.65
	(三)工业发展(4.43)	6.工业的行业效益(1.99)	(17)每万元工业总产值产生的增加值	0.62
			(18)成本费用利润率	0.65
			(19)工业企业全员劳动生产率	0.72
		7.工业规模化、集群化程度(0.52)	(20)规模以上工业企业数量	0.52

续表

一级指标	二级指标	三级指标	四级指标	权重
一、经济发展水平(19.02)	(三)工业发展(4.43)	8.高新技术产业发展程度(0.78)	(21)高技术制造业产值比重(高技术产业产值/GDP)	0.78
		9.国有及私营经济总量及效率(1.14)	(22)国有、私营控股工业企业工业增加值比	0.54
			(23)国有、私营控股工业企业成本费用利润率比	0.60
	(四)现代服务业发展(4.97)	10.现代服务业行业效益(0.62)	(24)每万元第三产业总产值产生的增加值	0.62
		11.旅游(0.6)	(25)旅游收入	0.60
		12.文化(0.64)	(26)文化产业增加值	0.64
		13.物流(1.42)	(27)货运量总计	0.49
			(28)港口货物吞吐量	0.46
			(29)空港吞吐量	0.47
		14.商贸(0.52)	(30)批发业法人企业商品销售总额(批发)	0.52
		15.金融(1.17)	(31)上市公司数量	0.65
			(32)企业债发行额	0.52
二、经济发展动力(19.56)	(五)投资(3.05)	16.投资效益(2.05)	(33)投资贡献率	0.91
			(34)投资乘数	1.14
		17.投资结构(1.00)	(35)国有投资与民间投资比	1.00
	(六)消费(11.93)	18.消费水平(3.89)	(36)各区县农村居民生活消费支出占纯收入比重	0.99
			(37)农村居民消费支出占总支出比重	0.94
			(38)城市居民消费支出占总支出比重	0.99
			(39)城市居民全年总支出占全年总收入比重	0.97

续表

一级指标	二级指标	三级指标	四级指标	权重
二、经济发展动力(19.56)	（六）消费(11.93)	19. 消费结构(3.7)	(40)各区县农村居民文教娱乐用品及服务支出比重	0.98
			(41)各区县农村居民家庭设备用品及服务支出比重	0.89
			(42)城市居民文教娱乐用品及服务支出比重	0.95
			(43)城市居民家庭设备用品及服务支出比重	0.88
		20. 消费潜力(4.34)	(44)农村居民高收入户与低收入户生活消费支出差距	0.97
			(45)农村居民高收入与低收入户消费性支出中居住支出差距	1.06
			(46)城市居民高收入户与低收入户消费性支出差距	1.20
			(47)城市居民高收入与低收入户消费性支出中居住支出差距	1.11
	（七）进出口(4.6)	21. 进出口总量(1.06)	(48)进出口总额	1.06
		22. 进出口结构(3.54)	(49)净进口总额	0.91
			(50)对外依存度	0.98
			(51)对外承包工程和劳务合作实际完成营业额	0.82
			(52)FDI	0.83
三、经济发展支撑(19.82)	（八）科技(8.9)	23. 技术创新(8.9)	(53)研究机构R&D人员数	2.99
			(54)R&D投入占GDP比重	2.95
			(55)科技资本量	2.96
	（九）信息化(2.78)	24. 网络普及(2.78)	(56)固定互联网络用户	

续表

一级指标	二级指标	三级指标	四级指标	权重
三、经济发展支撑(19.82)	(十)人力(6.13)	25.劳动力数量(2.78)	(57)14~60岁以下人口	2.78
		26.劳动力质量(3.35)	(58)每10万人拥有的大专及以上人口	3.35
	(十一)土地(2.02)	27.土地供给(2.02)	(59)农村建设用地规模	2.02
四、经济发展生态约束(21.96)	(十二)能耗及环境保护(8.36)	28.生产能耗(4.29)	(60)单位生产总值能源消费量	4.29
		29.环保投入(4.07)	(61)环保投资占GDP比重	4.07
	(十三)资源约束(13.6)	30.能源依赖(3.64)	(62)能源外部依赖率	3.64
		31.资源潜力(9.96)	(63)人均水力资源蕴藏量	3.03
			(64)人均主要矿产资源保有基础储量	3.35
			(65)生态容量	3.58
五、经济发展成果及分配(19.64)	(十四)生产成果(1.68)	32.生产含金量(1.68)	(66)个人收入(劳动者报酬)占GDP比重	1.68
	(十五)成果分配(17.96)	33.收入(6.37)	(67)城市居民人均可支配收入	1.59
			(68)农村人均纯收入	1.59
			(69)城乡人均收入比	1.64
			(70)恩格尔系数	1.55
		34.住房(2.68)	(71)城市人均房屋建筑面积	1.29
			(72)农村户均用地	1.39
		35.储蓄(1.36)	(73)人均储蓄存款余额	1.36
		36.公共服务(6.08)	(74)每万人科教文卫资产(每万人专任教师数)	1.43
			(75)每万人拥有卫生技术人员	1.55
			(76)城镇社区服务设施数	1.53
			(77)人均绿地(生态覆盖率)	1.57
		37.社会保障(1.47)	(78)城乡居民社会养老保险参保人数	1.47

(二)重庆经济可持续发展综合指数的计算

指数在实际中可采用的综合评价方法有若干,通过数据分析,确定对重庆经济可持续发展综合评价使用综合指数法,即:在建立测评指标体系的基础上,用一定的方法对这些指标进行综合打分,用综合得分来衡量、判断重庆经济可持续发展综合水平的高低。该方法的优点是简便、易行,能将一些定性因素相对定量化,综合判定重庆经济可持续发展综合水平。

第一步,指标无量纲处理。对指标数据进行标准化处理。计算公式为:

$$Y_{ij} = \frac{X_{ij}}{X_j}$$

式中:i为指标序号;Y_{ij}为第i项指标的标准化值;X_{ij}为第i项指标量化的实际指标值;X_j为第i项指标的标准值。

第二步,确定每个指标的实现程度,每个指标的实现程度是该指标的标准化值除以全面目标值。计算公式为:

$$Z_{ij} = \frac{Y_{ij}}{\max Y_i}$$

式中:i为指标序号;Z_{ij}为第i项指标的实现程度(即通常所说的"进程");Y_{ij}为第i项指标无量纲后的标准化值;$\max Y_i$为第i项指标无量纲标准化值的最大值。

第三步,计算各个指标的实际得分,每个指标的实际得分是该指标的实现程度与其权数的积。计算公式为:

$$W_i = Z_{ij} \times P_i$$

式中:P_i为第i项指标的权数;Z_{ij}为第i项指标的实现程度;W_i为第i项指标的得分值。

第四步,把单个指标得分加总即得出重庆经济可持续发展综合评价的实现程度。计算公式为:

$$F_i = \sum_{i=1}^{n} W_i \times 100$$

式中:W_i为第i项指标的得分值;F_i表示重庆经济可持续发展综合评价分值。

（三）重庆经济可持续发展指数实证分析

1. 一级指标总体评价

在全面搜集、整理大量统计资料的基础上，本报告使用综合评价方法，对重庆经济可持续发展指数进行了系统的评价分析。其结果如表6-3所示。

表6-3 重庆市经济可持续发展一级指标综合得分

一级指标得分	2002年	2003年	2004年	2005年	2006年	2007年	2008年	2009年	2010年	2011年	2012年
1. 经济发展水平	10.04	10.41	10.88	11.15	11.30	11.99	13.18	13.82	15.35	16.45	17.22
2. 经济发展动力	13.71	13.36	13.14	13.81	13.44	13.34	13.11	13.60	12.82	14.74	16.14
3. 经济发展支撑	14.17	14.42	14.69	15.91	16.23	16.89	17.39	16.79	16.41	19.11	19.44
4. 经济发展生态约束	14.39	11.88	11.88	13.06	13.12	13.79	15.13	16.98	17.42	17.26	16.33
5. 经济发展成果及分配	12.65	12.01	12.25	12.43	12.90	13.34	13.94	14.72	15.95	17.01	17.83
综合得分	64.96	62.08	62.85	66.35	66.99	69.35	72.76	75.91	77.95	84.57	86.96

通过对重庆市经济可持续发展指标体系近几年数据的分析，并对可持续发展评价指标体系进行实例验证可知，该经济可持续发展评价指标体系部分指标标准值采用国家标准或国际标准，对于没有给出国家标准的，参考了各年选定的指标值最大值作为标准值；同时文化发展评价指标体系的指标值基本通过统计年鉴、重庆调查年鉴、第二次全国经济普查、中国人口统计年鉴等权威资料中获得，对于个别无法从统计资料中获得的数据也可通过文献、报刊或网络获得，数据具有可获得性；运用综合评价模型对指标数据进行运算，结果基本与重庆市经济发展现状相符，说明本研究构建的重庆经济可持续发展评价指标体系具有一定的合理性和可行性。

从整体上看，2002—2012年综合得分呈上升趋势，2003年得分最低62.08分，2012年得分为86.96（如图6-5所示）。可以看出重庆经济呈可持续发展状态。根据图6-6可以看出，经济发展水平和经济发展成果及分配一直呈现增长趋势，经济发展支撑在2009年和2010年略有下降，2011年开始又出现上升趋势；经济发展动力除在2010年有放缓趋势外，其余年份均保持增长趋势；经济发展生态约束在2012年略微出现下降趋势，但整体发展水平保持增长。

从各一级指标得分差距上看，各年得分差距不大，整体发展比较均衡，重庆经济呈可持续发展状态。

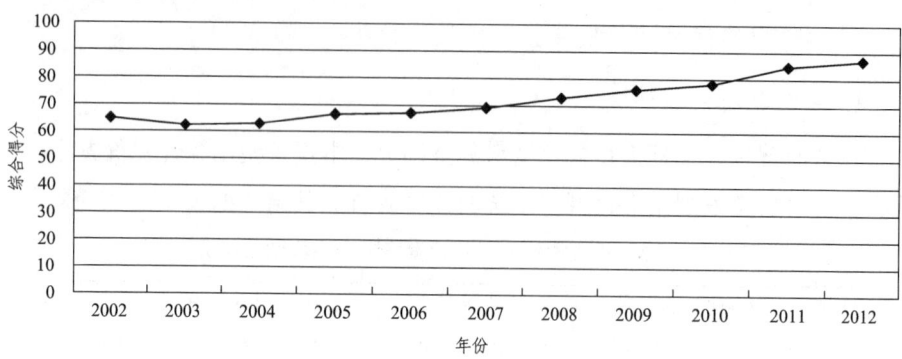

图 6-5 综合得分折线图

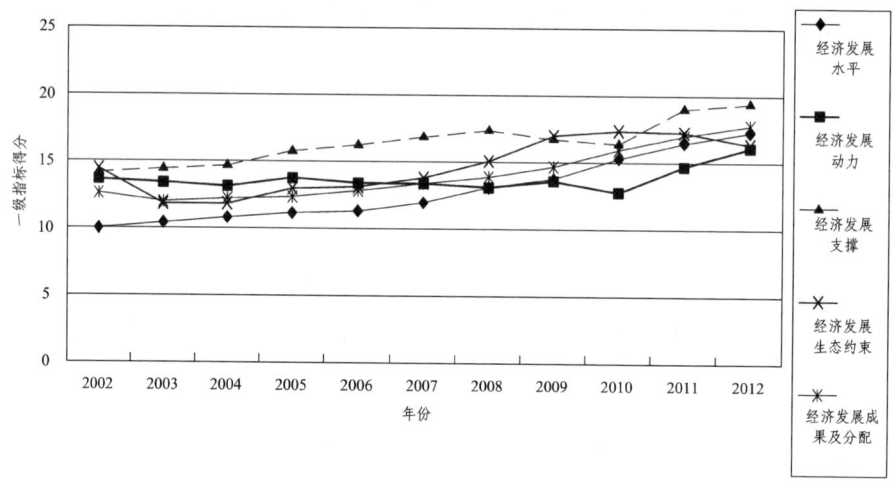

图 6-6 一级指标得分折线图

2. 各级指标可持续发展分析

重庆经济可持续发展二级指标共 15 个，总体呈增长趋势，除消费和能耗及环境保护这两个二级指标得分有波动外，其余指标均呈增长趋势（见表 6-4 所示）。

表 6-4 二级指标综合得分情况

二级指标得分	2002 年	2003 年	2004 年	2005 年	2006 年	2007 年	2008 年	2009 年	2010 年	2011 年	2012 年
（一）经济总量及结构	1.88	2.03	2.19	2.36	2.59	2.81	3.17	3.57	4.26	4.79	5.11
（二）农业及农村发展	3.57	3.42	3.45	3.67	3.50	3.67	3.40	3.51	3.49	3.58	3.50
（三）工业发展	2.62	2.98	3.11	2.78	2.86	3.15	3.60	3.61	3.84	3.85	3.86

续表

二级指标得分	2002年	2003年	2004年	2005年	2006年	2007年	2008年	2009年	2010年	2011年	2012年
(四)现代服务业发展	1.96	1.99	2.13	2.33	2.34	2.35	3.01	3.13	3.75	4.23	4.74
(五)投资	2.73	2.45	2.24	2.53	2.45	2.23	2.02	2.63	2.36	2.23	2.66
(六)消费	10.55	10.37	10.19	10.53	10.09	9.99	9.62	9.50	8.41	9.26	8.87
(七)进出口	0.44	0.54	0.71	0.75	0.90	1.12	1.47	1.47	2.04	3.25	4.60
(八)科技	5.95	5.95	5.97	7.10	7.31	7.74	8.07	7.34	6.44	8.65	8.51
(九)信息化	0.40	0.64	0.88	0.92	1.01	1.21	1.36	1.46	1.88	2.34	2.78
(十)人力	5.81	5.82	5.83	5.87	5.90	5.92	5.95	5.97	6.06	6.10	6.13
(十一)土地	2.02	2.02	2.02	2.02	2.02	2.02	2.02	2.02	2.02	2.02	2.02
(十二)能耗及环境保护	4.76	2.44	2.33	2.62	3.02	3.22	3.04	4.04	4.07	3.83	2.84
(十三)资源约束	9.63	9.44	9.55	10.44	10.11	10.57	12.09	12.94	13.35	13.43	13.49
(十四)生产成果	1.68	1.65	1.66	1.55	1.48	1.51	1.55	1.60	1.56	1.56	1.57
(十五)成果分配	10.97	10.36	10.59	10.88	11.42	11.83	12.39	13.13	14.39	15.45	16.26
综合得分	64.96	62.08	62.85	66.35	66.99	69.35	72.76	75.91	77.95	84.57	86.96

三级指标共37个，其中：农业投资及效益、工业的行业效益、工业规模化、集群化程度、高新技术产业发展程度、现代服务业行业效益、旅游、投资效益、投资结构、消费结构、消费潜力、环保投入、公共服务和社会保障，这13个指标波动相对比较大，其余指标基本呈增长状态（见表6-5）。

表6-5 三级指标综合得分

三级指标得分	2002年	2003年	2004年	2005年	2006年	2007年	2008年	2009年	2010年	2011年	2012年
1.总量水平	1.02	1.15	1.30	1.45	1.63	1.90	2.24	2.62	3.29	3.79	4.10
2.结构优化	0.86	0.88	0.90	0.91	0.97	0.92	0.93	0.95	0.97	0.99	1.01
3.农业投资及效益	0.74	0.58	0.63	0.81	0.65	0.82	0.52	0.59	0.54	0.57	0.45
4.农村经济组织建设	1.46	1.46	1.46	1.46	1.46	1.46	1.46	1.46	1.46	1.46	1.46
5.农村资源要素	1.37	1.38	1.36	1.40	1.39	1.39	1.42	1.45	1.49	1.56	1.59
6.工业的行业效益	1.05	1.30	1.31	1.25	1.29	1.61	1.74	1.69	1.75	1.78	1.75
7.工业规模化、集群化程度	0.15	0.16	0.19	0.21	0.23	0.29	0.45	0.47	0.52	0.35	0.36

续表

三级指标得分	2002年	2003年	2004年	2005年	2006年	2007年	2008年	2009年	2010年	2011年	2012年
8. 高新技术产业发展程度	0.38	0.47	0.56	0.27	0.29	0.22	0.36	0.40	0.47	0.66	0.78
9. 国有及私营经济总量及效率	1.04	1.04	1.04	1.04	1.04	1.04	1.05	1.05	1.11	1.07	0.97
10. 现代服务业行业效益	0.37	0.35	0.37	0.44	0.38	0.29	0.47	0.38	0.43	0.62	0.59
11. 旅游	0.48	0.47	0.48	0.51	0.48	0.44	0.53	0.48	0.51	0.60	0.59
12. 文化	0.16	0.17	0.16	0.16	0.22	0.23	0.36	0.34	0.64	0.50	0.45
13. 物流	0.40	0.43	0.48	0.54	0.60	0.71	0.85	0.95	1.06	1.27	1.42
14. 商贸	0.05	0.07	0.10	0.14	0.08	0.11	0.17	0.23	0.34	0.45	0.52
15. 金融	0.50	0.51	0.54	0.54	0.57	0.57	0.63	0.75	0.78	0.78	1.17
16. 投资效益	1.73	1.63	1.52	1.91	1.83	1.65	1.46	1.97	1.69	1.62	2.05
17. 投资结构	1.00	0.82	0.72	0.62	0.62	0.57	0.57	0.66	0.67	0.61	0.61
18. 消费水平	3.40	3.45	3.39	3.43	3.37	3.51	3.56	3.63	3.68	3.71	3.83
19. 消费结构	3.10	3.01	2.82	3.11	2.89	2.72	2.71	2.93	2.79	2.78	2.83
20. 消费潜力	4.05	3.91	3.97	3.99	3.83	3.76	3.35	2.94	1.94	2.77	2.21
21. 进出口总量	0.04	0.05	0.08	0.09	0.11	0.15	0.19	0.15	0.25	0.58	1.06
22. 进出口结构	0.40	0.49	0.63	0.66	0.79	0.97	1.28	1.32	1.80	2.67	3.54
23. 技术创新	5.95	5.95	5.97	7.10	7.31	7.74	8.07	7.34	6.44	8.65	8.51
24. 网络普及	0.40	0.64	0.88	0.92	1.01	1.21	1.36	1.46	1.88	2.34	2.78
25. 劳动力数量	2.46	2.47	2.48	2.52	2.55	2.57	2.60	2.62	2.71	2.75	2.78
26. 劳动力质量	3.35	3.35	3.35	3.35	3.35	3.35	3.35	3.35	3.35	3.35	3.35
27. 土地供给	2.02	2.02	2.02	2.02	2.02	2.02	2.02	2.02	2.02	2.02	2.02
28. 生产能耗	2.46	0.00	0.00	0.00	0.00	0.00	0.00	0.00	0.00	0.00	0.00
29. 环保投入	2.29	2.44	2.33	2.62	3.02	3.22	3.04	4.04	4.07	3.83	2.84
30. 能源依赖	0.87	0.68	0.78	1.67	1.32	1.79	2.13	3.00	3.44	3.55	3.64
31. 资源潜力	8.77	8.77	8.77	8.77	8.78	8.78	9.96	9.94	9.91	9.88	9.85
32. 生产含金量	1.68	1.65	1.66	1.55	1.48	1.51	1.55	1.60	1.56	1.56	1.57
33. 收入	4.32	4.37	4.64	4.65	4.89	5.21	5.40	5.46	5.63	5.94	6.00

续表

三级指标得分	2002年	2003年	2004年	2005年	2006年	2007年	2008年	2009年	2010年	2011年	2012年
34. 住房	1.84	1.92	2.01	2.01	2.15	2.27	2.28	2.31	2.38	2.50	2.68
35. 储蓄	0.28	0.33	0.38	0.44	0.50	0.54	0.67	0.81	0.96	1.14	1.36
36. 公共服务	4.15	3.38	3.19	3.41	3.49	3.38	3.53	4.18	4.38	4.41	4.75
37. 社会保障	0.39	0.36	0.37	0.37	0.39	0.43	0.51	0.35	1.05	1.46	1.47
综合得分	64.96	62.08	62.85	66.35	66.99	69.35	72.76	75.91	77.95	84.57	86.96

四级指标共78个：其中人均GDP、人均财政收入、全社会固定资产投资、社会消费品零售总额、金融机构人民币贷款余额、农业投资效益、工业企业全员劳动生产率、文化产业增加值等经济类指标波动相对比较大，四级指标整体上来说呈增长状态（见表6-6）。

表6-6 四级指标综合得分情况

四级指标	2002年	2003年	2004年	2005年	2006年	2007年	2008年	2009年	2010年	2011年	2012年
（1）人均GDP	0.16	0.18	0.21	0.25	0.28	0.33	0.41	0.45	0.55	0.68	0.77
（2）人均财政收入	0.05	0.06	0.09	0.11	0.14	0.19	0.24	0.28	0.54	0.63	0.67
（3）全社会固定资产投资	0.08	0.10	0.13	0.16	0.19	0.25	0.31	0.41	0.54	0.60	0.73
（4）社会消费品零售总额	0.15	0.17	0.19	0.22	0.26	0.31	0.38	0.44	0.52	0.62	0.72
（5）金融机构人民币贷款余额	0.10	0.13	0.15	0.17	0.20	0.23	0.29	0.40	0.50	0.59	0.69
（6）城镇化率	0.49	0.51	0.53	0.55	0.57	0.59	0.61	0.63	0.65	0.67	0.52
（7）第二、三产业产值比重	0.43	0.43	0.43	0.43	0.48	0.42	0.43	0.44	0.44	0.44	0.44
（8）第二、三产业从业人员比重	0.43	0.45	0.47	0.48	0.49	0.49	0.50	0.52	0.53	0.55	0.57
（9）农业人口人均生产性固定资产投资	0.14	0.12	0.20	0.44	0.38	0.53	0.29	0.48	0.45	0.46	0.36
（10）农业投资效益	0.60	0.46	0.43	0.38	0.27	0.29	0.23	0.11	0.09	0.11	0.09
（11）万人农村合作经济组织数量	0.47	0.47	0.47	0.47	0.47	0.47	0.47	0.47	0.47	0.47	0.47

续表

四级指标	2002年	2003年	2004年	2005年	2006年	2007年	2008年	2009年	2010年	2011年	2012年
(12) 集体经济组织产权制度改革比例	0.50	0.50	0.50	0.50	0.50	0.50	0.50	0.50	0.50	0.50	0.50
(13) 特色中心镇数量	0.49	0.49	0.49	0.49	0.49	0.49	0.49	0.49	0.49	0.49	0.49
(14) 农村人均用电量	0.23	0.25	0.27	0.30	0.32	0.34	0.39	0.43	0.46	0.51	0.54
(15) 农村老龄化程度（51岁以上农村劳动力占比）	0.54	0.54	0.50	0.49	0.46	0.43	0.42	0.40	0.39	0.40	0.40
(16) 农村劳动力素质（人均受教育年限）	0.59	0.59	0.60	0.61	0.62	0.62	0.62	0.61	0.63	0.65	0.65
(17) 每万元工业总产值产生的增加值	0.54	0.51	0.48	0.49	0.46	0.55	0.62	0.56	0.51	0.45	0.46
(18) 成本费用利润率	0.36	0.61	0.62	0.51	0.55	0.64	0.62	0.62	0.65	0.64	0.57
(19) 工业企业全员劳动生产率	0.15	0.18	0.21	0.25	0.28	0.41	0.50	0.51	0.59	0.69	0.72
(20) 规模以上工业企业数量	0.15	0.16	0.19	0.21	0.23	0.29	0.45	0.47	0.52	0.35	0.36
(21) 高技术制造业产值比重（高技术产业产值/GDP）	0.38	0.47	0.56	0.27	0.29	0.22	0.36	0.40	0.47	0.66	0.78
(22) 国有、私营控股工业企业工业增加值比	0.48	0.48	0.48	0.48	0.48	0.48	0.48	0.48	0.54	0.47	0.44
(23) 国有、私营控股工业企业成本费用利润率比	0.56	0.56	0.56	0.56	0.56	0.56	0.57	0.57	0.57	0.60	0.53
(24) 每万元第三产业总产值产生的增加值	0.37	0.35	0.37	0.44	0.38	0.29	0.47	0.38	0.43	0.62	0.59

续表

四级指标	2002年	2003年	2004年	2005年	2006年	2007年	2008年	2009年	2010年	2011年	2012年
(25) 旅游收入	0.48	0.47	0.48	0.51	0.48	0.44	0.53	0.48	0.51	0.60	0.59
(26) 文化产业增加值	0.16	0.17	0.16	0.16	0.22	0.23	0.36	0.34	0.64	0.50	0.45
(27) 货运量总计	0.13	0.14	0.16	0.17	0.19	0.22	0.28	0.30	0.36	0.43	0.49
(28) 港口货物吞吐量	0.11	0.12	0.17	0.19	0.20	0.24	0.29	0.32	0.36	0.43	0.46
(29) 空港吞吐量	0.16	0.17	0.15	0.18	0.21	0.25	0.28	0.33	0.34	0.42	0.47
(30) 批发业法人企业商品销售总额（批发）	0.05	0.07	0.10	0.14	0.08	0.11	0.17	0.23	0.34	0.45	0.52
(31) 上市公司数量	0.47	0.47	0.51	0.51	0.51	0.53	0.54	0.54	0.60	0.63	0.65
(32) 企业债发行额	0.03	0.03	0.03	0.03	0.06	0.04	0.09	0.21	0.18	0.15	0.52
(33) 投资贡献率	0.59	0.49	0.38	0.77	0.69	0.51	0.32	0.83	0.55	0.48	0.91
(34) 投资乘数	1.14	1.14	1.14	1.14	1.14	1.14	1.14	1.14	1.14	1.14	1.14
(35) 国有投资与民间投资比	1.00	0.82	0.72	0.62	0.62	0.57	0.57	0.66	0.67	0.61	0.61
(36) 各区县农村居民生活消费支出占纯收入比重	0.94	0.94	0.91	0.88	0.88	0.93	0.96	0.96	0.98	0.97	0.99
(37) 农村居民消费支出占总支出比重	0.74	0.79	0.74	0.79	0.80	0.76	0.78	0.85	0.86	0.89	0.94
(38) 城市居民消费支出占总支出比重	0.92	0.89	0.94	0.92	0.95	0.99	0.91	0.94	0.93	0.90	0.93
(39) 城市居民全年总支出占全年总收入比重	0.79	0.83	0.79	0.84	0.75	0.83	0.91	0.88	0.91	0.96	0.97

续表

四级指标	2002年	2003年	2004年	2005年	2006年	2007年	2008年	2009年	2010年	2011年	2012年
（40）各区县农村居民文教娱乐用品及服务支出比重	0.91	0.95	0.90	0.98	0.72	0.65	0.61	0.64	0.55	0.62	0.66
（41）各区县农村居民家庭设备用品及服务支出比重	0.48	0.52	0.43	0.49	0.59	0.60	0.63	0.73	0.78	0.84	0.89
（42）城市居民文教娱乐用品及服务支出比重	0.95	0.82	0.86	0.92	0.88	0.75	0.69	0.68	0.63	0.57	0.51
（43）城市居民家庭设备用品及服务支出比重	0.76	0.72	0.63	0.73	0.71	0.72	0.77	0.88	0.83	0.75	0.77
（44）农村居民高收入户与低收入户生活消费支出差距	0.97	0.83	0.89	0.91	0.75	0.68	0.60	0.59	0.43	0.47	0.37
（45）农村居民高收入与低收入户消费性支出中居住支出差距	0.77	0.77	0.77	0.77	0.77	0.77	0.66	0.87	0.29	1.06	0.59
（46）城市居民高收入户与低收入户消费性支出差距	1.20	1.20	1.20	1.20	1.20	1.20	1.10	0.75	0.65	0.54	0.52
（47）城市居民高收入与低收入户消费性支出中居住支出差距	1.11	1.11	1.11	1.11	1.11	1.11	0.99	0.73	0.57	0.70	0.73
（48）进出口总额	0.04	0.05	0.08	0.09	0.11	0.15	0.19	0.15	0.25	0.58	1.06
（49）净进口总额	0.04	0.06	0.11	0.11	0.13	0.18	0.24	0.21	0.31	0.58	0.91
（50）对外依存度	0.22	0.28	0.35	0.34	0.38	0.41	0.40	0.27	0.36	0.64	0.98

续表

四级指标	2002年	2003年	2004年	2005年	2006年	2007年	2008年	2009年	2010年	2011年	2012年
(51) 对外承包工程和劳务合作实际完成营业额	0.11	0.12	0.14	0.17	0.23	0.29	0.43	0.52	0.63	0.61	0.82
(52) FDI	0.02	0.02	0.03	0.04	0.05	0.09	0.22	0.32	0.50	0.83	0.83
(53) 研究机构R&D人员数	1.09	1.09	1.12	2.13	2.30	2.66	2.90	1.82	1.48	2.99	2.60
(54) R&D投入占GDP比重	1.90	1.90	1.90	2.01	2.05	2.12	2.21	2.56	2.01	2.70	2.95
(55) 科技资本量	2.96	2.96	2.96	2.96	2.96	2.96	2.96	2.96	2.96	2.96	2.96
(56) 固定互联网络用户	0.40	0.64	0.88	0.92	1.01	1.21	1.36	1.46	1.88	2.34	2.78
(57) 14~60岁以下人口	2.46	2.47	2.48	2.52	2.55	2.57	2.60	2.62	2.71	2.75	2.78
(58) 每10万人拥有的大专及以上人口	3.35	3.35	3.35	3.35	3.35	3.35	3.35	3.35	3.35	3.35	3.35
(59) 农村建设用地规模	2.02	2.02	2.02	2.02	2.02	2.02	2.02	2.02	2.02	2.02	2.02
(60) 单位生产总值能源消费量	2.46	0.00	0.00	0.00	0.00	0.00	0.00	0.00	0.00	0.00	0.00
(61) 环保投资占GDP比重	2.29	2.44	2.33	2.62	3.02	3.22	3.04	4.04	4.07	3.83	2.84
(62) 能源外部依赖率	0.87	0.68	0.78	1.67	1.32	1.79	2.13	3.00	3.44	3.55	3.64
(63) 人均水力资源蕴藏量	1.84	1.84	1.84	1.84	1.85	1.85	3.03	3.01	2.98	2.95	2.92
(64) 人均主要矿产资源保有基础储量	3.35	3.35	3.35	3.35	3.35	3.35	3.35	3.35	3.35	3.35	3.35
(65) 生态容量	3.58	3.58	3.58	3.58	3.58	3.58	3.58	3.58	3.58	3.58	3.58
(66) 个人收入（劳动者报酬）占GDP比重	1.68	1.65	1.66	1.55	1.48	1.51	1.55	1.60	1.56	1.56	1.57

续表

四级指标	2002年	2003年	2004年	2005年	2006年	2007年	2008年	2009年	2010年	2011年	2012年
(67) 城市居民人均可支配收入	0.50	0.56	0.64	0.71	0.80	0.95	1.09	1.19	1.32	1.52	1.59
(68) 农村人均纯收入	0.45	0.48	0.54	0.60	0.62	0.76	0.89	0.96	1.14	1.40	1.59
(69) 城乡人均收入比	1.41	1.49	1.50	1.49	1.64	1.59	1.55	1.56	1.47	1.38	1.27
(70) 恩格尔系数	1.96	1.84	1.96	1.85	1.83	1.91	1.87	1.74	1.69	1.64	1.55
(71) 城市人均房屋建筑面积	0.78	0.85	0.91	0.89	0.98	1.10	1.10	1.10	1.10	1.14	1.29
(72) 农村户均用地	1.05	1.07	1.10	1.12	1.16	1.17	1.19	1.21	1.27	1.36	1.39
(73) 人均储蓄存款余额	0.28	0.33	0.38	0.44	0.50	0.54	0.67	0.81	0.96	1.14	1.36
(74) 每万人科教文卫资产(每万人专任教师数)	1.43	1.32	1.20	1.08	0.95	0.82	0.69	0.55	0.41	0.27	0.14
(75) 每万人拥有卫生技术人员	0.98	0.97	0.96	0.98	0.99	1.03	1.08	1.18	1.30	1.43	1.55
(76) 城镇社区服务设施数	1.53	0.72	0.75	0.91	0.96	0.90	0.96	1.50	1.53	1.18	1.50
(77) 人均绿地(生态覆盖率)	0.21	0.37	0.28	0.44	0.59	0.63	0.80	0.95	1.15	1.53	1.57
(78) 城乡居民社会养老保险参保人数	0.39	0.36	0.37	0.37	0.39	0.43	0.51	0.35	1.05	1.46	1.47
综合得分	64.96	62.08	62.85	66.35	66.99	69.35	72.76	75.91	77.95	84.57	86.96

（四）重庆各区县经济可持续发展指数综合评价

重庆各区县经济可持续发展指标体系同样也是一个动态的、综合的多指标体系，评价方法本身必须具有可操作性，并且正确、简便。目前用于进行各类评价的方法很多，有技术经济分析法、专家咨询法、层次分析法、投入产出法、模糊评价法等。由于重庆经济可持续发展综合评价既是一个发展状态的评价，又是一个发展趋势的评价，仅靠单独某一种方法很难适用于重庆经济可持续发展综合评价，为此应采用多指标综合评价方法。综合评价的实施由以下几个步骤组成：定性指标的量化、指标标准值的确定、指标的无量纲处理、权重赋值及综合指数计算方法选取。考虑到指标值获取渠道有限，以及获取难度等问题，最后形成如表 6-7 所示的指标体系。

表 6-7　重庆区县经济可持续发展指标体系

一级指标	二级指标	三级指标	权重
经济发展水平	（一）经济总量及结构	人均 GDP	1.46
		人均财政收入	1.29
		全社会固定资产投资	1.39
		社会消费品零售总额	1.38
		金融机构人民币贷款余额	1.33
		城镇化率	1.28
		第二、三产产值比重	1.07
	（二）农业及农村发展	各地区农林水支出（万元）	1.42
		农林牧渔业总产值（万元）	1.13
		农村人均用电量	1.12
	（三）工业发展	每万元工业总产值产生的增加值	1.21
		每万元工业总产值产生的利润总额	1.17
		工业企业全员劳动生产率	1.38
		高技术制造业产值比重（高技术产业产值/GDP）	1.49
	（四）现代服务业发展	学校数（中小学）	1.04
		公共图书馆藏书	1.36
		公路货运量总计	0.94
		高速公路里程	1.01
		法人企业	0.90
		产业活动单位	1.02
经济发展动力	（五）消费	各区县农村居民生活消费支出占纯收入比重	4.82
		各区县农村居民文教娱乐用品及服务支出比重	5.08
		各区县农村居民家庭设备用品及服务支出比重	4.99
	（六）进出口	进出口总额	5.52
		净进口总额	4.64
经济发展支撑	（七）人力	18～60 岁以下人口	11.61
		每 10 万人拥有的普通中学在校人数	13.78

续表

一级指标	二级指标	三级指标	权重
经济发展成果及分配	（八）成果分配	城市居民人均可支配收入	2.90
		农村人均纯收入	2.90
		城乡人均收入比	3.32
		农村居民食品支出占生活消费总支出	3.05
		农村居民人均住房面积	2.35
		人均储蓄存款余额	2.47
		每万人专任教师数（中小学）	2.61
		每万人拥有卫生技术人员	2.81
		城镇便民利民服务网点	2.77

1. 测量结果

沙坪坝区、渝中区、万州区、江北区、九龙坡区位列前五，武隆县、秀山县、巫山县、巫溪县、城口县排名居末尾。

根据重庆市经济可持续发展指标体系的构建和分析方法，我们得到了重庆市38个区县可持续发展的得分和排名。如表6-8所示。

从整体上看，综合得分都比较低，最高分沙坪坝区的得分为64.68分，综合得分超过60分的只有5个区县，评价值为53.62分。根据测量方法满分值应该是100分，从第1名沙坪坝只有64.68分可以发现，各区县市在本研究构建的评价体系所选定的36个三级指标上的发展是不均衡的，即使是沙坪坝在某些三级指标上与该指标的第1名也存在较大差距。

从差距上来看得分最高的沙坪坝和得分最低的城口县相差为23.8分，经济发展在各区县之间是极不平衡的。

表6-8 38个区县经济可持续发展计算综合得分情况

排序	区县	综合得分
1	沙坪坝区	64.68
2	渝中区	63.35
3	万州区	62.85

续表

排序	区县	综合得分
4	江北区	62.44
5	九龙坡区	61.76
6	江津区	59.45
7	开县	58.13
8	渝北区	57.74
9	涪陵区	57.45
10	南岸区	56.99
11	合川区	56.78
12	綦江区	55.47
13	云阳县	55.25
14	北碚区	54.68
15	永川区	53.93
16	黔江区	53.85
17	忠县	53.49
18	大渡口区	53.23
19	铜梁县	52.74
20	长寿区	52.66
21	垫江县	52.61
22	奉节县	52.42
23	荣昌县	52.29
24	丰都县	52.03
25	巴南区	51.49
26	璧山县	51.38
27	梁平县	51.29
28	南川区	50.78
29	酉阳县	50.72

续表

排序	区县	综合得分
30	大足区	50.58
31	石柱县	49.79
32	潼南县	49.50
33	彭水县	48.36
34	武隆县	47.57
35	秀山县	46.83
36	巫山县	46.59
37	巫溪县	45.56
38	城口县	40.88

2. 排名分析

总体而言，都市核心区靠前。从得分来看，根据各区县之间得分差距，可以将38个省市按得分高低分为四个层级。第一个层级有沙坪坝区、渝中区、万州区、江北区、九龙坡区，综合得分都在60分以上。第二个层级依次有江津区、开县、渝北区、涪陵区、南岸区、合川区、綦江区、云阳县，得分都比较靠近。排头的江津区与第一层级排尾的九龙坡区相差2.3分。第三层级依次包括北碚区、永川区、黔江区、忠县、大渡口区、铜梁县、长寿区、垫江县、奉节县、荣昌县、丰都县、巴南区、璧山县、梁平县、南川区、酉阳县、大足区。排头的北碚区与第二层级排尾的云阳县只相差0.6分，组内相邻省市间最大差距为4.09分。第四层级依次包括石柱县、潼南县、彭水县、武隆县、秀山县、巫山县、巫溪县、城口县。排头的石柱县与第三层级排尾的大足区只相差0.8分，组内相邻省市间最大差距为8.9分。

从地域分布来看，都市核心区和拓展区排名比较靠前。除渝东北翼的万州区排名第三外，两翼地区排名都比较靠后。

3. 各级指标可持续发展分析

区县各级指标得分排序情况，与综合评价得分排序基本吻合。市核心区和拓展区排名比较靠前。两翼地区除渝东北翼的万州区排名靠前外，其余排名都比较靠后。

表 6-9 一级指标得分情况

一级指标	渝中区	大渡口	江北区	沙坪坝	九龙坡	南岸	北碚区	渝北区	巴南区	涪陵区	长寿区	江津区	合川区	永川区	南川区	綦江区	大足区	潼南县	铜梁县	荣昌县
经济总量及结构	8.29	4.69	8.05	5.20	5.56	6.00	4.62	5.63	4.08	3.71	3.25	2.88	2.64	3.33	2.76	2.69	2.67	2.11	2.88	2.73
农业及农村发展	2.94	2.94	0.26	0.94	0.48	0.43	1.68	1.06	1.53	1.90	1.37	2.26	1.97	1.58	1.45	1.78	1.44	1.45	1.21	1.37
工业发展	1.96	1.03	1.55	2.55	1.40	1.86	1.61	1.75	0.94	1.95	1.12	1.81	1.44	1.33	1.35	1.01	1.45	1.36	1.37	1.49
现代服务业发展	2.53	1.52	1.89	3.36	3.11	1.65	1.59	2.33	2.00	1.32	1.78	2.03	1.48	1.49	1.44	2.92	0.94	0.89	1.09	1.07
消费	9.78	8.33	8.07	8.72	9.54	9.17	10.73	6.95	9.29	11.50	11.27	12.15	11.03	10.77	10.43	9.19	9.35	9.93	11.02	12.21
进出口	5.03	4.72	8.29	10.16	5.58	4.92	4.77	7.15	5.03	5.02	4.87	4.84	4.72	4.70	4.69	4.68	4.67	4.65	4.65	4.72
人力	12.09	13.02	15.84	15.72	16.94	14.76	13.56	16.56	13.62	16.86	13.85	17.35	17.71	15.02	13.38	16.97	15.01	14.34	14.99	13.38
成果分配	20.74	16.97	18.51	18.03	19.16	18.20	16.11	16.31	15.00	15.19	15.14	16.12	15.79	15.72	15.28	16.23	15.05	14.80	15.53	15.32
综合得分	63.35	53.23	62.44	64.68	61.76	56.99	54.68	57.74	51.49	57.45	52.66	59.45	56.78	53.93	50.78	55.47	50.58	49.50	52.74	52.29

续表

一级指标	璧山县	万州区	梁平县	城口县	丰都县	垫江县	忠县	开县	云阳县	奉节县	巫山县	巫溪县	黔江区	武隆县	石柱县	秀山县	酉阳县	彭水县
经济总量及结构	3.76	3.10	2.12	2.12	2.22	2.14	2.04	2.01	1.75	1.98	1.80	1.81	2.93	2.62	2.26	2.12	1.77	1.89
农业及农村发展	1.76	2.36	1.26	1.05	1.28	1.16	1.25	1.82	1.64	1.52	0.99	1.02	1.22	1.29	1.13	1.25	1.44	1.16
工业发展	1.79	1.76	2.04	1.16	1.10	1.80	2.17	1.19	1.50	1.97	0.83	1.25	2.48	2.32	1.76	1.18	1.96	2.39
现代服务业发展	1.06	2.25	0.98	2.01	1.19	1.26	1.51	1.16	1.44	1.26	1.34	1.42	1.56	1.27	1.39	1.24	1.40	1.21
消费	10.02	9.49	10.10	6.82	12.11	11.16	11.78	10.71	10.30	9.20	9.17	9.26	8.67	10.05	10.30	9.21	9.43	7.41
进出口	4.70	4.74	4.65	4.64	4.65	4.66	4.65	4.69	4.64	4.64	4.64	4.64	4.68	4.66	4.65	4.65	4.70	4.64
人力	12.57	22.20	15.15	10.40	14.93	15.68	15.23	20.28	19.10	17.45	14.44	12.55	17.17	11.67	14.16	13.69	15.80	15.68
成果分配	15.72	16.93	14.98	12.67	14.56	14.77	14.87	16.26	14.87	14.40	13.39	13.59	15.14	13.69	14.14	13.49	14.22	13.98
综合得分	51.38	62.85	51.29	40.88	52.03	52.61	53.49	58.13	55.25	52.42	46.59	45.56	53.85	47.57	49.79	46.83	50.72	48.36

表 6-10 二级指标得分情况

二级指标	渝中区	大渡口区	江北区	沙坪坝区	九龙坡区	南岸区	北碚区	渝北区	巴南区	涪陵区	长寿区	江津区	合川区	永川区	南川区	綦江区	大足区	潼南县	铜梁县	荣昌县
总量水平	7.22	3.64	6.98	4.14	4.50	4.94	3.59	4.59	3.11	2.71	2.28	1.97	1.73	2.37	1.88	1.77	1.74	1.29	1.95	1.83
结构优化	1.07	1.06	1.07	1.06	1.06	1.06	1.03	1.04	0.97	1.00	0.97	0.92	0.91	0.96	0.88	0.92	0.93	0.82	0.93	0.90
农业投资及效益	1.82	1.82	0.23	0.32	0.34	0.34	0.56	1.02	1.35	1.71	1.26	2.12	1.90	1.47	1.23	1.58	1.30	1.35	1.12	1.26
农村资源要素	1.12	1.12	0.02	0.62	0.14	0.09	1.12	0.05	0.18	0.20	0.11	0.14	0.07	0.11	0.22	0.19	0.14	0.09	0.10	0.12
工业行业效益	1.96	0.85	1.19	1.06	1.10	1.44	1.24	1.28	0.89	1.65	0.81	1.59	1.38	1.14	1.22	0.96	1.43	1.34	1.28	1.30
高新技术发展产业	0.00	0.18	0.35	1.49	0.30	0.42	0.37	0.46	0.05	0.30	0.31	0.22	0.06	0.19	0.13	0.05	0.02	0.02	0.09	0.19
文化	0.67	0.64	0.36	1.55	0.31	0.28	0.43	0.30	0.25	0.38	0.28	0.30	0.22	0.42	0.28	0.24	0.40	0.35	0.25	0.40
物流	0.69	0.63	0.64	0.76	0.88	0.64	0.58	1.27	1.10	0.34	1.00	0.85	0.67	0.46	0.52	1.95	0.15	0.29	0.41	0.29
商贸	1.17	0.26	0.88	1.05	1.92	0.73	0.58	0.76	0.65	0.60	0.50	0.88	0.59	0.61	0.64	0.73	0.39	0.25	0.43	0.38
消费水平	3.09	3.08	3.50	3.08	2.86	2.44	3.02	3.15	3.56	3.40	3.97	3.44	3.63	3.90	3.60	3.11	3.15	4.21	4.28	3.39
消费结构	6.69	5.25	4.57	5.64	6.68	6.73	7.71	3.80	5.72	8.11	7.30	8.71	7.40	6.87	6.83	6.09	6.20	5.72	6.74	8.81
进出口总量	0.39	0.08	3.65	5.52	0.94	0.28	0.13	2.51	0.39	0.38	0.23	0.20	0.08	0.06	0.05	0.04	0.03	0.01	0.01	0.08
进出口结构	4.64	4.64	4.64	4.64	4.64	4.64	4.64	4.64	4.64	4.64	4.64	4.64	4.64	4.64	4.64	4.64	4.64	4.64	4.64	4.64
劳动力数量	3.83	1.66	3.94	5.59	5.79	4.37	4.26	7.45	5.88	7.56	5.91	9.63	10.17	7.37	4.35	7.87	6.85	6.17	5.42	5.58
劳动力质量	8.26	11.37	11.90	10.13	11.15	10.38	9.30	9.11	7.73	9.29	7.94	7.73	7.54	7.65	9.03	9.10	8.17	8.16	9.57	7.80
收入	8.47	8.55	9.52	9.40	10.24	10.31	8.38	8.19	7.94	8.23	8.20	9.53	9.30	8.88	7.98	8.85	8.44	8.21	8.64	8.49
住房	1.92	2.26	2.02	2.35	2.23	2.08	2.05	2.15	1.89	1.66	1.84	1.84	1.96	1.73	2.28	2.10	1.71	1.86	2.02	1.84
储蓄	2.47	0.41	1.12	0.41	0.47	0.41	0.21	0.66	0.15	0.13	0.11	0.09	0.08	0.10	0.08	0.08	0.06	0.05	0.09	0.07
公共服务	7.87	5.75	5.85	5.87	6.21	5.41	5.47	5.31	5.01	5.17	4.99	4.66	4.45	5.01	4.94	5.20	4.85	4.68	4.79	4.92
综合得分	63.35	53.23	62.44	64.68	61.76	56.99	54.68	57.74	51.49	57.45	52.66	59.45	56.78	53.93	50.78	55.47	50.58	49.50	52.74	52.29

续表

二级指标	璧山县	万州区	梁平县	城口县	丰都县	垫江县	忠县	开县	云阳县	奉节县	巫山县	巫溪县	黔江区	武隆县	石柱县	秀山县	酉阳县	彭水县
总量水平	2.76	2.11	1.24	1.20	1.37	1.25	1.16	1.13	0.95	1.12	0.96	0.99	1.97	1.72	1.40	1.20	0.93	1.04
结构优化	1.00	0.99	0.88	0.92	0.85	0.89	0.88	0.87	0.80	0.85	0.83	0.83	0.96	0.91	0.86	0.92	0.84	0.85
农业投资及效益	1.00	2.31	1.18	0.97	1.16	1.09	1.20	1.73	1.57	1.39	0.90	0.93	1.18	1.06	1.01	1.05	1.35	1.07
农村资源要素	0.76	0.06	0.08	0.08	0.12	0.07	0.05	0.10	0.07	0.14	0.09	0.09	0.04	0.22	0.11	0.20	0.09	0.09
工业行业效益	1.38	1.59	1.97	1.16	1.06	1.56	2.12	1.13	1.35	1.97	0.83	1.22	2.43	2.27	1.60	1.16	1.87	2.38
高新技术发展产业	0.41	0.17	0.07	0.00	0.03	0.24	0.05	0.06	0.15	0.00	0.00	0.03	0.05	0.05	0.16	0.01	0.09	0.01
文化	0.23	0.26	0.19	1.47	0.43	0.18	0.46	0.49	0.43	0.52	0.75	0.80	0.67	0.45	0.64	0.61	0.48	0.42
物流	0.40	0.98	0.50	0.42	0.43	0.71	0.51	0.24	0.61	0.47	0.38	0.46	0.58	0.56	0.61	0.41	0.60	0.57
商贸	0.43	1.01	0.29	0.13	0.33	0.37	0.54	0.43	0.40	0.27	0.21	0.16	0.32	0.26	0.14	0.22	0.32	0.22
消费水平	2.83	2.72	2.77	2.31	4.02	3.19	3.68	3.32	3.44	2.96	2.78	2.50	2.53	2.67	2.82	3.14	2.50	2.48
消费结构	7.19	6.77	7.33	4.51	8.09	7.97	8.09	7.39	6.86	6.24	6.39	6.77	6.14	7.39	7.48	6.07	6.94	4.93
进出口总量	0.06	0.10	0.01	0.00	0.01	0.02	0.01	0.05	0.00	0.00	0.00	0.00	0.04	0.02	0.01	0.01	0.06	0.00
进出口结构	4.64	4.64	4.64	4.64	4.64	4.64	4.64	4.64	4.64	4.64	4.64	4.64	4.64	4.64	4.64	4.64	4.64	4.64
劳动力数量	4.16	11.61	5.98	1.57	5.09	5.99	6.37	10.38	8.52	6.79	4.11	3.50	3.39	2.52	3.37	4.01	4.97	4.07
劳动力质量	8.41	10.59	9.17	8.83	9.84	9.69	8.86	9.90	10.58	10.66	10.34	9.05	13.78	9.14	10.79	9.68	10.83	11.61
收入	8.52	9.82	8.10	5.91	7.68	8.19	7.90	9.03	8.31	7.72	6.48	6.33	7.29	6.61	6.79	6.67	7.13	7.10
住房	2.27	1.96	2.02	1.48	1.85	1.70	2.21	2.13	1.77	1.78	1.76	1.84	1.86	1.89	1.84	1.49	1.92	1.43
储蓄	0.13	0.12	0.07	0.07	0.07	0.06	0.08	0.06	0.05	0.04	0.05	0.05	0.08	0.08	0.07	0.05	0.04	0.04
公共服务	4.81	5.04	4.80	5.22	4.97	4.81	4.68	5.04	4.75	4.86	5.10	5.37	5.91	5.11	5.44	5.28	5.13	5.40
综合得分	51.38	62.85	51.29	40.88	52.03	52.61	53.49	58.13	55.25	52.42	46.59	45.56	53.85	47.57	49.79	46.83	50.72	48.36

第二节 重庆跨越"中等收入陷阱"的实证分析

一、研究概述

(一)"中等收入陷阱"的定义

世界银行在2006年首次提出"中等收入陷阱"这一概念,它是指使各经济体赖以从低收入经济体成长为中等收入经济体的战略,不能够重复使用于该经济体从中等收入向高收入迈进的过程中,进一步的经济增长被原有的增长机制锁定,人均国民收入难以突破10 000美元的上限,一国很容易陷入经济增长阶段的停滞徘徊期。国内学者从不同的角度对这一概念进行了诠释。有的从经济增长角度理解,认为"中等收入陷阱"是经济增长在某个阶段的增长驱动因素问题,是经济增长的"负效应",是一个国家或地区进入中等收入之后出现的"发展悖论",是一个经济体从中等收入向高收入迈进的过程中,既不能重复又难以摆脱以往由低收入进入中等收入的发展模式,很容易出现经济增长的停滞和徘徊,人均国民收入难以突破10 000美元,因此理解和把握"中等收入陷阱"问题宜从经济增长角度出发。有的从经济发展角度解释,认为"中等收入陷阱"是指一个发展中经济体从"起飞"进入中等收入阶段,尤其是中高或中等偏上收入区间以后,会面临比之前更复杂的政治、经济和社会挑战,这些国家如果不能正确应对,就可能在中等收入阶段长期徘徊,无法实现向高收入国家的过渡。从中等收入迈向高收入不仅仅是经济问题,它需要政治、经济、社会等方面的协调发展。所谓的"中等收入陷阱"不过是在经济发展的不同阶段要求结合外部环境采取适当的发展战略,以实现经济的可持续发展而已。有的从社会现象角度定义,认为"中等收入陷阱"是指当一个国家的人均收入达到中等水平后,由于难以实现经济发展方式的有效转变,出现收入分配差距拉大、人力资本积累缓慢、城市化进程受阻、产业升级艰难以及金融体系脆弱等一系列问题,导致持续增长动力不足和社会矛盾频出,从而出现经济停滞。

(二)"中等收入陷阱"的特征

2010年《人民论坛》杂志在征求50位国内知名专家和6575名网民意见的基础上,总结出深陷陷阱国家的十大特征:经济增长回落或停滞、民主乱象、贫富分化、腐败多发、过度城市化、社会公共服务短缺、就业困难、社会动荡、信仰缺失、金融体系脆弱。同时，乔晓楠等通过对跨越国家和陷入国家的比较，认为陷入"中等收入陷阱"的国家具有如下特征：收入分配差距大、产业结构中农业比重偏大和服务业比重偏小、储蓄率明显较小、净出口明显较高、研发能力严重不足、过度城市化、货币供给和通货膨胀的波动幅度明显较高。孔径源认为，"中等收入陷阱"国家的共同特征包括如下：经济增长不稳定、金融体系脆弱、收入差距过大、公共服务短缺、创新能力不足。

(三) 跨越"中等收入陷阱"的战略

对于中国现阶段如何跨越"中等收入陷阱"，专家的意见不尽相同，主要有转变经济增长方式、推进制度创新（主要有分配制度、金融制度、户籍制度、社会保障制度等制度的改革）、积极推进城市化进程、扩大内需、创新科学技术促进产业升级等观点。

二、"中等收入陷阱"的实质及其成因分析

(一) "中等收入陷阱"的实质

综合各界研究成果，结合自己的研究理解，本书认为"中等收入陷阱"的实质是一国或地区在经济发展到中等收入阶段后，其经济增长出现了问题。在这一阶段，经济发展环境发生了改变，而经济发展模式没有及时转变，由此便陷入了经济发展停滞、徘徊不前。发展环境包括国内环境（如资源环境、经济社会环境等）和国际环境。一国或地区发展的初级阶段资源环境相对充裕，社会问题（如贫富差距等）不那么严重，人力和资源成本占比较优势，此时发展劳动密集型产业具有一定的国际竞争力。随着经济的发展，资源环境不断被利用或破坏，社会分配不公现象也随之出现，使收入集中在了少数人和部门的手中，产生了贫富差距等诸多社会问题，也因此形成了内需不足，此时的劳动密集型产业也受新兴国家的排挤处于不利地位。这种情况下，国内发展环境不改变、经济结构不转型升级，那么，所受国际环境的影响就较大，多种作用的结果也就是经济发展的停滞不前，即经济增长难以继续。

(二) "中等收入陷阱"的成因分析

从各国经济发展历史看，世界许多国家在进入中等收入阶段之后，一直徘徊不前，陷入"中等收入陷阱"。迄今为止被世界公认的成功跨越"中等收入

陷阱"、进入高收入行列的国家和地区有日本、韩国、新加坡、中国台湾和香港地区，较大规模的经济体仅有日本和韩国实现了由低收入国家向高收入国家的转换。日本在1972年人均GDP接近3000美元，在1984年突破1万美元，韩国在1987年人均GDP超过3000美元，在1995年突破1万美元，两国跨越陷阱分别用了12年和8年时间。许多国家经济在进入中等收入阶段后，一直徘徊不前，陷入"中等收入陷阱"，典型国家有马来西亚、巴西、阿根廷等。将陷入国家与跨入国家进行对比，可以从中分析、总结出一些国家陷入"中等收入陷阱"的原因，总的来说有如下四条。

1. 居民消费水平不足，消费结构不合理

根据经济发展规律，一国经济发展的基础阶段，投资是经济增长的主动力，当经济增长到中等偏上收入阶段之后，投资对经济增长的拉动作用将下降，经济增长需要寻找新的动力，扩大内需成为支持经济增长新的突破口，这时投资率开始下降，而消费率则需要提升。根据相关研究显示，跨越"中等收入陷阱"的国家在经济达到中等收入阶段时恰恰印证了上述轨迹（即投资率下降、消费率上升），在经济达到高收入行列时消费率已达到并今后一直保持在较高水平，而陷入"中等收入陷阱"的国家在完成了靠投资拉动经济增长的阶段后，投资不能继续增加，消费率却迟迟上不来，经济增长动力消失，经济发展水平停滞不前。如日本在1973年人均GDP达到3873美元，1973—2006年，日本的投资率由39%下降到23%，与此同时，其消费率由59.7%上升到75%；韩国在1988年人均GDP达到4466美元，而1990—2010年，日本的投资率从37.5%下降到29.2%左右，居民消费率从75.4%上升到83.5%左右。而落入陷阱的国家如加蓬、塞舌尔、沙特、阿曼等，在人均GDP突破3000美元时，他们无一例外地消费率在一个较低的水平且之后一直没有明显提高，如沙特1974年人均GDP达到3000美元时消费率只有11%，加蓬1975年时仅为23.5%，阿曼1979年时仅为26.1%。消费率（指居民消费率）是指居民消费占GDP的比重，反映一国或地区居民的整体消费水平，消费率低说明居民消费能力不足。上述可见，消费率维持在一个较高水平是"跨越中等收入陷阱"的一个重要条件，消费率较低（也就是居民消费不足）是中等收入国家陷入"中等收入陷阱"的一个重要影响因素。

但是，并非消费水平提高就一定可以可以避免陷阱，这跟消费结构也有很大关联。有些落入"中等收入陷阱"的国家，他们的居民消费率并不低甚至与高收入国家在同一个区间，据资料显示，如墨西哥、巴西、委内瑞拉等，其居民消费率达到50%～60%以上。他们之所以没有成功跨越"中等收入陷阱",居民消费结构的不合理是一个重要原因。高收入国家的居民消费结构比较合理,他们是发展型消费结构,食品消费占居民消费的比例较低,维持在10%左右(如日韩为13%左右),而陷入国家的这一比例则达到了20%以上(如马来西亚为20%左右),他们是明显的生存型消费结构。可见,在从中等收入阶段向高收入迈进的进程中,拉动内需、刺激消费是经济持续增长的重要突破口,而在这个过程中,成功跨越陷阱不仅取决于消费水平的提高,更取决于消费结构的升级。

2. 收入分配结构失衡

高收入国家发展经验表明,当一国或地区经济发展进入中上等收入阶段以后,需要加快经济增长由投资主导向消费主导转变,也就是要增加国民收入、缩小国民收入差距,提高国民整体消费水平和能力。中等收入国家或地区未能成功地从投资主导转向消费主导,很大程度上是因为这些国家或地区的收入分配结构失衡,国民收入增长缓慢,居民间贫富差距不断扩大。陷入"中等收入陷阱"的国家有个共同特征就是贫富差距较大,有些还有持续上升趋势,如巴西的基尼系数在1981—1989年从0.574上升到0.625,阿根廷自1986年以来基尼系数始终大于0.4,2003年达到最高0.5471,马来西亚2009年基尼系数达到0.462,塞舌尔、墨西哥、委内瑞拉、智利等基尼系数均超过了0.5。而跨越了"陷阱"的国家也有一个共同特征就是他们在步入高收入行列时已很好地解决了贫富差距问题,其基尼系数已经降到并一直维持在较低水平,如日本的基尼系数在1981—1990年均低于0.3,韩国基尼系数在20世纪70年代末为0.36,到90年代末下降到0.31,至今没有什么显著变化,中国台湾基尼系数一直低于0.3,人均收入分配差距世界最小。基尼系数反映一个国家或地区的社会公平程度,关系到公民能否共享发展成果,低基尼系数意味着财富在社会各阶层的分布较均匀,社会各界能共享经济增长利益,居民整体收入水平较高,有利于扩大国内消费,形成消费主导型的经济增长模式,同时社会公平发展能够减缓社会矛盾和冲突,维持经济可持续发展。相反,如果收入分配结构失衡,基尼系数过大,财富集中在少数人手中,中等收入群体数量不足,居民整体消费水平无法提高,消费主导型经济则难以实现,经济长期停滞不前或增长十分缓慢,同时由于贫富悬殊易引发社会动乱进而也会影响经济稳定发展。如马来西亚,自20世纪90年代起经济一直处于低增长状态,1998—2010年马来西亚的经济增长率只有2.07%;巴西等国家人均GDP达到中等收入水平后,仍过度关注GDP增长,忽略居民收入水平的普遍提高,广大中低收入者不能共享经济增长的成果,国内消费结构难以升级,陷入"中等收入陷阱"数十年未能跨越。因此,国民收入未能与GDP实现同步增长,居民收入差距过大,被认为是一些国家陷入"中等收入陷阱"的最主要原因之一。

3. 技术创新能力不足

经历"要素驱动""投资驱动"的经济增长进入中等收入阶段后,一国经济的低成本优势将逐步消失,此时经济的增长方式除扩大内需、改变消费结构外,需要提高研发能力和人力资本,以技术创新促进产业升级,地区优势产业的发展完成由投资推动向创新推动的转移,形成新的竞争力,是此阶段的必然出路,否则就会陷入瓶颈之中。跨越国家的发展经验正是如此,日本、韩国等在跨越过程中重视科技进步与发展,体现出超强的创新能力。在人力资本投入上,2006年日、韩每百万人中从事研发活动的研究员和技术员数量分别是5416人、584人和4187人、587人;在研发经费投入上(R&D投入占GDP比重),韩国2000—2010年一直维持在3%左右。与之相反,陷入国家的创新能力显得十分匮乏,例如马来西亚2006年每一百万人中从事研发活动的研究员和技术员数量分别只有372人和44人,2000—2010年其研发经费投入占GDP比只有1%左右;巴西长期不重视科技进步与创新,研发经费投入占国内生产总值的比重也始终在1%以下徘徊。一个国家或地区在达到中等收入阶段后,资源要素成本开始增加,低中端产业发展受到新兴发展中国家的挤压,此时由于自身创新能力不足,在高端产业和高附加值产品生产上又难以在人力资本、产品质量、技术研发上和发达国家或地区相竞争。经济结构转型升级的瓶颈严重阻碍了中等收入国家经济的进一步增长,几乎成为这些国家陷入"中等收入陷阱"最主要的原因。

4. 产业结构转型升级困难

如前所述,当一个国家或地区经济发展达到一定的水平后,"要素驱动"和"投资驱动"已不能为继,加强技术创新、进行产业结构转型升级应该是经济进一步提升的必然要求。高收入国家或地区之所以能够成功避免"中等收入陷阱",重要的一条就是不断实现产业结构优化升级,如日本、韩国等,其主导产业均经历了劳动密集型—资本密集型—技术密集型的转型升级,产业结构向资源节约型、技术进步型的方向发展,并随着科学技术发展不断进行调整和升级,在整个上中等收入发展阶段,日本的产业结构由5.9∶45∶49.1调整至3.1∶39.4∶57.5,韩国的产业结构由10.7∶41.8∶47.5调整至6.3∶

41.9∶51.8，三大产业结构均为三、二、一排序。而在陷入国家，在资源优势下降、技术创新能力不足的情况下，产业结构向技术密集型转型困难重重，三次产业结构不合理且转换十分缓慢。可以说，产业结构不合理而转型升级又陷入瓶颈是中等收入国家经济停滞不前的最直接因素，也是陷入"中等收入陷阱"的直接原因。

综上所述，本书认为导致中等收入国家陷入"陷阱"的最主要原因有两个方面，即收入分配不公和技术创新缓慢。居民消费率低和产业结构不合理分别是前两个原因导致的结果，进而成为国家陷入"陷阱"的直接原因。

三、重庆陷入"中等收入陷阱"的可能性分析

国际经验表明，在人均GDP超过4000美元的阶段，如果不及时转型，继续沿用旧的经济发展模式，容易积聚矛盾，陷入"中等收入陷阱"。我国于2008年人均GDP超过3000美元，于2010年超过4000美元，2012年达到6088.75美元，按照世界银行2011年划定的标准，中国已经成为"中等偏上收入国家"，正面临着经济增长放缓、人均收入难以提高的"中等收入陷阱"考验。重庆人均GDP超过了3000美元和4000美元的时间刚好与国家同步，并在2012年人均GDP达到6167.04元，超过该年我国人均GDP平均水平，也就是说重庆现阶段也正面临"中等收入陷阱"的考验。

（一）从时间角度来判断

本判断借鉴《中等收入陷阱的国际实证比较及对中国的启示》的研究成果。该研究在数据可获得的情况下，选择了56个人均GDP突破了1万美元的高收入国家或地区，以及54个中等收入国家或地区共110个国家或地区作为研究对象。根据其分析，110个研究对象中有32个成功跨越中等收入陷阱，有23个落入中等收入陷阱。在32个成功跨越中等收入陷阱的国家中，人均GDP从3000美元上涨到4000美元且用时不超过2年的有21个；在落入收入陷阱的23个国家中，人均GDP达到同样增长且用时不超过2年的有8个。重庆从2008年人均GDP突破3000美元至2012年突破4000美元，期间只用了2年时间。为了得到重庆在该期间落入陷阱的概率，这里假设$B_i(i=0.1)$表示"是否落入陷阱"，其中，B_1表示"落入陷阱"，B_0表示"跨越陷阱"；A表示"中等收入国家从3000元到4000元用时不超过2年"的事件。则有：

$$P(A \mid B_1) = 8/23, P(A \mid B_0) = 21/32;$$

$$P(B_1) = 23/(32+23), P(B_0) = 1 - P(B_1)$$

根据贝叶斯公式,得到:

$P(B_1 | A) = 8/29 = 27\%$

即根据目前发展趋势,从时间上判断重庆落入陷阱的概率为27%,也就是说重庆要跨越"中等收入陷阱"需想办法规避这27%的风险。

(二)从落入陷阱的特征及成因分析

1. 消费陷阱

重庆经济发展经历了投资高速增长的时期后,开始回落,目前固定资产投资额增长率为20%左右,居民消费率虽有所上升,但还处在较低水平,在2012年为35.09%,比同期全国平均水平低(全国为35.98%),相当于或稍高于落入国家在人均GDP为3000美元时的水平,与跨越国家相比仍有很大差距。居民消费结构方面,2012年重庆居民食品消费支出占消费总支出的比例为34.78%,与跨越国家消费结构相比,目前仍是一个明显的生存型消费结构地区。若此时在居民消费能力上没有明显提升,又不能继续以投资增长作为经济发展主动力,而消费结构也不能有所改善的话,重庆有陷入"中等收入陷阱"的可能性。

2. 收入分配陷阱

重庆在收入分配方面,一方面,居民收入低于GDP和财政增长速度。按照现价计算,2000年以来,重庆人均国民生产总值年均增长率为16%左右,人均财政收入年均增长速度为29%左右,而城乡居民收入年均增长为12%左右,收入分配改革滞后,居民收入没有实现与国民经济同步增长。另一方面,重庆的贫富差距较大,表现为城乡差距大、不同等级收入组的居民收入差距大,且增长不同步,差距成拉大趋势。据统计资料计算,2012年重庆城乡差距为3.11∶1,城市高收入组与低收入组差距为3.39∶1,农村高收入组与低收入组差距为5.3∶1;从收入增长速度看,以2000年以来数据计算(详见表6-11和表6-12),在城乡方面,城镇居民收入增长快于农村居民,年均增长率分别为12.22%和11.89%,不同等级收入组方面,无论是城市还是农村,增长最快的是高收入者,而中低收入者尤其是低收入者收入增长缓慢。可见,近十几年来,重庆收入分配结构不够合理,且发展的趋势不够明显,2010年重庆的基尼系数达到0.438,2011年微降到0.421,均已超出0.4的警戒线。重庆目前的基尼系数水平与落入国家人均GDP达到3000美元时的水平相当,若此时的基尼系数没有较大幅度下降,或甚至反而上升,中等收入阶层群体得不到扩大，居民整体收入水平将没有较大提升，重庆的经济增长向消费型主导转变将会比较困难，新的经济增长动力难以找到突破口，就此落入中等收入陷阱的危险性较大。

表6-11 按收入等级划分的重庆城镇居民户人均收入年均增长率（2000—2011年）

单位：%

总平均	最低收入户	低收入户	中等偏下户	中等收入户	中等偏上户	高收入户	最高收入户
12.22	11.71	12.12	12.51	12.07	11.88	12.4	13.43

数据来源：《重庆调查年鉴2012》。

表6-12 按收入等级划分的重庆农村居民户人均收入年均增长率（2000—2012年）

单位：%

总平均	低收入户	中下收入户	中等收入户	中上收入户	高收入户
11.89	10.45	11.64	12.18	12.31	13.01

数据来源：《重庆调查年鉴2013》。

3. 环境与资源陷阱

一个国家或地区在工业发展的中后期，受资源环境的约束将越来越大，若继续原来的高消耗、高排放的生产发展方式，势必不可持续。因此，寻求产业结构升级，走资源节约型、环境友好型发展道路成为必然选择。高收入国家在经历经济高速发展时期后，深知资源环境的节约与优化对经济发展的重要性，及时调整了产业结构，加强了环境保护。如日本产业在向资源节约型转变的同时成立了环境厅，加强环境立法，及时保护了环境；新加坡以高新技术产业与现代服务业为主导产业来实现经济增长，成为"花园城市"。

重庆目前正处于城镇化、工业化、城乡一体化同期快速发展时期，经济增长的环境资源约束不断加强，产业结构调整不容乐观，资源节约与环境保护任重而道远。高速发展的经济、以煤为主的能源结构以及以重化工业为主的产业结构所导致的结果是资源能源消耗大、污染物排放大。随着城镇化、工业化、城乡一体化的进一步推进，资源能源消耗与污染物排放将呈继续扩大趋势。由于重庆生态环境比较脆弱，水土流失、石漠化现象较严重，加上交通、水利、能源、矿山开采等一大批重大工程项目的开工建设，对原本脆弱的生态环境造成新的破坏，生态环境保护任务重、压力大。所幸，近年来重庆开始重视节能减排及环境保护工作，单位GDP能耗有所下降、单位GDP环保投资有所上升，但是与资源消耗增加和环境保护任务加重的速度比较，仍然存在巨大压力。因此，从资源环境方面看，要保持经济快速发展，产业结构调整、节能减排、环保投资必然要放在重要位置，不然，可能陷入经济的高速发展无以为继、环境破坏难以修复的局面，亦即将陷入"中等收入陷阱"中难以跨越。

4. 技术创新陷阱

从重庆经济发展的历程看，虽然一直比较重视工业的发展，并强调新兴产业的发展，但是在技术创新方面还比较落后，跟不上经济社会发展的要求。近年来，重庆市研究与试验发展经费内部支出占GDP的比值虽逐步上升，但仍然非常低，2012年为1.4%，比全国水平（全国为1.47%）低，远低于高收入国家水平。人力资本方面，重庆每一百万人当中从事研发活动的人员数量为2172人，分别是2006年日本、韩国水平的40.1%和51.8%，差距很大。重庆企业发展还处于依靠资源红利、人口红利以及政策红利阶段，依靠技术和研发水平提高的少，高端产业和高附加值产品生产在人力资本、产品质量、技术研发上不具备竞争力。重庆高端技术人才的缺失以及研发能力的不足将影响重庆经济结构升级转型，如果在扩大内需的经济增长动力上也受阻，将严重阻碍重庆经济进一步增长，将是重庆陷入中等收入陷阱的主要风险。

5. 产业结构陷阱

就目前国际国内形势看，我国出口依赖的劳动密集型产业，在世界金融危机爆发以后，一方面发达国家减少了该类产品的进口；另一方面一批发展中国家以更低廉的资源和劳动力成本生产同类产品，并出口给发达国家，与我国出口产品形成竞争，我国劳动密集型产业发展受到双面夹击。在这种情况下，我国或者调整国内需求结构，增加国内消费，或者调整产业结构，促进产业由低端向高端转化。

在上述形势下，重庆也只能采取类似措施，但是重庆当前产业结构存在一些问题，面临着陷入产业结构陷阱的风险。其一，三次产业结构比重不合理。近年来，重庆三次产业结构虽处于不断调整完善中，但仍然不尽合理、效益偏低，2012年重庆三次产业增加值占GDP的比重分别为8.2%、52.4%和39.4%，仍是"二三一"结构，第一、二产业所占比重过高，第三产业的比重偏低，产业结构调整任务仍然较重。其二，产业以低技术、低附加值的劳动密集型产业和部分资本密集型产业为主，高技术、高附加值的技术密集型和知识密集型产业发展缓慢，不具备竞争力。虽然重庆一直努力进行产业结构升级，但目前在许多高附加值产业和战略性新兴产业方面不具备核心技术，产业产值占经济比重较小，不具备核心竞争力，同时还缺乏相配套的制度环境。其三，第三产业质量不高。重庆第三产业虽然在总量和速度上都保持了较快发展,但由于起点低,目前还处于较低水平且内部结构不合理。在交通运输业、仓储邮政业、住宿餐饮业、金融业等方面处于较落后状态,在结构上表现为低端服务业比重过大(如2012年,批发和零售业占第三产业比重为18.78%),不能适应需求层次的提高,影响第三产业的发展和升级。在当前产业结构水平下,调整产业结构、促进产业结构转型升级毋庸置疑,而产业结构调整受技术落后等因素的影响,使产业结构转型升级存在一定困境,不能一蹴而就。可见,如果保持目前状态或者没有明显的改善,那么产业结构也将是重庆落入陷阱的重要因素。

6. 储蓄率陷阱

巴西和阿根廷等国家的经济之所以在数十年间都处于停滞状态,是因为其经济增长曾数次被国际收支危机所打断,而这背后的根本原因是这些国家国内储蓄率太低、不足以支持其较高的投资率。重庆城乡居民储蓄余额从2000年的1085.36亿元增加到2013年的9866.12亿元,增长了11 571.33亿元,年均增长率18.5%,储蓄余额占GDP比达到78%。重庆的储蓄率明显高于陷入中等收入陷阱国家的储蓄率,单从储蓄率看,重庆在供给方面有实现高增长的潜力。但这些潜力能否转化为现实,关键看是否有足够的需求来让这些储蓄充分发挥作用。重庆乃至中国作为个消费过低、内需不足的失衡经济体,显然在这方面存在较大的问题。储蓄率高有其潜在的原因,其中被动储蓄、国家政策倾向、缺乏有效供给、投资渠道单一等是重要原因,高储蓄的"假象"背后,是真真实实的内需不足。因此尽管储蓄率较高,但最终还是落到内需不足这一陷阱中来。如何找到足够的需求(不管是来自于内部还是外部),避免落入需求不足、通货紧缩的陷阱,将是未来几年重庆经济增长要解决的重要难题。

7. 净出口陷阱

重庆一直保持了比较稳定的贸易顺差,净出口额较高,2013年重庆净出口额达到219.07亿元。净出口较高说明重庆经济受到国际经济波动的冲击较强,是落入中等收入陷阱特征之一。从国际金融形势看,后危机时代外部需求的萎缩是长期的,即使全球市场需求能够恢复,也不是在原有规模和结构上的简单恢复,经济结构将被打乱。从国内环境看,作为拥有十几亿人口的大国,经济增长不能长期建立在外需的基础上,扩大内需仍然是经济增长的关键。净出口较高的现状下,如内需不能得到有效增长,一旦外部环境发生变化,经济增长动力将随之变动。

8. 社会矛盾陷阱

从整个中国的大环境看，进入中等收入阶段后，我国社会结构、社会价值理念和社会组织形式发生变化，城乡家庭小型化、住房自有化和就业市场化，使社会主体的多元性、独立性、选择性增强，社会利益格局更加复杂多样。我国不同群体利益差异逐渐扩大，而体制机制建设比较之后，不同群体之间的利益矛盾呈加快发展趋势。与此同时，随着物质生活水平的提高，人民群众对行使民主权利、维护自身权益和参政议政的要求也不断提高，对创新社会管理会提出新的更高的要求，在供给没有达到需求的情况下，社会矛盾就会发生。这些问题如若处理不当，就会使潜在的矛盾显性化，并可能诱发群体性事件和系统性风险。

(三)重庆落入"中等收入陷阱"的综合判断

从上述分析可见，虽然从时间上判断，重庆落入陷阱的可能性只有27%，但是从"中等收入陷阱"的特征来判断，重庆有大部分特征与之相符合，从"中等收入陷阱"成因来判断，重庆全部具有类似表现。综上，重庆大部分指标都与陷入国家处于相似状态，即使有部分指标不处在陷阱状态，但是这几方面将成为消费率低下、内需不足的原因，最终也成为落入陷阱的影响因素，如城市化率、储蓄率等。由此可以判断，在上述几个方面相互作用后，重庆陷入"中等收入陷阱"的可能性比较大。

四、重庆跨越"中等收入陷阱"的战略选择及对策建议

经过近几十年的发展，重庆经济已进入中等收入水平阶段，今后发展面临的国际国内环境已经发生了很大变化，重庆有陷入"中等收入陷阱"的较大可能性，要跨越"中等收入陷阱"、实现重庆经济可持续发展，我们应调整发展战略，并采取综合的对策思路。

(一)缩小收入差距，提高居民消费水平

根据凯恩斯的绝对收入理论，居民收入水平的高低直接决定其消费水平的高低，国内外学者普遍认为收入分配差距对消费需求有很大的影响。因此，缩小收入差距，是提高居民消费需求的关键所在。首先，要缩小城乡差距。缩小城乡差距就是要想办法提高农民的收入水平。要大力发展现代农业，增加农村居民收入。要继续深化农村产权制度改革，盘活农村土地、房屋、林权等资源，使其变为显性的、恒久的资产，以大幅增加最具潜力的农民财产性收入。

其次，要培养和扩大中等收入群体。日本和韩国在跨入高收入国家时中产阶级群体占人口的70%以上，我国中产阶级占人口比重明显较低，因此要想办法扩大中产阶级群体。一要加快国民收入分配结构调整和体制改革，增加居民收入水平，适当降低政府和企业在国民收入分配中的份额，逐步实现居民收入与GDP同步增长。二要利用政策手段不断提高中低收入群体的收入水平，不断扩大中等收入者群体。在未来，要重视教育发展，培养人才，不断提高劳动者素质；培养发展微型企业，以吸纳更多剩余劳动力，减少失业，同时鼓励自主创业，分享改革成果；对低收入群体，政府应给予更多关注和帮助，加强开展职业培训活动，提升低收入群体的素质和能力。

(二) 引导居民消费，扩大内需

无论是现在还是未来，扩大内需、开拓国内消费市场无疑是我国经济持续增长的重要保障。在居民收入达到一定水平的情况下，扩大内需的关键是引导居民最终消费。一要继续健全社会保障制度，在教育、养老、医疗、救助等方面消除居民的后顾之忧，提高居民消费意识，将居民储蓄释放出来，使居民敢于消费、愿意消费。二要刺激有消费能力的居民的消费欲望。通过开发新产品和产品的更新换代，创新消费需求，大力宣传消费对经济发展的积极作用，同时政府通过财政金融价格等政策支持消费。三要采取综合措施引导和促进具有较大消费潜力的农村居民消费。普及现代消费知识，促进农村居民转变消费观念；加大对农村文体、医疗卫生等基础设施的投入，改善农村公共消费品供给情况，改善农村居民消费环境；鼓励农村金融产品和服务创新，加大财政贴息等政策扶持力度，提高农村居民消费预期等。四要严把企业产品质量关，督促企业生产放心产品、优质产品，让广大消费者更多消费、青睐本土自主品牌。

(三) 加大创新投入，促进产业技术创新

中国已进入中等收入阶段，国际竞争环境已发生改变，我国要在国际竞争中保持经济持续增长，贸易结构将有所变化，将从出口低端产品向出口高端产品转变。重庆在发展本地区劳动密集型产业的基础上，必须适时地向技术密集型转变，多生产出口高技术、高附加值产品，生产技术上应实现模仿性向自主创新型转变，这样才能在国内国际市场占有一席之地，保持经济继续增长。因此，必须加大创新投入，构建创新体系，以实现经济发展方式由依靠资源消耗向主要依靠技术进步、劳动者素质提高以及科学管理转变。一是，现有研究成果和技术要加强转化和升级。企业要强化研究成果向生产力的转化，对引进的技术加强消化、吸收和改进升级，以此促进企业技术进步。二是，制定财政、税收、金融以及市场准入等支持政策，强化企业技术创新能力建设，加强高科技人才队伍建设。三是，建立战略性新兴产业发展专项基金，大力支持战略新兴产业的发展。

(四)调整产业结构，加快产业转型升级

调整三次产业在国民生产总值中的比重，降低第一、二产业的比重，大力提高第三产业的比重，努力形成"三二一"产业结构，并在三次产业内部加快转型升级。第一产业发展方面，要围绕高产、优质、高效、安全、生态的发展目标，在推进农业现代化过程中，大力发展高附加值农产品生产，不断提高农产品加工特别是精深加工比重。第二产业方面，加快对传统产业的改造步伐。传统工业是重庆市产业结构中最重要的部分。传统工业能耗水平高，产出水平低，重庆经济加快发展受到能源和资源的严重制约。因此，发展能耗低的新兴产业，是破解能源缺口难题、转变经济增长方式的重要方式。第一方面要继续充分利用好国家有关技术改造、新产品开发的鼓励政策，在技术水平、品种质量、环境保护、节能减排等方面加快对传统产业的改造提高；第二方面继续积极发展壮大电子信息、电子装备、生物医药、新能源等高新技术产业和引进一大批高精尖、低能耗、高产值的企业；第三方面要以高端化、精细化、信息化为方向发展装备制造业。在第三产业方面，通过转变观念、加快政府转型、加强人才建设等，有重点地加快服务业的发展，尤其是要做大做强现代服务业，力争第三产业占GDP比重突破40%并向50%努力。

(五)在宏观调控方式上进行转变

我国市场化进程的重点已从市场规模构建转为市场秩序完善，市场化进程的焦点从国有企业改革转为政府职能转变。在宏观调控方式上，国家层面需要进行三方面的改革和创新：一是财税制度改革，包括公共财政制度的改革和中央与地方、政府与企业的财税结构改革；二是金融制度改革，包括金融市场化和央行独立性的提高；三是土地制度改革，包括土地资源配置方式的改变和农村土地制度的调整等。在宏观调控的政策供给方面，重庆市应制定和实施较为系统的产业政策，包括产业结构和产业组织政策；制定和实施较为明确的区域结构政策，包括发挥地方政府的积极性和明确区域性增长极；制定和实施持续的技术创新政策，包括技术、产品、制度、市场等多方面的创新；制定和实施人才战略，提高人力资本的比重，以提高劳动生产率；制定和实施节能减排、保护环境等降低社会成本和发展成本的长期发展政策等。

(六)节约资源,保护环境,走可持续发展之路

节约资源和保护环境是我国的基本国策,是各地区经济可持续发展的重要保障,今后各地区、各国的竞争不仅体现在技术上,更与资源环境密切相关。技术进步是经济发展的手段,在资源节约、环境友好的前提下发展经济是一国或地区经济发展的目标。因此,加强资源节约和环境保护应是重庆经济持续发展的重要选择。要高度认识资源节约和环境保护的意义,把资源节约和环境保护放在与经济发展同等重要的位置,既重视发展,也要重视环境,注重产出,也要注重投入。要改变工农业粗放经营的生产方式,降低资源的耗费,降低对环境的污染。要调整产业结构,加快第三产业的发展。工业产业方面,应尽可能限制高消耗、高污染型产业的发展,并提高生产技术,促进节能减排。要加强环境保护,在发展经济的同时治理环境。发达国家的发展经验表明,先发展后治理的代价是巨大的,在环保意识加重和处理污染技术进步的今天,应将节约资源和环境保护与经济发展同时考虑,政府给予企业激励政策并对其进行监督,督促企业将保护环境和节约资源内化到企业决策过程中。

第三节 以重庆为中心的国家国防战略大后方基地建设研究

一、以重庆为中心的国家国防战略大后方基地建设的必要性和重要性

战略后方是指赖以执行自己的战略任务,达到保存和发展自己、消灭和驱逐敌人之目的的战略基地。当前,随着地缘政治演进和国家安全形势趋紧,我国应尽快启动国家国防战略大后方基地建设。重庆坐拥长江黄金水道,承东启西,面南望北,战略纵深广袤。自东汉末年刘备入川建立"蜀汉"至抗战时期的近两千年历史中,重庆均为重要的战略后方。为带动西部发展和应对国防动员新需要,重新建立我国战略后方基地,重庆可谓是国内唯一兼具天时、地利与人和三重关键因素的绝佳之地。

二、战略大后方基地建设的相关研究

战略大后方基地建设是一个重大的政治课题和安全课题,也引起了国内有

关专家学者的高度关注，并以此作为研究的重点和方向，取得了较丰硕的研究成果，得到了丰富的战略大后方基地建设思想。其中，代表性的论著的研究内容主要有以下三个方面。

(一)关于抗美援朝大后方建设国际战略思想的研究

军事科学院军事历史研究部杨贵华的《抗美援朝大后方建设国际战略思想》一文主要论及了抗美援朝大后方建设的国际战略思想。

该文的主要观点为：战略后方是一个国家或集团与敌对国家、集团对峙或进行战争地区的后方较远区域，是保障战争（作战）的固定基地。在战争中，国家依靠战略后方，协调组织后方各种力量，安排对战争的支援，以保障军队作战特别是主要战场上的人力、物力需要。一个国家战略后方物质和精神力量的强弱程度，对战争胜负产生着决定性的影响。抗美援朝战争，充分显示了巩固的战略后方和巨大的战争潜力对赢得战争胜利的重大作用。通过战争实践，中国领导人进一步认识到加强战略后方建设对未来战争的重大意义，并在战后根据中国与美国等帝国主义国家威胁中国的军事战略态势，指导加强战略后方国防和经济建设，在实践中形成了独具特色的中国建设大后方国防战略思想：第一，抗美援朝战争为建设大后方国防战略思想的形成，奠定了坚实的实践基础；第二，根据抗美援朝战争经验，及抗美援朝战争后形成的军事战略态势，国家在开展大规模建设中，逐步确立了建设大后方的国防战略理论原则。

(二)关于解放战争时期东北战略后方基地建设的研究

董肖芫和杨庆华的《解放战争时期东北战略后方基地建设》一文立足于解放战争时期以来，我军建立以东北革命根据地为基础的战略后方基地的形成与发展，进而对夺取全国胜利的强大后方进行了探索，为做好新时期军队后勤建设具有重要借鉴作用。

该文的主要观点为：从我军战略后方基地的演化来看，解放战争时期我军建立东北战略后方基地绝非偶然，而是在土地革命、抗日战争的基础上发展起来的。一是土地革命时期，建立了农村革命根据地，这是战略后方基地的雏形。鉴于中国历史上多次农民起义因缺乏巩固的根据地而导致失败的教训，我党自1927年领导全国人民和开展武装斗争以来，十分重视革命根据地的建设。二是抗日战争时期，我军提出战略基地建设问题，并进行初步实践。抗日战争日期，我军采取深入敌后的无后方作战方式，并且由于日寇实行"三光"政策和国民党政府的断绝供应，使我军的物质保障极为困难，生存环境极为恶劣。三是解放战争时期，在我军的战略后方基地建设付诸实践，并得到较快发展抗战胜利后，我党我军面临着新的形势和任务，随着战争规模的扩大和后勤保障方式的变化，战略后方基地的作用更加突出，我党我军对此高度重视，将当时自然条件最好的东北根据地建设成为解放战争巩固的战略后方基地。

(三) 关于重庆在抗战大后方战略地位的形成与演变研究

西南大学历史文化学院教授潘洵的《抗战大后方战略地位的形成与演变》一文就重庆在抗战大后方战略地位的形成与演变进行了系统分析论证。

该文的主要观点为：抗战大后方即抗日战争时期支持和支援对日作战的后方战略基地。抗战大后方战略地位的形成、演变，与日本侵华造成的民族危机密不可分，也与蒋介石及国民政府对日本侵略和中国抗战实力的判断和认识有密切关系。

三、以重庆为中心的国家国防战略大后方基地建设思路

以重庆为中心的国家国防战略大后方基地建设思路是：以信息技术为核心，以综合国力提升为使命，以现代化国防动员能力建设与地区发展双赢为战略目标，实施"军民融合、平战结合"的有序结合的发展机制；以战时应对实战需求、平时带动经济发展为导向，建设国防动员与地区社会经济发展共享的信息枢纽港、信息装备制造基地、国防动员潜力储备及调运基地建设；夯实国家国防战略大后方基地。形成国防动员与经济发展耦合机制。具体为实现国防动员与经济动员的双赢发展，在机制建设中：

一是以"战时应战、平时发展""平战结合"需求为导向，提出国防动员的信息调查与动员、装备生产、物资的需求体系，建立国防动员能力建设规划和潜力调查、组织指挥、潜力提升、潜力储备等发展计划。

二是通过数字城市建设，集中整合政府各类公共信息资源并建立安防、重点人群、重点地区、重大项目等重要数据采集系统，构建大数据采集机制；在此基础上，建立政府公共管理、社会经济服务、军事动员三大大数据服务体系，为经济社会和国防动员服务。

三是根据西部地区国防动员能力建设规划，确立以军事装备技术民品化应用体系，扩展国防动员的生产潜力。

四是根据西部地区国防动员能力建设规划，建立军事产品采购标准体系和军事认证体系，扩展军事动员范围，提升国防动员生产潜力。

四、以重庆为中心的国家安全与国防战略大后方基地建设战略重点

(一)建立以重庆为中心的国家安全与国防战略信息枢纽站

1. 信息枢纽站定位

无论是国防还是经济建设,信息化已经从辅助手段逐渐发展成为原动力之一。因此充分利用大数据时代具有的全量、多元、实时、融合与价值挖掘等特征,依托大数据的模式采集和整合泛在海量信息,以提取和挖掘重点信息为基础,建立面向实战与发展的支撑系统。构建兼顾国家安全与社会公共管理、经济产业发展、国防动员三位一体的大数据服务体系,确保国民经济发展与有序管理、国防动员能力调查和应急指挥紧密结合。

2. 信息枢纽站功能

国家(重庆)国防动员枢纽站的功能定位是:以实战、应急、反恐需求为导向,以现代信息技术为支撑,实行军民融合、平战结合,构建服务于经济发展和国防动员的国家级数据采集和分析平台,以信息化指引装备制造、物资储备及调运基地建设。具备以下四个特点:

(1)全领域覆盖。包括国民经济动员动员所涉及社会经济各个方面,涵盖了能源、交通、物流、通信、装备、材料、金融、医疗、食品、环保、人力资源等的全数据采集和大数据服务功能。

(2)全过程参与。包括:① 国防动员潜力调查功能和国防物资的生产、储备、运输能力的预案设计;② 社会经济发展中的研发、生产、加工、运输、仓储、配送等过程的全数据采集及大数据服务功能。

(3)全方位服务:国家层面——国防、安全、反恐的全数据采集及大数据服务功能;地方政府层面——应急、救灾、抢险、维稳预测的全数据采集及大数据服务功能;社会服务层面——信息服务。

(4)军民融合。即国防动员能力发展的技术创新和民用技术应用转移的大数据采集及大数据服务功能;借力增强国防动员潜力,助推提高区域产业发展和竞争能力的结合功能。

3. 信息枢纽站内容

"重庆国家安全与国防战略大后方基地"作为信息枢纽站的功能应包括以下内容。一是呈金字塔状结构,自上而下:适用范围和产业规模趋于拓展、宽

泛；二是自下而上：战略属性和核心机制趋于专注、集中。其内容主要包括四大序列：

（1）第一序列——服务国家安全大战略的系列。

此序列为功能金字塔的塔尖，率先搭建的是统一策略的顶层设计与部署，以及大数据安全运行机制。在此基础上构建专属的单向传递信息流向的涉密大数据子中心，并使其平稳运行。

国家安全面临的考验主要来自内部、外部两个方面，信息时代无论是军事作战还是国内维稳，情报和信息的及时、有效地获取、传递、分析、研判将直接影响战略决策和统筹指挥。本序列的功能可以体现在重点资源实时分布、状态、可用性及调度路径等全量信息；可以体现为海量人群分布态势、特殊人群与人员流动规律等；可以体现为区域物理环境状态、基础设施可用性等信息的可视化管理调度等。

此外，建立健全此序列的另一个重要作用可体现在：无论是现代战争的电子战、信息战、心理战等战法，还是国家社会维稳的信息安全和舆论导向等，"信息枢纽"都是继能源设施、装备制造、交通枢纽、基础通信、新闻广播之外的战略要塞。本基地建立健全此项功能，将成为随时应对突发情况、随时投入使用、随时掌握全局大数据的国家安全战略的备份中枢。

（2）第二序列——支撑社会公共管理系列。

此序列功能处于金字塔的第二等级，具有承上启下的作用，既是国家安全服务功能序列的继承和延伸，又是向经济建设、社会管理领域的有效辐射。

继承和延伸体现在：政府部门、国安、公安等部门的情报分析、维稳反恐、灾难应急大数据支撑平台，以及法院、检察院、纪检监察等其他政法部门事件取证、案件侦破的辅助平台。有效辐射体现在：通过海量社会活动信息的汇聚共享、整合研判等能力，为统计普查、工商执法、税务稽查、城市管理、卫生质检等行业监管单位对整个国民经济和社会平稳运行提供直接有效的支持。

（3）第三序列——服务区域、行业的系列。

此序列功能处于金字塔的中游，也是在政策适度引导之下，依赖市场机制完整运行的一个序列。

内容可涵盖一般化的垂直行业（支柱产业），其典型应用包括：能源领域的大数据全量分析可为石油开采、冶炼及油料调配提供完全真实的需求与工业全过程控制辅助系统，可为智能电网的发电、输变电甚至配电网络提供实时需求和全量统计的全过程控制辅助系统；交通领域的车辆、道路、基建与维护、事故处置等智能辅助管理与处置系统；金融领域的用户数据、运行数据、结算数据的灾备与数据挖掘系统；卫生医药领域的疫情监控、重要物资统筹、急救物资调配等提供可直接参考的支撑数据；农林渔牧领域实施基于全量数据的产品溯源、气象服务、周期管理与灾害预警等信息服务；此外可以应用的行业还有教育、通信、物流运输等。

更为重要的是"枢纽"的建立健全，可将上述各垂直行业的数据在政府（重庆市）的统一部署、统一管理、统一安全性保障的顶层设计之上达成直接融合共享，按权限与需求由基地运营中心封装各类不同的业务和服务。其可行性、可用性和可靠性得到了充分确保。

（4）第四序列——全社会、全行业服务支撑系列。

此序列功能处于金字塔的最基础一层。在安全机制的确保下可辐射全社会、全行业，拓展诸如产品制造、电子商务、现代服务、社会公益等领域的大数据支撑平台。

4. 信息枢纽站能力发展计划

在上述垂直方向上逐步实现统一顶层设计、分层次实施的同时，信息枢纽可将信息顺利地逐步辐射周边省份乃至全国。

（二）构建国防动员相适应的产业体系

1. 全产业链打造基地

全产业链的打造是确保大后方基地在应对战时，以自有资源和能力可独立支撑局势的必然选择。主要板块暨产业链的主要环节包括：

（1）战略板块——安全战略与核心技术研究中心。本板块旨在建立健全国家级的安全战略与核心技术研究中心，其初始阶段即引入本土研究机构、龙头科技企业、国家级权威专业研究机构等多元能力统一构建。在基地发展过程中，以规划和滚动规划为前提，以战略研究和核心技术研究为核心内容，不断完善知识的战略储备，沉积自主知识产权的核心技术（亟待发展的核心技术如：专用芯片设计与研制、大数据与云架构的应用创新技术、数据挖掘核心算法研究、超算系统设计能力等）。最终以该研究中心为基础形成多层级、多领域的国内权威的子中心。

（2）运营板块——软件、应用创新中心及大数据运营基地。本板块的大数据运营基地如上述金字塔所述，可分阶段满足不同层级大数据应用的需求。细分环节包括：跨行业、跨领域的数据采集平台、传感器与互联、多维数据仓库的运营、支撑平台、软件应用创新中心、业务服务创新设计中心、运营中心、安全中心等。每个细分环节特别是创新设计中心均需龙头企业率先发力，带动众多企业集群式发展。

（3）制造板块——装备制造基地。装备制造基地包括：战略性重装备制造、智能化信息化装备研制。其中战略性重装备制造，以重庆为核心统领周边省市资源，统一布局。智能化信息化装备主要涵盖专用通信网络设备（如：Adhoc、LTE、多网融合等技术应用的产业化）；传感器及物联网技术装备；智能专用终端（结合大数据运营中心的行业应用业务推送终端，如警用执法终端等）。如可以进行北斗卫星导航系统（BeiDou Navigation Satellite System）开发。据调查，北斗卫星导航系统是中国正在实施的自主发展、独立运行的全球卫星导航系统。系统建设的目标是：建成独立自主、开放兼容、技术先进、稳定可靠的覆盖全球的北斗卫星导航系统，并促进卫星导航产业链形成，形成完善的国家卫星导航应用产业支撑、推广和保障体系，推动卫星导航在国民经济社会各行业的广泛应用。

北斗卫星导航系统由空间段、地面段和用户段三部分组成。空间段包括5颗静止轨道卫星和30颗非静止轨道卫星；地面段包括主控站、注入站和监测站等若干个地面站；用户段包括北斗用户终端以及与其他卫星导航系统兼容的终端。

北斗卫星导航系统的建设与发展，以应用推广和产业发展为根本目标，不仅要建成系统，更要用好系统，强调质量、安全、应用、效益，并遵循以下建设原则：

一是开放性。北斗卫星导航系统的建设、发展和应用将对全世界开放，为全球用户提供高质量的免费服务。

二是自主性。中国将自主建设和运行北斗卫星导航系统，北斗卫星导航系统可独立为全球用户提供服务。

三是兼容性。在全球卫星导航系统国际委员会（ICG）和国际电联（ITU）框架下，使北斗卫星导航系统与世界各卫星导航系统实现兼容与互操作，使所有用户都能享受到卫星导航发展的成果。

四是渐进性。中国将积极稳妥地推进北斗卫星导航系统的建设与发展，不断完善服务质量，并实现各阶段的无缝衔接。

（4）人才板块——人才培养与配套服务基地。科技产业对于各层级人才的需求一贯迫切。本基地建立人才引进和本土人才培养机制，创立人才培养基地，采用面向实战项目的人才培养模式，逐步建立梯次人才培育计划，战略性地引进人才板块和逐步发展学科带头人，运营和制造板块，吸纳和培育所需科研人员的中坚力量，同时结合本板块的独立、有序的培育基地运行模式，为本基地乃至重庆地区未来信息产业取得长期发展优势奠定基础。

配套服务基地需要突出其本身的科技含量，除一般化的仓储、物流、后勤保障等内容外，本基地先进的科技手段应该率先应用于此项工作。这将有利于多方位地树立基地的独立品牌。

（5）延伸板块——面向体验经济的演示验证与科普基地。本板块旨在发展本基地总体能力多维化的延伸。体验经济的内容可以是创新业务的演示验证基地（例如：基于物联网的智慧驻地、智慧医疗、智慧家居等）。更多地体现在规模市场效益之前的小规模体验，受众可为有明确需求的行业用户、个人用户等。在体验的同时，促发展、促项目，亦可作为创新科技产业化的窗口的动力源泉。此外，本版块可以兼顾公益形式的科普教育等社会功能。

2. 产业发展路径和运行机制

第一阶段（第1年）——启动相关整体可行性研究与总体规划；同时引入创建战略能力的科研单位及龙头企业，并将具备一定基础的、拥有一定自主科技能力的项目率先落地于渝。其中，重点是软件创新及大数据运营板块率先启动服务国家安全的涉密大数据服务工程。以政府信息化服务采购的形式，注入启动的原发燃料。同时将社会管理服务进行小范围示范，对行业应用进行安全性评估。这样既获得了启动的初速，又获得了国家级的先发政策优势。

第二阶段（第2~3年）——在第一阶段的基础上，实施分阶段分版块的详细规划与总体的滚动规划；引入龙头企业、发展配套资源型企业；深入科研产业化的项目，寻求系列化突破。其中，制造板块成为亮点，可结合大数据运营基地的初步影响力迅速形成产能和规模。随即可完成延伸板块的基本构建，持续形成重庆品牌影响力。

第三阶段（第4~5年）——在前两个阶段的基础上，逐步夯实各版块发展基础，形成规模优势以及政策性优势，并向其他西部省份成功辐射。

第四节 重庆国际（准）自由贸易港建设研究

——基于重庆国际（准）自由贸易港核心竞争力构建视角

一、重庆国际（准）自由贸易港建设的必要性和重要性

上海自由贸易区的率先建立，必将为重庆的发展起到表率和示范作用。重

庆要做好承接上海自由贸易区政策所产生的辐射效应的准备，积极探索重庆自由贸易区发展的途径，迎接重庆经济的新的经济增长点。

中国消费者对国际奢侈品等高端商品的消费占据国际市场的半壁江山，但是在传统国际营销模式下，中国奢侈品进口市场在分级代理、多环节仓储物流、分散报关、分散结算、实体店销售等众多环节中，其运营成本增加和工作效率低下，将导致中国国际奢侈品等高端商品市场滞留欧洲发达国家和旅游国家，使得巨量税收流失。

国际互联网搭建了跨境直销的基础平台。但是在跨境电子商务萌发的今天，巨大的资金流转、巨量细分的市场订单、缺失的结算信用监管和质量监管、缓慢的结算服务、断档的国际金融服务、多环节的仓储物流以及贸易的可复制性对跨境电子商务企业运营、保税区运营和海关管理形成不可逾越的障碍。

因此，以第三方服务总代理方式建立国际进、出口电商一站式服务平台，直接为跨境电商提供在中国的国际结算、仓储物流、进出口批量报关、国际结算、产品质量、信用管理等一体化服务，并以抢占进口奢侈品市场和跨越式扩张中国出口收场，为打造重庆（准）自由贸易港构建核心竞争力。

二、自由贸易区的相关研究

（一）国内研究现状

中国对自由贸易港区的研究开始于20世纪80年代，起步于保税区研究，90年代储蓄转移到经济发达地区以谋取高收益。贸易的开展也有利于发达地区而不利于落后地区，造成了地区间的发展不平衡，而这种地区发展的不平衡会造成社会的不稳定，因而该理论的提出者主张由政府执行平均主义政策，以加强扩散效应，减弱回浪效应，缩小地区差别。

另一种是乐观论的观点，认为自由贸易港区以"星星燎原"之势正在向全世界蔓延，它是刺激全球经济的兴奋剂，是世界经济一体化的助推器。

这种乐观观点的理论依据是区域经济发展的不平衡论和波浪式发展规律。

以赫尔施曼为代表的"不平衡成长论"学派认为，从经济发展的历史经验来看，各国的成长过程是不平衡的，发展就是一系列连锁着的不平衡。这种不平衡经济发展理论可以归结为哲学上的"波浪式发展规律"。凡是运动都起波浪，世界上的一切运动都是波浪式运动。而波浪式发展形态就是矛盾运动的平衡性和不平衡性的对立统一的表现。由不平衡到平衡再到不平衡，这是一切事物发展的基本形态。

对自由贸易港区的产生和发展，持悲观论和乐观论观点的两派的意见分歧在自由贸易区产生的初期就出现了，而且两派意见的争论随着自由贸易港区的发展仍在持续。

尽管对自由贸易港区存在和发展的合理性有着不同的争论，但在现实的世界经济舞台上，自由贸易港区正以方兴未艾之势，在世界各地蓬勃发展。

在对全球性贸易组织与地区性贸易组织的认识和对全球性贸易组织与地区性贸易组织并存的状况的理解上，仍存在分歧。一部分人认为全球性贸易组织与地区性贸易组织是互补的；另一些人则认为它们是对立的。

持对立态度的人认为地区自由贸易组织即自由贸易区名实不符，它不利于全球自由贸易。有的经济学家认为，地区贸易协定的作用是难以确定的。早在1950年，加拿大经济学家雅各布·瓦伊纳就提出了这种观点。假定两个国家同意互相取消进口商品关税，但保持第三国进口商品的关税，他们用这种"创造"的贸易使他们的公民更富裕。两个国家可以从他们的邻国进口不太便宜的商品。但在同时，一些贸易被"转移"，这两个国家现在都买对方的商品，而这些商品过去是从别的国家更有效的生产者那里进口的。这就影响了世界贸易的多样化。目前，国际上许多经济学家、经济组织、专家学者结合本国、本地区的经济自由区发展实践，对自由贸易区进行了多方位研究，相对集中于围绕自由贸易区对世界经济发展的影响、发展趋势问题，提供了诸多具有参考价值的研究成果。但由于各个区域和国家在经济基础、社会文化、发展历史等方面存在差异，受到全球化影响程度不同，因此对自由贸易区的研究结果也存在着差异。

(二)国外研究现状

国外对于自由贸易港区的发展前景问题，持有悲观论和乐观论两种不同的观点。

对于悲观论的观点，有三种意见：

(1)自由贸易港区的作用已达到极限，而发展中国家创办自由贸易港区已不能收到预期效果。

(2)盲目开办或维持自由贸易区对国民经济有百害而无一利。要建立自由贸易港区，要求一个国家应有一个全国统一的经济体制。对内陆的封锁一般会对交易和资源的流通起阻碍作用，从而对经济增长不利，并导致资源配置不合理的结果，进而加速地区间的差距。

（3）设区国加入关贸总协定后，由于关税大幅度降低，加之关贸总协定或世界贸易组织（WTO）倡导贸易自由化，提供关税待遇的自由贸易港区，似乎无存在的必要。

上述悲观论的观点可以追溯到20世纪50年代发展经济学创始阶段瑞典经济学家缪尔达尔的回浪效应理论。缪尔达尔认为，地区间的不平衡是由于富庶地区得到过多的实惠，而后进地区的发展受到阻碍的这种往复循环的因果关系造成的。在这种循环中存在两种效应：一是回浪效应，另一是扩散效应。回浪效应是由于落后地区的人才外流、资本向外转移和贸易向外发展而产生的对本地区的冲击。这是因为经济发达地区要从其他地区吸收一些人才，这种人才流动对经济落后地区十分不利。

2003年4月，国务院发展研究中心有关中国保税区研究报告中指出："10多年来，全国13个保税区在引进外资、扩大国际贸易、繁荣地方经济方取得了一定的成绩。但是由于当时的条件不具备，政策不到位，保税区现有功能与其他特殊经济区交叉、重叠。为适应我国进出口贸易和港口集装箱运输规模急剧扩大的新形势，有条件的保税区应当向自由贸易港区转型，充分发挥物流功能，促进我国国际枢纽港的建设"。"保税区向自由贸易港区转型的政策、体制设计应以国际上发展成功的自由贸易港区经验为参照，以发展港口国际物流为目标，以便利贸易和投资为出发点，实行更加开放的政策，建立区港一体的管理体制和运营模式，并通过立法和绩效考核保证试验成功。"

三、国内外自由贸易区建设发展态势及经验借鉴

（一）国内外自由贸易区的发展态势

20世纪50年代初，自由贸易区在具有对外经济贸易区功能的港口、港区启蒙，60多年来自由贸易区迅猛发展，在全球范围内其数量已经达到数十个，范围遍及各大洲，是区域经济一体化的主要形式之一。其中，北美自由贸易区和东盟自由贸易区最具典型意义，而北美自由贸易区也是世界上最大的自由贸易区。其他自由贸易区还有中欧自由贸易区、欧盟—拉美自由贸易区等。目前，许多国家的自由贸易区正积极向高技术、知识和资本密集型发展。

就我国来看，《中国（上海）自由贸易区总体方案》于2013年7月3日经国务院常务会议讨论通过，这标志着中国发展自由贸易区进入实质性工作阶段。2013年8月26日，十二届全国人大常委会第四次会议审议了《关于授权国务院在中国（上海）自由贸易试验区等国务院决定的试验区内暂时停止实

施有关法律规定的决定（草案）》。根据草案，在试验区内暂停的 4 部法律中有 3 部事关外商投资企业，亦即"外资三法"，这代表着上海自贸区开始有实质动作。上海自贸区是一块"境内关外"的地方，将不受中国关内的制度影响，按照国际惯例建立和经营企业。它是通向跨太平洋伙伴关系协议（TPP）的局部开放，最终目标应该是向 TPP 靠拢。9 月 29 日，上海自由贸易区在上海挂牌成立。除上海自贸区外，国务院还考虑，将根据进一步深化改革、扩大开放的需要，按照从严从紧的原则，确定少数具备条件的区域进行类似试验。比如，重庆、深圳、天津、青岛等地区也在积极工作中。

同时，中国发展自由贸易区的决心明显。目前，中国在建自贸区 18 个，涉及 31 个国家和地区。其中，已签署自贸协定 12 个，涉及 20 个国家和地区，分别是中国与东盟、新加坡、巴基斯坦、新西兰、智利、秘鲁、哥斯达黎加、冰岛和瑞士的自贸协定，内地与香港、澳门的更紧密经贸关系安排（CEPA），以及大陆与台湾的海峡两岸经济合作框架协议（ECFA），除了与冰岛和瑞士的自贸协定还未生效外，其余均已实施；正在谈判的自贸协定 6 个，涉及 22 个国家，分别是中国与韩国、海湾合作委员会（GCC）、澳大利亚和挪威的自贸谈判，以及中日韩自贸区和《区域全面经济合作伙伴关系》（RCEP）协定谈判。

总体来看，世界各国都非常重视通过建立和发展自由贸易区来为自己的经济发展服务，目前除亚洲的中国、日本、韩国以外，世界上几乎各主要贸易国均已参加自由贸易区，有的还是多个自由贸易区的成员。随着时间的发展，自由贸易区发展逐渐呈现以下特点：

（1）数量不断增。据不完全统计，目前全球已有 1200 多个自由贸易区，其中 15 个发达国家设立了 425 个，占 35.4%；67 个发展中国家共设立 775 个，占 65.6%。

（2）功能趋向综合。随着自由贸易区数量的持续增长，自由贸易区的功能也在不断扩展。从 70 年代开始，以转口和进出口贸易为主的自由贸易区和以出口加工为主的自由贸易区就已经开始相互融合，自由贸易区的功能趋向综合化。目前世界上多数自由贸易区通常都具有进出口贸易、转口贸易、仓储、加工、商品展示、金融等多种功能，这些功能综合起来就会大大提高自由贸易区的运行效率和抗风险能力。

（3）管理不断加强。各国的自由贸易区在初创时由于条件不同，功能各异，管理水平也相差较大，但是经过几十年的竞争发展，各国自由贸易区的管理已逐渐趋向规范化。随着科学技术的进步，自由贸易区的基础设施和管理手段也大大改善，形成了各具特色的管理体制。目前世界上四个主要的自由贸区（阿联酋迪拜港自由港区、德国汉堡港自由港区、美国纽约港自由贸易区、荷兰阿姆斯特丹港自由贸易区）的管理机构权威性非常强。各国对自由贸易区管理机构授权上大体相近，都是港区合一，成立专门机构，负责管理和协调自由贸易区的整体事务，投资建设必要的基础设施，有权审批项目立项。特别是着眼于自由贸易区与城市功能的相互促进，进行整体规划和建设，带动了周边城市经济发展，尤其是第三产业发展上成效显著。

（二）自由贸易区发展的启示

纵观世界自由贸易区的发展历史，会发现其具有一定的局限性，主要在于它会导致商品流向的扭曲和避税。如果没有相应的措施作为补充，第三国很可能将货物先运进一体化组织中实行较低关税或贸易壁垒的成员国，然后再将货物转运到实行高贸易壁垒的成员国。为了避免出现这种商品流向的扭曲，自由贸易区组织均制订"原产地原则"，规定只有自由贸易区成员国的"原产地产品"才能享受成员国之间给予的自由贸易待遇。理论上，凡是制成品在成员国境内生产的价值额占到产品价值总额的50%以上时，该产品应视为原产地产品。一般而言，第三国进口品越是与自由贸易区成员国生产的产品相竞争，对成员国境内生产品的增加值含量越高。原产地原则的涵义表明了自由贸易区对非成员国的某种排他性。

同时，自由贸易区的发展历程中，北美自由贸易区的发展对我们的启示比较大，主要有三：

启示一：国际合作以经贸为主，通过协议循序渐进发展。北美自由贸易区由于是在发达国家与发展中国家建立的自由贸易区，有关协议国对实现区域内自由贸易采取了以合作协议来逐步推进的方式。考虑到不同国家的发展水平，主要协议条款规定在10年内逐步消除所有贸易和投资限制，对几个敏感行业的过渡期为15年。这是一个复杂的国际协议框架，它提供了一整套的规则和制度框架来管理三国间的贸易和投资关系，同时提供了吸纳新成员和采用新的争端解决程序的机制，这是先前其他国际经济协定中都不具备的。

启示二：国际合作注重产业一体化中的分工协作。北美自由贸易区的成立，将美国、加拿大和墨西哥共同纳入一个产业一体化中的分工协作体制。最明显的是加拿大的原材料、墨西哥的劳动力与美国的技术管理相结合，形成了以美国为轴心的生产和加工一体化。其中美、加生产一体化主要表现为水平的产业内分工，如两国在飞机和汽车制造、钢铁、食品加工、化学品和布料加工业等形成了更密切的产业内联系。而美墨生产一体化的行业主要集中在电器、汽车和服装这几个行业，带有明显的垂直的产业内分工的特点，主要是美国将零部件运到墨西哥加工后再返回美国。这种产业一体化中的分工协作体制使各国的产业优势得到更大的发挥，这对我国的国际贸易合作是很有启示的。

启示三：虽然对相对落后国家有一定扶持、但未能成功消除贫困。北美自由贸易协定注意到各国经济发展水平的不同，在合作协议中也有对相对的落后国家产业的保护和一定的扶持，但对于墨西哥这个发展中国家，北美自由贸易区的发展对消除贫困来说，并没有提供帮助。据有关数据显示，十年来墨西哥的贫困问题不仅没有消除，反而更加严重。当然，墨西哥的贫困问题并不一定是北美自由贸易协定带来的后果，但这一机制中缺乏对解决贫困问题的协议却是事实。

四、重庆国际（准）自由贸易港核心竞争力构建

（一）发展环境分析

1. 外部机遇

第一，世界进入互联网改造传统产业的战略性机遇期，国际贸易将因为互联网的发展而向电子商务突破性转变，谁适应这种转变，谁就是机遇的主导者。

第二，随着国际国内进出口电商模式的发展，必将带来贸易中代理业务的消减和进出口第三方服务的增长。谁率先获得这一机遇，谁就是机遇的垄断者。

第三，中国游客在国际市场大规模采购品牌商品，这不仅导致我国消费税收的大量流失，也给出国旅游的游客带来了巨大负担。将这个现实市场通过电子商务等组合手段向国内转移，在同等价格下实现中国消费税收增加和出国游客负担减轻的双赢战略。

第四，中国产品电商形式出口面临出口通关和国外进口通关、出口质量信用、国际结算信用、语言文字、进出口税收等多环节制约。打破若干瓶颈促进中国产品以电商营销方式进入国际市场是中国进一步对外开放的战略需求。

第五，出口面临韩国总商会和中国 21 个分会组织了上万家企业，积极准备进入重庆进出口一站式服务平台，一站式服务平台找到起点。

2. 内在基础与发展条件

第一，渝新欧大通道超前建立，形成重庆较沿海地区面对欧洲市场的物流

时间优势和物流成本优势。

第二，重庆率先建立内陆第一个保税港区，构建了一般物流和保税物流条件和国际进出口海关口岸，具有较西部其他地区，特别是渝新欧大通道上其他地区的重大优势。

第三，重庆作为国家级中心城市、几何中心区域位置和发达的交通网络体系，实现了重庆经济腹地向成渝经济区和西三角地区拓展。

第四，重庆位居中国第四经济增长极核心区域，具有巨大市场消费能力和产品生产能力。

第五，重庆经过数年电子信息产业发展、金融中心功能建设，具有较强的人才基础。

3. 破解新兴跨境电商发展的六大障碍

（1）跨境电商形成的分散定单给进出口报关、物流都形成巨大障碍。电商直销缩短，国际贸易中间环节，必将形成分散报关、物流、仓储业务，海关每天将面临上万的报单和以16倍比例放大的作业流程，物流仓储的所有环节都将面临巨量分散特殊受理，大大增强跨境电商的难度，因此全国各地跨境电商停滞，上海自由贸易区建立的负面清单中也限制电子商务发展。

（2）跨境电商要面临聚集多种服务采购复杂业务的资金和人才压力。跨境电商是减少代理环节、弱化实体店销售的现代新型营销模式。在消减中间环节以后，跨境电商代替各级代理商需要实施或采购国际国内物流、国际国内结算、国际国内金融、国际国内仓储物流、报关、信用管理、质量管理等系统服务，在国内电商发展初期，资金、人才等方面都将面临巨大压力。

（3）商业信用管理机制亟待完善。在进口环节中，奢侈品等高端商品具有价格高、附加价值大的基本特点，因此A或Y货流行市场；出口环节中，中国产品出口信用亟待建立。跨境电商的信用（结算、质量）监督和信用保障成为跨境电商进一步发展的关键。现有的淘宝网自由进出、网络监督的平台模式无法满足奢侈品等高端商品的电商消费特性。

（4）国际结算、国际金融服务亟待形成。现有与银行对接的支付宝模式，支持国内电商的发展，但是跨境电商仍面临国际物流、国际供应商、国际结算服务和国际金融等多环节、国际化的衔接，自由式电商平台无法组织这种环境配套。

（5）现有电商结算平台与金融平台没有整合并发挥巨大金融服务功能。现有的国内电商结算平台，如淘宝支付宝平台，仅仅是超市收账平台，是寄生在银行体系下的一个非金融平台。但是电商销售过程中形成的巨额商业订单，已经构成产品生产企业、原料供应企业、电商等产业链上各个环节的信用，这种信用没有转化为担保信用并得到利用；电商销售过程中的单笔货款一周以上的结转周期和巨量订单汇集的巨额资金也没有实现理财价值。引申出来的余额宝也受到阻击。

（6）跨境电商面临传统营销向现代电子商务转换瓶颈的制约。营销电商化是必然趋势，势不可挡。但是，传统营销形成了分级代理加终端实体市场的营销体系。为取得销售资格、开展营销宣传、投入流动资金、租赁、购买经营场地，需对各个环节投入大量资金，这也促使若干商业合作的形成，以及巨大的利益格局的构建。要打破这一营销体系、形成电商主导的新格局，必将面临巨大的利益冲击，而有效主导跨境营销模式的转变是关键。

（二）发展思路

1. 功能定位

当前国际商品电商发展缓慢，主要原因有：一方面，受到电商信用、国际结算服务能力和国际进出口海关服务能力等诸多限制；另一方面，进出口电商发展以后中间销售环节逐步削减，引起集中进出口环节的服务需求无法满足。因此，重庆国际进出口电商一站式服务的职能是：以第三方服务方式取代传统销售中的总代理环节，为企业和电商实施国际金融、平台建设及管理、信用管理、质量管理、国际结算、现代仓储物流、进出口批量报关等一体化服务提供帮助。

2. 运行机制

（1）建立交易平台基础设施的投资及运营机制。主要采取社会资本投资基础设施建设模式。不局限基础设施建设投资主体与经营主体分离或统一，但是一定要使具有经营能力和投资能力的经营性主体企业负责整个平台的运营。

（2）完善组织机制建设。一是组织平台建设运营商。一站式服务平台是商业运行平台，需要有专业运营商组织平台基础设施建设、网络平台建设、仓储物流服务、结算服务、信用管理及服务、质量管理及服务、金融服务以及其他关联服务（财务、税收、审计、物流加工）聚集。二是组织国际商品供应商。通过信用审核、国家（地区）总商会、行业协会管理，以会员方式组织国际奢侈品等高端商品供应商。这也是抓住市场，构建核心竞争力的关键环节。三是组织国内电商。以供应商自营的招募方式，确定国际奢侈品等高端商品电商,并以行业会员管理方式强化质量与信用管理。

(3) 金融及结算一体化服务,彻底打破中国企业金融服务瓶颈,同时引导重庆对外开放洼地效应爆发。电子商务订单是产业链末端向全产业链提供商业信用的杠杆。因此充分利用电子商务结算与金融服务的一体化运行机制,推进金融向全产业链扩展,不仅可以向全球扩大我们的金融服务区域,而且也将带动重庆对外开放洼地效应的爆发。

(4) 采用报关节点分段服务模式。为减轻分散通关给海关带来的通关压力,可采用两种方式。一是实施到岸(报关后)结算模式。批量货物到岸(包括报关)的综合服务由供应商向平台集中委托,电商关内(网外)分零销售,与供应商分单结算。二是电商与供应商实施(批发)离岸结算方式。电商实行关外(网内)集中接货、报关,关外分销的分段运行。

(5) 实施关内关外仓储物流代理服务。在一站式服务设计中,为消减报关环节的工作量,努力形成大进小出的物流格局,必将加大仓储物流服务需求。因此在一般仓储和保税仓储都具备的良好环境下,将根据现代电商市场需求配置仓储物流服务。

(6) 健全信用监督体系。一是建立标准化电商网络监督技术体系;二是在一站式服务基地建立政府的消费投诉专门管理;三是联动电商行业协会会员管理制度;四是实施供应商、电商信用评审制度。

(7) 建立一体化服务运行机制。以服务平台大数据服务为基础,建立国际贸易从进口报关开始的所有环节的电子信息服务和以投资或合作的方式实现整个平台运行的一站式服务、一体化服务的体系。

3. 核心竞争力

(1) 抢占进出口集中代理服务市场。我市建设全国进出口国际电商服务的一站式总平台,犹如为国际电商提供服务的"高速公路",直接为国外产品进入中国市场和国内产品进入国际市场提供"一站式"的打包服务,超前应对互联网发展必将带来的国际国内贸易方式划时代改变。由此让重庆市在国际贸易总协定和不需要单方免税多变贸易协定下,抢占国际国内代理市场,构建重庆自有贸易港的核心竞争力。

(2) 构建国际进出口电商市场的信用监管体系。平台运行中通过建立生产供应商、电商的会员制度、国际国内产品在市场中的行业自律制度、网络平台集中管理制度、商业结算信用管理机制、商品营销中质量管理制度,构建进出口的信用监管体系,实现一站式平台的核心竞争力。

依托提升中国产品的出口能力和占有中国旅游者国际商品购买市场较大份额来实现战略性突破。

4. 总体目标

重庆进出口一站式服务平台建设，将进一步扩大重庆及全国的国际贸易规模；增强重庆对一些国际知名加工和生产企业的吸引力，直接在重庆建相应的生产基地，进一步扩大我市利用外资的规模；提升我市的对外形象，增强我市的国际影响力。

（1）市场目标。

进口产品供应市场：主要涵盖韩国所有行业特色产品、欧洲奢侈品、东盟各国特色产品，力争成为中国韩国商品市场总部，中国欧洲（及美国、澳大利亚、东南亚）旅游奢侈品转移市场聚集区。

进口销售市场：西部地区为主，覆盖全国。

出口市场销售区域：主要是韩国、欧盟主要国家、东盟主要国家。

出口供应市场：以重庆为核心，辐射西部，影响全国。

（2）投入产出目标。

在投入资金方面。建议重庆国际（准）自由贸易港重点是要建设好中韩（准）自由贸易区、中欧（准）自由贸易区两个"自由贸易区"和国际贸易结算基地、现代物流基地两个"基地"。据初步测算，重庆国际（准）自由贸易港的建设总投资为 100 亿元（人民币，下同）左右，其中建设投资约 80 亿元，运营投资约 20 亿元。

在产出规模方面。据初步测算，重庆国际自由贸易港建成后，每年可为重庆形成进出口总额 3000 亿元左右，其中，中韩贸易约 200 亿元；中欧市场约 1500 亿元，中美、中澳及东南亚市场约 1100 亿元；其他市场约 200 亿元。重庆国际自由贸易港可提供海关报关、关内关外统一结算、仓储物流、税务代理、产品及企业的信用评估、金融保险等方面的系列服务，每年可为重庆增加服务费和税收约 200 亿元。

（三）政策建议

（1）建议政府组织成立专项工作组，尽快启动国际进、出口电商一站式服务平台和进出口服务总代理市场建设项目的可行性研究。及时制定包括重庆国际（准）自由贸易港的建设总体框架、发展目标和发展思路的建设规范方案并上报，积极争取国家对电子商务产业发展的政策支持。

(2) 建议由政府带领相关企业开展国内外需求调研,参与运营企业与欧洲各大商会商务代理业务谈判。

(3) 国际进出口电商市场的信用监管体系的构建。

政府积极协助运营主体企业申报并共同建设检验检测中心、信用监督中心的建设和管理,启动政府信用参与跨境电商平台建设。平台运行中通过建立生产供应商、电商的会员制度、国际国内产品在市场中的行业自律制度、网络平台集中管理制度、商业结算信用管理机制、商品营销中质量管理制度,构建进出口的信用监管体系,实现一站式平台核心竞争力。

(4) 提供坚实的要素保障。

第一,加快推进基础和平台建设。其一是推进港区信用、结算、法律、物流等综合服务体系建设。其二是尽快完成落地空间的九通一平基础工程和内、外骨干交通网络建设。

第二,给予相关政策优惠。其一,实行税收优惠政策。国际(准)自由贸易港开发中电子商务楼宇出售享受税收"8765"优惠政策。其二,采取土地优惠政策。仓储用地给予工业用地价格政策,即每亩地60万元基础,容积可在3.5以内;商业用地按照楼面地价200万元/亩,容积在3以内;道路基础设施及公共服务设施建设用地实施划拨用地政策。除这之外商谈优惠政策全部都返利予入住企业。

第五节　重庆市农产品加工业可持续发展研究

一、重庆农产品加工业的现状与问题

(一)发展现状

近十年来,重庆市农产品加工业发展迅速,形成了门类齐全、产业链条健全、产业带动力强的产业优势,品牌凸显,呈现欣欣向荣的良好势头。到2011年年底,全市拥有农产品加工业11 270户,从业人数57.47万人,实现总产值2245亿元,完成增加值693.2亿元,实现销售收入2153.7亿元,利润总额160.01亿元,上交税金83.34亿元。其中规模以上农产品加工企业1013户,从业人数23.08万人,实现总产值1604.7亿元,销售收入1561.76亿元,利润总额112.28亿元,上交税金64.57亿元。农产品加工业的快速发展带动了农村经济的发展。

全市农产品加工业按行业分为11类,分别是:食品加工业;食品制造业;饮料制造业;烟草制品业;纺织业;纺织服装、鞋、帽制造业;皮革、毛皮、羽毛(绒)及其制品业;木材加工及木竹藤棕草制品业;家具制造业;造纸及纸制品业;医药制造业等。

1. 产业结构

2011年,全市农产品加工业总产值2245亿元,食品加工、医药制造、纺织业、造纸及纸制品加工、食品制造等行业总产值位列前五位,占全市农产品加工行业的69.84%,如图6-7所示。其中:食品加工业行业实现总产值613.59亿元,利润总额36.72亿元,上交税金5.04亿元。其中规模以上企业实现总产值467.4亿元,利润总额25.02亿元,上交税金1.35亿元。

医药制造业完成总产值230.29亿元,利润总额18.85亿元,上交税金1.26亿元。其中规模以上企业完成总产值219.79亿元(不含中药材种植),销售收入204.37亿元,利润总额18.4亿元,上交税金9782万元。

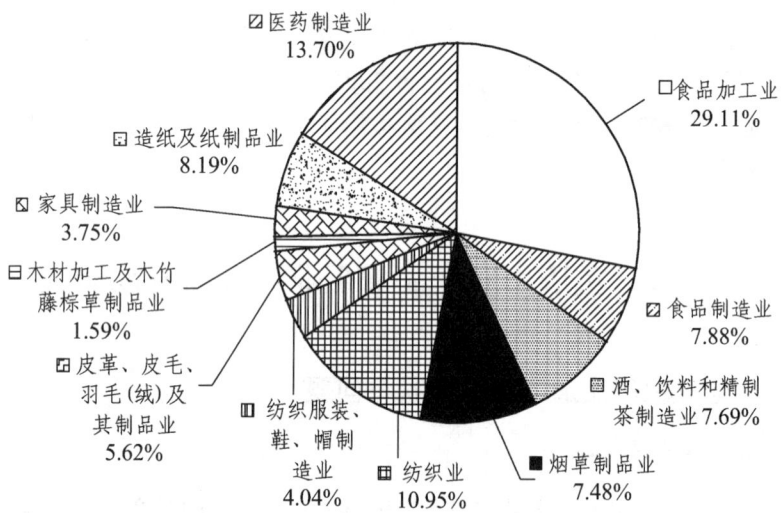

图6-7 规模以上农产品加工业总产值示意图

纺织业总产值245.81亿元,销售收入243.18亿元,利润总额12.88亿元,上交税金2.25亿元。其中规模以上总产值175.72亿元,销售收入177.46亿元,利润总额9.67亿元,上交税金5203万元。

造纸及纸制品业完成总产值158.93亿元,销售收入151.7亿元,利润总额10.78亿元,上交税金1.4亿元。其中规模以上企业总产值131.38亿元,销售收入125.02亿元,利润总额8.76亿元,上交税金5338万元。

食品制造业实现总产值187.98亿元,实现销售收入187.61亿元,利润总额13.62亿元,上交税金2.29亿元。其中规模以上企业实现总产值126.47亿元,实现销售收入129.93亿元,利润总额9.4亿元,上交税金5418万元。

2. 从业结构

全市农产品加工行业从业人员57.47万人,主要集中在食品加工、医药制造、纺织、皮革、毛皮、羽毛(绒)及其制品业、食品制造行业等行业,前五位行业集中了从业人员的67.62%,如图6-8所示。

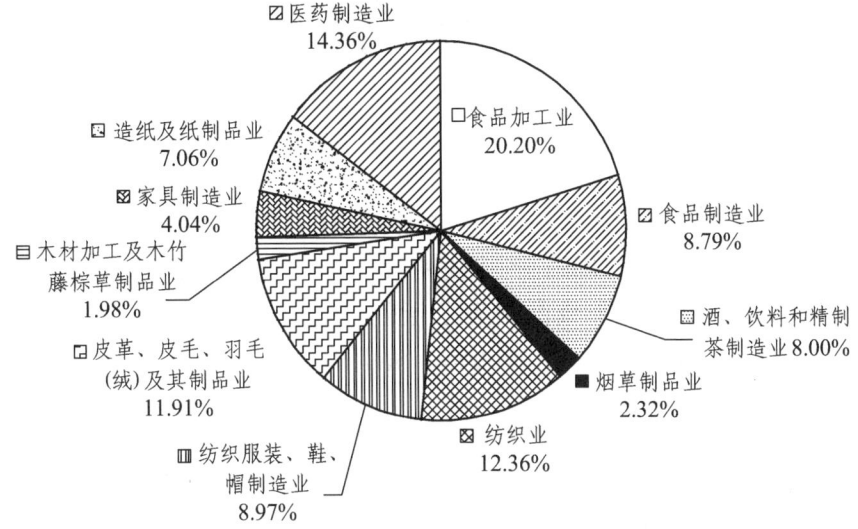

图6-8 规模以上农产品加工企业从业人数示意图

其中,食品加工业行业有从业人数12.27万人,其中规模以上299户,从业人数4.66万人;医药制造业从业人数3.85万人,其中规模以上企业从业人数3.31万人;纺织业从业人数7.73万人,其中规模以上企业从业人数2.85万人;皮革、毛皮、羽绒及其制品业从业人数8.78万人,其中规模以上从业人数2.78万人;食品制造业从业人数5.21万人,其中规模以上企业从业人数2.03万人。

3. 企业结构

2011年,全市拥有农产品加工业11 270户,规模以上农产品加工企业1013户,其中食品加工,皮革、毛皮羽毛及其制品业,医药制造业、食品制造、造纸及纸制品业位列前五位,占全市农产品加工行业规模以上企业数的75.76%,如图6-9所示。

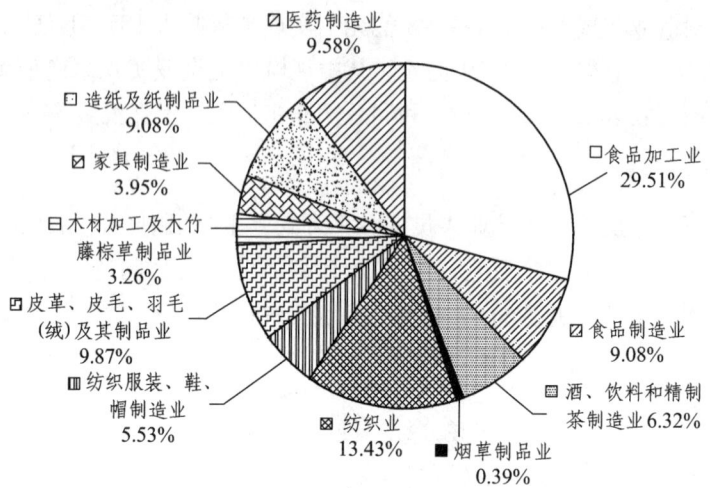

图6-9 规模以上农产品加工企业结构示意图

食品加工业行业有2648户企业，其中规模以上299户；皮革、毛皮、羽绒及其制品业企业数1571户，其中规模以上100户；医药制造业企业数202户，其中规模以上97户；食品制造业企业数1012户，其中规模以上95户；造纸及纸制品业企业数525户，其中规模以上92户。

(二) 存在问题

尽管重庆市农产品加工业发展取得长足进步，但与东部地区相比，无论是企业的规模、技术、实力，还是加工的广度和深度，都还有较大差距，存在融资难、流动资金缺乏等突出问题。具体而言，主要存在的问题有以下六点。

1. 技术落后，加工深度不够

重庆市农产品加工转化率不足30%，而全国超过了35%，发达国家更是达到80%以上；重庆市农产品加工深度不到20%，而全国接近30%，发达国家接近95%。重庆市农业产值与农产品加工业产值之比1∶1.2，而发达国家通常可以达到1∶1.5。

2. 规模偏小，整体实力不强

从销售收入看，由于很多农产品加工企业是以家庭作坊为基础发展起来的，集约化程度低、规模小，除市级以上龙头企业外，大多数企业销售收入在千万元左右，辐射带动能力不强。从吸纳就业规模看，大部分农产品加工企业从业人员在几十人到几百人之间，超过1000人的企业很少。

3. 发展粗放，品牌培育不力

重庆市农产品粗加工企业偏多，精深加工企业偏少；传统产品偏多，高科技产品偏少；一般产品偏多，名牌产品偏少。

4. 融资困难，发展资金不足

重庆市农产品加工业大都是中小企业，经济基础较薄弱，加工季节性强，又缺乏担保机制，很难从银行获得贷款，企业资金短缺，严重影响了加工业的发展。一些好的项目和新项目，因缺乏必要的启动资金得不到发展。据300户农产品加工企业调查，从业人员5.08万人，资产总额164.2亿元，2011年实现销售收入240.4亿元，2011年底银行贷款余额27.74亿元，有贷款需求企业200户，占66.7%，需新增贷款21.03亿元。调查开县的18户企业中，资金有缺口的企业16户，占89%，需新增贷款2.2亿元。重庆英华农业开发有限公司投资4000万元建设的1200头优质无公害奶牛基地基本完工，但尚差1700万元原种奶牛购置款和原辅材料置备款一直没有解决，企业面临巨大的资金困难。

5. 管理水平落后，企业素质不高

重庆市大部分农产品加工企业产品特色明显、质量上乘，市场销路好，但企业发展却困难重重，走不上快速发展轨道。深入分析，导致这种情况的重要原因是企业经营管理水平不高。一是缺乏品牌意识，许多企业重视产品质量，认为只要质量好，产品就不愁卖不出去，现代市场经济就是品牌经济，消费者购买产品首先认知的是品牌，是品牌的知名度。多年来我市农产品加工企业发展慢，品牌知名度低是重要原因之一。重庆市的全国知名品牌少，区域性知名品牌也不多。二是缺乏营销意识，许多企业重视产品生产，千方百计更新设备、扩大规模、上新产品，对市场营销投入很少，没有完整的市场营销规划，没有完整的市场营销队伍，即"正规军"式的生产，"游击队"式的营销。三是缺乏标准意识，有的企业产品规格不标准、包装档次不高，更赶不上近年来国内外市场上通行的有机产品和绿色产品标准。发展农产品加工业，必须提高企业的经营管理水平。

6. 人才缺乏，劳动力成本上升

目前，劳动力成本上升已是劳动力市场改变的显著体现，劳动力成本上升对大多数制造业，特别是劳动密集型的农产品加工业带来了巨大的影响，由于生产成本的约束，不少农产品加工企业处于出"用工荒"的困境，用工难、

人才培养问题突出，使企业发展空间受限。

据调查，近年来农产品加工企业普遍存在招工难的现象，对中高级人才更是缺乏吸引力，一些企业也无法提供更合适的条件来持续性地留住人才，很多企业人才老化的问题比较突出，跟不上现代科学技术的发展节奏，无法提供具有前瞻性、创新性的思路，一些企业只好临时聘用退休老技工和管理人员解决燃眉之急。人才难突破，人才短缺，成为农产品加工企业发展的约束瓶颈。

二、发展思路

坚持把农产品加工业作为统筹城乡发展的载体、带动"两翼"农户万元增收的龙头，以农产品加工综合利用和精深加工为方向，以农业产业化经营为基本途径，以发展特色产业、名牌产品为重点，以科技创新为动力，努力提高农产品加工业综合效益和市场竞争能力，促进农业增效、农民增收和农村繁荣。

1. 整合资源，增强竞争力

坚持"扶大、扶强、扶优"的原则，制定促进农产品加工行业整合的政策，全面推进行业整合工作，不断提高农产品加工业的核心竞争力和主要农产品加工增值率。加大农产品加工企业的整合力度，鼓励现有优势企业盘活存量资产，重点在粮油、畜产品、蔬菜加工等行业开展跨区域、跨行业、跨所有制的整合、做大做强，组建一批集贸、工、农一体化的大型企业集团，力争"十二五"内扶持培育2~3家上市公司，5个年销售收入过50亿元、10个年销售收入过10亿元龙头企业；新增市级农产品加工示范企业150家，累计达到300家。

2. 建设园区，形成产业群

重庆的基本农情是人口多资源少、山地多平坝少、条件差基础弱。基于这样的基础条件，农产品加工业必须走集约利用资源、推进科技创新、提高产出效益的集聚发展路子。特别是随着工业化、城镇化的加快推进，农村人口有序转移，农村资源人均占有量提高，为农业推进专业化、规模化、集约化生产创造了条件。为此，要按照高起点规划、高标准建设、高效益产出的要求，扎实推进特色工业园区、綦江食品工业园、现代农业园区、中小企业特色产业基地、小企业创业基地、农产品加工基地建设，特别要加强27个国家级农产品加工基地建设，培育出一批市级农产品加工园区（基地），创新管理机制，完善配套设施，引导农产品加工业集聚发展，打造一批规模较大、特色鲜明、竞争力强的农产品加工园区。加强农产品加工原料基地建设，充分发挥重庆市农业资源优势，做大做强各种农产品生产基地。支持龙头企业组织建设自有原料基地，鼓励龙头企业、专业合作经济组织和农户"三位一体"建设基地。强化科企"联姻"，推进科技入园，积极推进各类科研院所与农产品加工园区建立稳定的合作关系，鼓励科研院所和农业科技人才以技术入股的形式参与农产品加工业发展，为农产品加工业发展提供科技支撑。"十二五"期间，组建一批贸工农一体化大型企业集团；新增市级农产品加工基地24个，累计达到30个，扶持培育一个销售收入千亿级农产品加工产业集群。

3. 打造品牌，提高知名度

推行农产品质量安全产业链监管模式，构建农产品质量安全可追溯体系。引导龙头企业树立质量意识、品牌意识，围绕质量塑造品牌，围绕品牌开拓市场。推进管理创新，引导企业树立品牌经营理念，实施标准化生产，规范生产、加工、包装的全过程。推进品牌创建，大力开展名牌产品推荐认定，积极扶持、发展无公害农产品、绿色食品、有机食品和地理标志农产品。注重农业品牌培育，鼓励创建重庆名牌农产品、中国驰名商标，发挥我市现有影响力较大的知名品牌的带动作用，在生猪、柑橘、蔬菜、茶叶等行业中分别选择1~2个强势品牌，进行整体包装策划，努力打造一批全国品牌、世界品牌。推进加工产品流通，加快农产品批发市场改造升级，支持龙头企业建立直销网络，广泛运用现代营销手段，拓展国内市场，开辟国际市场。

4. 立足双赢，打造"共同体"

引导龙头企业从长远战略出发，树立"农民兴、基地兴、企业兴"的理念，切实加强农企利益联结机制建设。大力发展农民专业合作组织，加快"农民专业合作社"建设，吸引更多的农民加入到各类专业合作组织中来，争取到2015年使我市农民参合率达到50%以上。创新利益联结模式，积极推广"龙头企业+专业合作社+农民""股份合作"等发展新模式，使农民与龙头企业结成利益共享、风险共担的"共同体"，为实现基地生产标准化、规模化奠定基础。

5. 优化服务，完善服务体系

认真贯彻落实重庆市政府办公厅《关于加快推进中小企业服务体系建设的意见》（渝办发〔2012〕299号）精神，努力推进中小企业、农产品加工服务体系建设。"十二五"末，基本建立市级公共服务平台＋区县窗口服务平台＋产业集聚区窗口服务平台"三位一体"的公共服务平台网络体系。争创10个国家级公共服务平台，打造30个市级公共服务示范平台，培育100家市级重点服务机构和10家具有区域特色的优质服务品牌，带动数千家专业服务机构建设。服务体系的覆盖面、需求满足率和服务满意度明显提高，对中小企业、农产品加工业发展的支撑作用明显增强，形成区域特色鲜明、服务功能完善、运营规范、方便快捷、社会影响力大和品牌知名度高的服务网络体系。

三、政策建议

（一）加大财税扶持力度

大力发展农产品加工业，对于推进城乡统筹发展、调整农业农村经济结构、提高农产品的市场竞争力，具有重要意义。建议如下：

（1）整合财政支农专项资金，重点扶持农产品加工业的发展。设立农产品加工业发展基金，增加市级乡镇企业发展专项资金规模，从2012年的2200万元增加到5000万元。乡镇企业发展资金的80%、中小企业发展资金的25%~30%用于农产品加工企业加强技术创新和技术改造，以及加大创业扶持和提供技术人员的培训。

（2）对《重庆市人民政府办公厅关于保障食品安全财税扶持政策的通知》（渝办发〔2011〕245号）规定"两翼"地区市级以上（含市级）经济开发区、工业园区内食品企业缴纳房产税、城镇土地使用税确有困难的，经市地税局审批后，定期减征或免征房产税和城镇土地使用税的政策，惠及所有农产品加工企业。对市级以上（含市级）从事食品加工的农业产业化经营龙头企业缴纳的企业所得税，其地方留成部分全额补助企业。

（3）减轻企业负担。贯彻落实中共重庆市委、重庆市人民政府《关于推进新型工业化的若干意见》（渝委发〔2012〕21号）规定，市级及以上农产品加工示范企业新建工业生产性建筑，减免城市建设配套费。严格执行国家税法，按企业实际融资利息计算财务成本并作为税前抵扣。

（4）解决增值税"高征低扣"问题。农产品加工业尤其是其深加工业，是农业产业化发展的根本出路和基本实现形式。不少企业反映，农产品加工增值税抵扣不合理，其进项税率为13%，但深加工后的销项税率为17%，比一般工业企业要多承担4个百分点的增值税税赋，且面向农民收购原料时，因农民无法出具增值税发票，企业无法获得抵扣。同时，由于农产品注释范围界定不清,简单加工与精深加工区分标准不明,在实际操作中很难把握农产品简单加工后的产品类别归属,很容易造成增值税进项税额抵扣执行政策的不一致。为此,建议如下:一方面,向国家税务总局和农业部反映,希望国家有关部门研究扩大和统一农产品征税注释范围的可行性,制订新的《农业产品征税范围注释》,增加农产品的注释品种,最大限度地把以农产品为原料的加工产品列入农产品征税范围;另一方面,对"高征低扣"的税负差进行超税负返还或由市财政对"高征抵扣"税负差部分进行补贴。

(二)切实解决融资难问题

贷款难、融资难是长期以来农产品加工企业遇到的共性问题。在严厉的信贷责任追究制度下,金融机构为防范信贷风险,普遍采取充分抵押措施,严格审批程序,审慎发放贷款。不少农产品加工企业面临着抵押物不足,贷款担保难度大,融资难的现实问题。为此,建议如下:

(1)市政府尽快制定出有针对性的政策,引导商业银行在风险分担、放大倍数和业务开展等方面加强与信用担保机构合作。同时,鼓励社会法人和民间资本进入担保资本体系,支持民营资本采用独资、股份制等形式参与担保机构建设或设立企业互助性、商业性的担保机构,为企业融资提供担保服务,提高企业融资能力。

(2)成立农产品加工信用担保机构,由农产品加工业协会负责组织有实力的农产品加工企业出资成立重庆市农产品加工信用担保有限公司,对会员给予优先担保。

(3)支持农产品加工企业开展联保贷款、合伙互助等信贷服务。

(4)重庆市乡镇企业担保公司、重庆农业担保公司等,应对农产品加工企业给予优先担保。

(三)切实解决用地难问题

按照《中华人民共和国乡镇企业法》和《重庆市中小企业促进条例》规定切实解决农产品加工企业的用地难问题。法规依据如下:

《中华人民共和国乡镇企业法》第二十八条规定:举办乡镇企业使用农村集体所有的土地的,应当依照法律、法规的规定,办理有关用地批准手续和土地登记手续。

《重庆市中小企业促进条例》第十六条规定:市和区县(自治县)人民政府应当把中小企业发展用地依法纳入土地利用总体规划和年度计划,并在城乡规划中安排相应的建设用地建立中小企业创业基地。农村集体经济组织兴办的中小企业，或者以农村集体所有建设用地使用权入股、联营等形式与其他单位或者个人共同创办的中小企业，可以依法取得农村集体所有建设用地使用权。鼓励中小企业通过农村集体用地使用权流转从事农业产业化、规模化、集约化经营。在区县耕地复垦中，用一部分建设用地指标集中在中心镇规划建设一批小企业创业基地，支持农产品加工企业投资举办实体经济。

（四）市政府出台新的政策文件

重庆市农产品加工业现在执行的是《重庆市人民政府办公厅转发市乡企局市农业局市农办关于促进农产品加工业发展意见的通知》（渝办发〔2007〕310号），已经执行5年多，随着经济社会发展，有的已经过时，建议市政府出台进一步促进农产品加工业发展的新的政策文件，并修订进一步促进农产品加工业发展的财税政策、用地政策等。

第六节　重庆市民营经济可持续发展研究

1983年壳牌石油公司的一项调查发现："1970年名列《财富》杂志500家大企业排行榜的公司，有1/3已经销声匿迹。大型企业平均寿命不到40年，约为人类寿命的一半！在许多国家，40%的新建公司存活不足10年便中途夭折。在日本和欧洲，所有大大小小的公司平均寿命只有12.5年，而中国公司的寿命更短"。据有关研究分析和测算，目前我国民营企业的平均寿命为4.5年。市场竞争中，很多企业几乎一夜成名，又几乎同样迅速甚至更快地消亡。昨天在MBA课堂上大力推崇的成功企业，今天就成了失败案例。管理学家彼得·德鲁克曾指出："一个企业不一定变得更大，但它必须经常变得更好。"德鲁克还曾告诫："事实上，企业主管在经营一家企业时，必须以永续经营，也就是以创造财富为目标。"企业能否实现可持续发展，不仅关系到企业自身的生存发展，而且更关系到社会经济的稳定和可持续发展。

重庆是我国西部地区重要的工业城市，民营经济发展良好，成为重庆市经济增长的重要动力。2013年，重庆市有非公有制经济产业活动单位147.5万户，从业人员961.3万人，非公有制经济实现增加值7782.56亿元，比上年增长12.4%，占全市经济的61.5%，非公有制经济实现利润1258.7亿元，完成出口454亿美元，上交国地税收1280.6亿元。民营经济是重庆市国民经济的重要组成部分,在发展生产、增加市场供应、活跃经济、扩大就业、出口创汇、提供税收、调整经济结构、促进国有企业改革等方面发挥了重要作用。然而,与国有企业相比,民营经济天然与市场经济密切联系。国有企业在资金、技术、人才等各方面能得到更多资源配置,而民营经济却要直接面对市场风险和竞争,企业消亡随时随地都有可能发生。生死存亡是民营经济时刻都必须面对的挑战,民营经济可持续发展成为一个难题。促进民营经济可持续发展,不仅关系到民营企业自身的生存发展,对于促进重庆市社会经济的持续、稳定、健康发展更是具有重要意义。

一、可持续发展基本内涵

1983年3月5日,联合国向全世界发出呼吁:"必须研究自然的、社会的、生态的、经济的,以及利用自然过程中的基本关系,确保全球持续发展。"1987年,《我们共同的未来》正式提出"可持续发展"的概念,认为:"可持续发展是在最广泛意义上的发展,是既能满足当代人的需要,又不对后代人满足其需要的能力构成危害的发展。"1992年联合国环境与发展大会制定了《21世纪议程》,提出"可持续发展"是21世纪,无论是发达国家,还是发展中国家正确协调人口、资源、环境与经济间相互关系的共同发展战略,是人类求得生存与发展的唯一途径。

保持经济的持续发展是可持续发展的核心内容。发展经济,改善人类的生活质量,是人类的目标,也是可持续发展需要达到的目标。可持续发展把消除贫困作为重要的目标和最优先考虑的问题,因为贫困削弱了人们以可持续的方式利用资源的能力。没有经济的可持续发展,就不可能消除贫困,也就谈不上可持续发展。

二、民营经济可持续发展基本内涵

(一)民营经济概念界定及本研究所指民营经济范围

萧灼基认为:"民营经济就是非公有制经济,专指个体经济与私营经济。"

晓亮认为:"民营经济从主体上来说包括个体企业、私营企业、集体企业、外资企业,以及实行承包租赁的国有民营企业。"

厉以宁认为:"民营经济是指除国有国营以外的所有所有制形式和经营方式的总称。"

颜帮全认为:"民营经济指的是资产归我国内地公民私人所有的经济成

分，包括私营企业、个体企业以及由它们控股的各类企业和个体工商户等经济组织的统称。"

范恒山认为："从目前人们对'民营经济'不同场合的使用情形看，大体可以把'民营经济'分为宽、中、窄三种含义。含义最宽泛的，即所谓宽民营经济范畴，是相对于'国营'来看的，指除国营经济之外的一切经济成分，其中包括国有民营。从理论上说，这种民营经济的意义是最为规范和科学的。如果在大范畴中再把国有民营的经济除外，即所谓中民营经济范畴，从所有制角度看，它是除国有经济成分以外的一切其他经济成分的总和。在中范畴中除去集体经济，就是窄民营经济的概念，即非公有经济成分，基于长期以来形成的'公'好'私'坏的认识观念，为了避免由于直接提及发展非公有经济带来的理论上和操作上的麻烦，一些人就用'民营经济'的提法取代'非公有制经济'的提法。"

本研究所指民营经济范围为非公有制经济中除去外商投资经济的经济成分，主要包括私营企业和个体工商户。

(二)民营经济可持续发展基本内涵

民营经济可持续发展是指民营经济永续经营，民营经济在追求长盛不衰的过程中，既要考虑近期利润的增加和市场地位的提升，又要始终保持长期持续的盈利增长，建立和维持与社会经济发展良好的公共关系。

三、重庆市民营经济可持续发展现状

改革开放以来，以个体私营经济为主的非公有制经济地位在我国逐渐得到确认，民营经济得到较快发展。1982年9月，党的十二大首次明确提出发展多种经济形式问题，提出在农村和城市都要鼓励劳动者个体经济在国家规定的范围内和工商管理下适当发展，作为公有制必要的、有益的补充。1997年9月，党的十五大把以公有制为主体，多种经济成分共同发展确定为我国社会主义初级阶段的基本经济制度。党的十六大提出必须毫不动摇地巩固和发展公有制经济，必须毫不动摇地鼓励、支持和引导非公有制经济的发展。2013年11月，党的十八届三中全会指出，公有制为主体，多种所有制经济共同发展的基本经济制度，是中国特色社会主义制度的重要支柱，也是社会主义市场经济体制的根基。公有制经济和非公有制经济都是社会主义市场经济的重要组成部分，都是我国经济社会发展的重要基础。必须毫不动摇地巩固和发展公有制经济，坚持公有制主体地位，发挥国有经济主导作用，不断增强国有经济活力、控制力、影响力。必须毫不动摇地鼓励、支持、引导非公有制经济发展，激发非公有制经济活力和创造力。

重庆是我国西部重要的工业城市，这里的人们以热情豪放的性格、诚实守信、富于创造性和创业精神著称于世，重庆人的这些性格特征成为重庆市民营经济蓬勃发展的重要原因。近年来，重庆市出台了一系列支持民营经济发展的政策，为重庆市民营经济可持续发展提供了良好的制度环境。2003 年，重庆市委、市政府出台《关于进一步加快民营经济发展的决定》（渝府发〔2003〕21 号文），2005 年，重庆市出台《重庆市人民政府贯彻〈国务院关于鼓励支持和引导个体私营等民营经济发展的若干意见〉的实施意见》（渝府发〔2005〕85 号文），重庆市民营经济发展进入了历史发展的新阶段。2012 年，重庆市出台《重庆市人民政府关于大力发展民营经济的意见》（渝府发〔2012〕62 号文），提出重庆市民营经济发展的主要目标：全市民营经济形成集群发展、优势互补、分工协作的发展格局，管理规范、运作有序的企业制度，创新驱动、转型升级的可持续发展态势，万商云集、要素汇聚的兴盛局面。到 2015 年，非公有制经济占 GDP 比重达到 65%；民营经济从业人员 900 万人，市场主体达到 200 万户，民营企业达到 45 万户；营业收入十亿级企业 100 家左右，百亿级企业 10 家以上。到 2020 年，民营经济规模进一步壮大、科技创新能力进一步增强、质量效益进一步提高，非公有制经济占 GDP 比重达到 70%，形成国资、民资、三资"三足鼎立"协调发展格局，推动重庆经济社会平稳健康持续发展。

2012 年，重庆市有私营企业 29.22 万户，比 2011 年增长 28%，在内资企业中占比 88.5%，比 2011 年增加 2.37 个百分点。其中，独资企业 9.42 万户，增长 53.9%；合伙企业 4139 户，增长 16%；有限责任公司 19.27 万户，增长 18.5%；股份有限公司 1172 户，增长 46.1%。

民营企业注册资本持续较快增长，企业规模不断壮大，公司制企业注册资本占注册资本总量 90% 以上。2012 年民营企业注册资本总额 5358.5 亿元，比 2011 年增长 22.9%。其中，独资企业、合伙企业、有限责任公司、股份有限公司注册资本分别为 175.27 亿元、311.94 亿元、4633.84 亿元、237.45 亿元，分别增长 28.5%、132%、19.2%、17.9%。

有限责任公司是重庆市私营企业的主要组织形式。2012 年，重庆市私营有限责任公司 19.27 万户，在民营企业中占比 66.2%，注册资本 4633.84 亿元，占注册资本总额的 86.5%。私营股份有限公司数量少、规模大，2012 年，重庆市私营股份有限公司 1172 户，注册资本 237.45 亿元，户均注册资本

2026.02万元。民营经济规模大、注册资本高的企业数量不断增加。2012年，重庆市民营企业注册资本500万元~1000万元的企业9228户，比2011年增长14.8%；注册资本1000万元~1亿元企业9803户，增长17.5%；注册资本1亿元以上企业472户，增长28.3%。

2012年，民营企业三次产业的户数之比为10.5：20.95：68.55，第一产业占比比2011年上升2.36个百分点，第二产业、第三产业占比分别下降2.16个和0.2个百分点。民营企业户数排名前3位的行业为批发和零售业、制造业、租赁和商务服务业，分别为9.87万户、4.32万户、3.64万户，3个行业企业数占总户数的61%。从新登记的私营企业情况看，投资热点行业主要集中在租赁和商务服务业、批发和零售业、金融业、房地产业、制造业，这五大行业的注册资本分别为303.73亿元、122.23亿元、58.54亿元、52.92亿元、51.69亿元，总额为589.11亿元，占新登记私营企业登记注册资本的80.5%。

2012年，重庆市民营企业进出口达250亿美元，比上年增长88.4%，占全市外贸总额的47%，占比提高3.7个百分点。国有企业进出口32.7亿美元，增长29.1%，低于整体外贸增幅53个百分点，占比6.1%；其中，出口10.9亿美元，下降16%；进口21.7亿美元，增长76.9%。民营经济成为重庆市对外开放的重要力量。

2012年，重庆市有个体工商户101.75万户，比2011年增长19.7%；个体工商户资金数额424.04亿元，比2011年增长29.1%，户均资金由2011年的3.86万元增加到4.17万元，增长8%；从业人员177.88万人，增长17.4%，户均从业人员1.75人。

2012年，个体工商户三次产业的户数之比为1.61：5.43：92.96，与2011年相比，第一产业、第三产业分别上升0.05个和0.4个百分点，第二产业下降0.45个百分点。个体工商户数排名前3位的行业分别为批发和零售业、居民服务和其他服务业、住宿和餐饮业，其商户数分别为72.44万户、9.37万户、8.14万户，3个行业个体工商户数占总户数的88.4%。从新登记的个体工商户情况看，投资热点行业主要集中在批发和零售业、住宿和餐饮业、居民服务和其他服务业、制造业、农林牧渔业，这五大行业资金数额分别为73亿元、14.71亿元、8.65亿元、5.86亿元、4.41亿元，这五大行业资金数额为106.63亿元，占新登记个体工商户资金数额的94.1%，其中批发和零售业占个体工商户资金数额的64.1%，居首位。

2012年，重庆市有微型企业8.05万户，发放财政补助23.64亿元，注册资本79.99亿元，解决就业62.12万人。其中，新发展微型企业3.26万户，解决就业 24.24 万人。创业人群中，大中专毕业生 1.08 万人，占 13.2%；下岗失业人员 2.15 万人，占 26.3%；返乡农民工 3.42 万人，占 41.8%；农转非人员 5337 人，占 6.5%；三峡库区移民 2583 人，占 3.2%；残疾人 2182 人，占 2.7%；城乡退役士兵 3684 人，占 4.5%；文化创意人员 1088 人，占 1.3%；信息技术人员 423 人，占 0.5%；劳模或先进人物 4 人。从事批发和零售业 2.85 万户，占 35.4%；农林牧渔业 2.2 万户，占 27.3%；制造业 9676 户，占 12%；住宿和餐饮业 6523 户，占 8.1%；租赁、商务服务、交通运输、仓储、邮政、金融业 4560 户，占 5.7%；文化、体育、娱乐、教育、科学研究、技术服务、地质勘查业 1429 户，占 1.8%；信息传输、计算机服务、软件业 2331 户，占 2.9%；房地产、采矿、建筑业等其他行业 808 户，占 1%。

（一）重庆市民营经济持续发展

2012 年，重庆市有私营企业户数 29.22 万户，比 2002 年 4.37 万户增长 24.85 万户，增长 568.65%，年均增速 20.93%；个体工商户 101.75 万户，比 2002 年 44.76 万户增长 56.99 万户，增长 127.32%，年均增速 8.56%。私营企业注册资本 5358.5 亿元，比 2002 年 546.43 亿元增长 4812.07 亿元，增长 880.64%，年均增速 25.65%；个体工商户注册资本 424.04 亿元，比 2002 年 43.82 亿元，增长 380.22 亿元，增长 867.69%，年均增速 25.48%。私营企业户均资本 183.38 万元/户，比 2002 年 125.04 万元/户增长 58.34 万元/户，增长 46.66%，年均增速 3.90%；个体工商户户均资本 4.17 万元/户，比 2002 年 0.98 万元/户增长 3.19 万元/户，增长 325.69%，年均增速 15.59%。重庆民营经济保持了良好的发展势头。如表 6-13 所示。

表 6-13 2002—2012 年重庆市民营经济发展基本情况

年份	私营企业户数（万户）	私营企业注册资本（亿元）	个体工商户户数（万户）	个体工商户注册资本（亿元）	私营企业户均资本（万元/户）	个体工商户户均资本（万元/户）	私营企业注册资本同比增速（%）	个体工商户注册资本同比增速（%）	私营企业户均资本同比增速（%）	个体工商户户均资本同比增速（%）
2002	4.37	546.43	44.76	43.82	125.04	0.98	—	—	—	—
2003	5.49	698.25	47.69	60.46	127.19	1.27	27.78	37.97	1.72	29.50
2004	6.80	880.92	45.60	68.77	129.55	1.51	26.16	13.74	1.86	18.96
2005	7.57	1114.35	44.51	74.08	147.21	1.66	26.50	7.72	13.63	10.36
2006	8.04	1321.1	50.32	93.53	164.32	1.86	18.55	26.26	11.62	11.68
2007	10.03	1812.31	58.49	126.73	180.69	2.17	37.18	35.50	9.96	16.57

续表

年份	私营企业户数（万户）	私营企业注册资本（亿元）	个体工商户数（万户）	个体工商户注册资本（亿元）	私营企业户均资本（万元/户）	个体工商户户均资本（万元/户）	私营企业注册资本同比增速（%）	个体工商户注册资本同比增速（%）	私营企业户均资本同比增速（%）	个体工商户户均资本同比增速（%）
2008	12.54	2074.56	64.06	134.74	165.44	2.10	14.47	6.32	-8.44	-2.92
2009	14.28	2534.6	72.00	182.65	177.49	2.54	22.18	35.56	7.29	20.61
2010	15.42	3201.38	71.37	232.30	207.61	3.25	26.31	27.18	16.97	28.31
2011	22.83	4358.50	85.01	328.40	190.91	3.86	36.14	41.37	-8.04	18.69
2012	29.22	5358.50	101.75	424.04	183.38	4.17	22.94	29.12	-3.94	7.88

数据来源：根据《重庆年鉴》历年有关数据计算整理。

（二）民营经济就业持续增长

2002年到2012年，重庆市民营经济从业人员呈逐年上升势头，不仅解决了重庆市部分就业增量，还消化了部分就业存量的转移，对重庆市国有、集体企业经济体制改革，完善社会主义市场体制发挥了保障作用。2002年到2012年，重庆市国有集体经济从业人员从1106.58万人减少至756.2万人，减少绝对额350.38万人，减少百分比31.66%。同期，民营经济从业人员从2002年的395.96万人增长到2012年的662.74万人，增长了266.78万人，增长67.38%，年均增长5.29%，民营经济新增从业人员相当于同期国有集体经济从业人员减少总量的76.14%。重庆市国有集体经济从业人员占重庆市总从业人员的比重从2002年的71.31%一路下滑至2012年的46.30%，而同期，民营经济从业人员占总从业人员的比重则从2002年的25.52%上升至2012年的40.58%。重庆市民营经济持续发展，为扩大就业，保持社会稳定发挥了重要作用。如表6-14所示。

表6-14 2002—2012年重庆市民营经济从业人员

年份	从业人员总计（万人）	国有集体经济从业人员（万人）	私营和个体经济从业人员（万人）	国有集体经济从业人员占总从业人员比重（%）	私营和个体经济从业人员占总从业人员比重（%）
2002	1551.77	1106.58	395.96	71.31	25.52
2003	1499.99	1029.78	412.41	68.65	27.49
2004	1471.34	979.20	425.18	66.55	28.90
2005	1456.30	945.98	437.72	64.96	30.06
2006	1454.77	913.32	457.52	62.78	31.45

续表

年份	从业人员总计（万人）	国有集体经济从业人员（万人）	私营和个体经济从业人员（万人）	国有集体经济从业人员占总从业人员比重（%）	私营和个体经济从业人员占总从业人员比重（%）
2007	1468.87	880.98	484.88	59.98	33.01
2008	1492.43	866.37	514.89	58.05	34.50
2009	1513.00	847.78	546.66	56.03	36.13
2010	1539.95	826.63	583.02	53.68	37.86
2011	1585.16	778.82	628.15	49.13	39.63
2012	1633.14	756.2	662.74	46.30	40.58

数据来源：根据《重庆统计年鉴——2013》有关数据计算。

（三）民营经济经济总量持续增长

2012年，重庆市实现地区生产总值11 409.6亿元，比2002年地区生产总值2232.86亿元增长410.99%，年均增速17.72%。其中，公有制经济实现增加值4303.91亿元，比2002年增加值1295.06亿元增长232.33%，年均增速12.76%；非公有制经济实现增加值7105.69亿元，比2002年增加值937.8亿元增长657.70%，年均增速22.45%；民营经济实现增加值5598.64亿元，比2002年增加值799.36亿元增长600.39%，年均增速21.49%。民营经济总增长速度和年均增长速度均超过全市和公有制经济的总增长速度和年均增长速度，显示出强劲的发展势头。公有制经济增加值占重庆市地区生产总值的比重从2002年的58.00%逐年下降至2012年的37.72%，而民营经济增加值占重庆市地区生产总值的比重则从2002年的35.80%逐年上升至2012年的49.07%，从2007年起，民营经济占地区生产总值的比重就超过公有制经济，成为重庆市经济增长的重要推动力。如表6-15所示。

表6-15 2002—2012年重庆市民营经济增加值

年份	GDP（亿元）	公有制经济增加值（亿元）	非公有制经济增加值（亿元）	民营经济增加值（亿元）	公有制经济增加值占GDP比重（%）	非公有制经济增加值占GDP比重（%）	民营经济增加值占GDP比重（%）
2002	2232.86	1295.06	937.80	799.36	58.00	42.00	35.80
2003	2555.72	1385.20	1170.52	955.84	54.20	45.80	37.40
2004	3034.58	1574.95	1459.63	1271.49	51.90	48.10	41.90
2005	3467.72	1719.99	1747.73	1511.93	49.60	50.40	43.60
2006	3907.23	1836.40	2070.83	1734.81	47.00	53.00	44.40

续表

年份	GDP（亿元）	公有制经济增加值（亿元）	非公有制经济增加值（亿元）	民营经济增加值（亿元）	公有制经济增加值占GDP比重（%）	非公有制经济增加值占GDP比重（%）	民营经济增加值占GDP比重（%）
2007	4676.13	2099.58	2576.55	2118.29	44.90	55.10	45.30
2008	5793.66	2386.99	3406.67	2827.31	41.20	58.80	48.80
2009	6530.01	2613.93	3916.08	3197.94	40.03	59.97	48.97
2010	7925.58	3079.02	4846.56	3851.89	38.85	61.15	48.60
1011	10 011.37	3836.12	6175.25	4894.32	38.32	61.68	48.89
2012	11 409.60	4303.91	7105.69	5598.64	37.72	62.28	49.07

数据来源：根据《重庆统计年鉴——2013》有关数据计算。

（四）民营经济固定资产投资持续增长

2012年，重庆市全社会完成固定资产投资93 800 012万元，比2002年全社会固定资产投资9 956 645万元增长842.08%，年均增速25.14%。其中，国有集体经济完成固定资产投资40 308 534万元，比2002年5 487 851万元增长634.50%，年均增速22.07%；民营经济完成固定资产投资23 594 729万元，比2002年1 989 250万元增长1086.11%，年均增速28.06%。民营经济固定资产投资总增长速度和年均增长速度均超过全社会和国有集体经济固定资产投资总增长速度和年均增长速度，成为社会投资的重要来源。如表6-16所示。

表6-16 2002—2012年重庆市民营经济固定资产投资

年份	固定资产投资额总计（万元）	国有集体经济固定资产投资（万元）	民营经济固定资产投资（万元）	固定资产投资额同比增速（%）	国有集体经济固定资产投资同比增速（%）	民营经济固定资产投资同比增速（%）	国有集体经济占总固定资产投资额比重（%）	民营经济占总固定资产投资额比重（%）
2002	9 956 645	5 487 851	1 989 250	—	—	—	55.12	19.98
2003	12 693 544	6 362 815	2 514 803	27.49	15.94	26.42	50.13	19.81
2004	16 219 203	7 583 167	3 114 906	27.78	19.18	23.86	46.75	19.21
2005	20 063 180	8 677 498	4 063 795	23.70	14.43	30.46	43.25	20.25
2006	24 518 351	10 602 584	4 939 191	22.21	22.18	21.54	43.24	20.14
2007	31 615 147	13 048 997	7 036 673	28.94	23.07	42.47	41.27	22.26
2008	40 452 509	16 581 300	9 663 932	27.95	27.07	37.34	40.99	23.89
2009	53 179 185	23 754 482	12 497 309	31.46	43.26	29.32	44.67	23.50

续表

年份	固定资产投资额总计（万元）	国有集体经济固定资产投资（万元）	民营经济固定资产投资（万元）	固定资产投资额同比增速（%）	国有集体经济固定资产投资同比增速（%）	民营经济固定资产投资同比增速（%）	国有集体经济占总固定资产投资额比重（%）	民营经济占总固定资产投资额比重（%）
2010	69 347 966	31 352 110	15 949 286	30.40	31.98	27.62	45.21	23.00
2011	76 858 699	32 907 785	18 129 197	10.83	4.96	13.67	42.82	23.59
2012	93 800 012	40 308 534	23 594 729	22.04	22.49	30.15	42.97	25.15

数据来源：根据《重庆统计年鉴——2013》有关数据计算。

(五)民营经济社会消费品零售总额持续增长

2012年，重庆市实现社会消费品零售总额40 337 046万元，比2002年社会消费品零售总额8 535 962万元增长372.55%，年均增速16.80%。其中，国有集体经济实现社会消费品零售总额3 732 658万元，比2002年社会消费品零售总额1 710 969万元增长118.16%，年均增速8.11%；民营经济实现社会消费品零售总额22 500 985万元，比2002年社会消费品零售总额3 717 999万元增长505.19%，年均增速19.73%。民营经济实现社会消费品零售总额总增长速度和年均增长速度均超过全社会和国有集体经济总增长速度和年均增长速度，民营经济占社会消费品零售总额比重明显大于国有集体经济，显示出民营经济在社会消费品零售领域占有绝对优势地位。如表6-17所示。

表6-17 2002—2012年重庆市民营经济社会消费品零售总额

年份	社会消费品零售总额（万元）	国有集体经济实现社会消费品零售总额（万元）	民营经济实现社会消费品零售总额（万元）	社会消费品零售总额同比增速(%)	有集体经济实现社会消费品零售总额同比增速(%)	民营经济实现社会消费品零售总额同比增速(%)	国有集体经济占社会消费品零售总额比重（%）	民营经济占社会消费品零售总额比重(%)
2002	8 535 962	1 710 969	3 717 999	—	—	—	20.04	43.56
2003	9 346 711	1 524 117	4 449 249	9.50	-10.92	19.67	16.31	47.60
2004	10 683 290	1 065 689	7 404 246	14.30	-30.08	66.42	9.98	69.31
2005	12 278 119	1 272 870	8 242 314	14.93	19.44	11.32	10.37	67.13
2006	14 315 133	1 977 098	9 545 634	16.59	55.33	15.81	13.81	66.68
2007	17 111 165	1 700 675	11 391 396	19.53	-13.98	19.34	9.94	66.57

续表

年份	社会消费品零售总额（万元）	国有集体经济实现社会消费品零售总额（万元）	民营经济实现社会消费品零售总额（万元）	社会消费品零售总额同比增速(%)	有集体经济实现社会消费品零售总额同比增速(%)	民营经济实现社会消费品零售总额同比增速(%)	国有集体经济占社会消费品零售总额比重(%)	民营经济占社会消费品零售总额比重(%)
2008	21 471 209	1 582 422	13 829 885	25.48	-6.95	21.41	7.37	64.41
2009	24 790 110	1 424 116	16 949 474	15.46	-10.00	22.56	5.74	68.37
2010	29 386 000	2 316 953	18 017 116	18.54	62.69	6.30	7.88	61.31
2011	34 878 070	3 631 376	21 006 935	18.69	56.73	16.59	10.41	60.23
2012	40 337 046	3 732 658	22 500 985	15.65	2.79	7.11	9.25	55.78

数据来源：根据《重庆统计年鉴——2013》有关数据计算。

四、重庆市民营经济可持续发展制约因素

重庆市民营经济发源于市场竞争，发展于市场竞争，与市场经济密切联系。民营经济在其自身发展过程中，时刻都必须直面市场风险和竞争，要避免被市场淘汰出局的噩运，以实现自身的可持续发展，在这个过程中面临诸多难题。

（一）民营经济产业水平低

2012年，重庆市非公有制经济三次产业增加值结构比例为3.3∶65.2∶31.5，第二产业实现增加值4650.1亿元，占全市第二产业增加值比重的75.3%，工业增加值3924.36亿元，占全市工业增加值比重的75.7%，工业支撑作用明显。重庆市现有中小型工业企业5.3万家，其中：采矿业2285户，制造业48 259户，水电气生产与供应2190户，但是从事高附加值、低能耗、竞争力强的"专、精、特、新"企业还不很多，大部分中小工业企业对资源的依赖度较为突出。加之多数的中小工业从事的仍是机械制造、劳动密集型传统工业行业，特别是部分产能过剩、同质化竞争严重的行业，如传统的水泥、钢铁、玻璃、小化工等行业，从事这些行业的中小工业企业较多，转型升级压力很大。

（二）经营管理粗放

民营企业经营者在企业创业初期，靠对市场灵敏的嗅觉和准确的判断，积极抓住市场机会，完成了资本的原始积累，取得了创业的成功。在企业经营过程中，创业经历形成了经营者一定的经营思维定式。创业者仍旧习惯按以往的

经验处理问题和进行经营决策，企业经营管理制度缺乏和形成缓慢，企业经营管理粗放。民营企业家族式管理模式，在减少企业信息交流成本、增强企业凝聚力、较低人力管理等风险的同时，也存在着管理不规范、经营决策受限制、企业活力不足等众多弊病，需要进行经营管理体制机制的创新，以扬家族式管理模式之长，避家族式管理模式之短，实现企业的长期可持续发展。

（三）企业融资难、融资贵

由于民营企业经营风险难以把控，财务制度不健全，缺乏有效抵押物等原因，从银行获取信贷资金相当有限，部分区县中小企业和民营企业流动资金缺口较大。2012年，私人控股大型企业金融机构（含外资）人民币贷款452.62亿元，中型企业贷款1458.92亿元，小型企业贷款847.93亿元。同期，国有控股大型企业金融机构（含外资）人民币贷款3204.67亿元，中型企业贷款2069.38亿元，小型企业贷款1076.20亿元。据调查，银行对中小工业企业的贷款利率一般上浮30%以上，有的甚至高达80%。一些银行还要收取企业的中间业务费，0.5%~3%的额度占用费。在担保贷款上，除了支付给银行的利息及费用外，担保费率从2011年的2%上涨到2.5%~3%，担保贷款保证金也上涨了2%。据保守测算，民营中小工业企业的平均贷款成本在15%左右，小贷公司的贷款成本基本上接近30%，有的民间借贷月利息高达3~5分。高昂的融资成本掠夺了传统制造业为主导的民营中小工业企业的经营利润。

五、重庆市民营经济可持续发展路径选择

（一）民营经济可持续发展能力生成与培育

1. 实施专业化发展战略

民营企业规模较小，资金、技术、人力、管理等资源有限，经济实力较弱，应避免贪大求全、盲目多元化，走小而专、小而精的发展道路，发展成"专、精、特、新"民营企业，将有限的经营管理资源集中到有限的经营领域，实施专业化发展战略，以取得竞争优势。实施专业化发展战略，不仅进入资金壁垒低，而且生产技术易于更新改造，产品创新或工艺创新相对容易发生，有利于提高生产技术水平，也有利于产品推陈出新，提高产品质量，取得规模经济效益。在专业化生产经营中，民营企业又可选择特色经营战略，以个性化、特色化的产品或服务，建立企业经营特色，以其他企业难以模仿和替代的核心竞争力取得竞争优势，提升市场地位和竞争力。与强势企业分工协作，

实行社会化大生产的专业化分工协作，为大企业提供零部件配套产品，也是民营企业实施专业化发展战略的一个重要方面。截止2013年，通过产业带动，重庆市有13.2万户非公有制企业与国有企业形成了产业链合作。为核心企业提供专业配套服务，与核心企业建立了长期稳定的业务合作关系，有利于民营企业提高生产技术水平和管理水平，取得少品种、大批量生产的成本优势，谋取规模经济效益，实现自身的不断发展。

2. 实施企业创新战略

创新是企业可持续发展的永恒主题。自从1912年奥地利经济学家约瑟夫·熊彼特出版其名著《经济发展理论》以来，创新的概念和思想就被纳入经济发展理论之中。创新已成为企业未来发展的核心问题。创新是企业可持续发展的强大动力，它是一个将资源从低效率使用转向高效率使用的过程，它不但能使企业赢得竞争优势，而且还能为企业不断持续这种竞争优势提供保障。熊彼特将创新定义为"新的生产函数的建立"，即"企业家对生产要素的新的组合"，也就是把一种从来没有过的生产要素和生产条件的"新组合"引入生产体系。它包括五种情况：引入一种新产品或提供一种新产品的质量；采用一种新的生产方法；开辟一个新的市场；获得一种原料或半成品新的供应来源；实行一种新的企业组织形式。民营经济企业创新主要包括技术创新、管理创新和制度创新等内容，核心在于技术创新。民营企业加强企业创新，要建立鼓励企业创新的机制，加大科技投入，加强对员工的技术培训，尊重员工个性发展，创造员工进行技术创新的宽松环境，激发员工创新精神。在技术创新的方式上，一方面，民营企业要加大自主技术创新的力度；另一方面，民营企业要积极开展合作技术创新，建立产学研协同创新机制，与大型企业、大中专院校、科研机构以及其他民营企业合作进行技术开发与创新，与合作者实现优势互补、风险共担、利益共享、共同发展，实现企业技术升级和进步，促进产品更新换代和质量提升。

3. 与国有经济优势互补，发展混合所有制经济

党的十八届三中全会指出，国有资本、集体资本、非公有资本等交叉持股、相互融合的混合所有制经济，是基本经济制度的重要实现形式，有利于国有资本放大功能、保值增值、提高竞争力，有利于各种所有制资本取长补短、相互促进、共同发展。允许更多国有经济和其他所有制经济发展成为混合所有制经济。国有资本投资项目允许非国有资本参股。允许混合所有制经济实行企业员工持股，形成资本所有者和劳动者利益共同体。

近年来，随着重庆市非公有制经济快速发展，各种经济成分规模数量不断扩大，素质不断提高，相互之间的联系日益密切，彼此既有竞争，又有合作，尤其是以股份制为纽带，出现了融合发展的新趋势。越来越多的非公有制经济与公有制经济以股份制为载体，实现了共同发展。非公有制经济的发展，为公有制企业与非公有制企业的联合、兼并、嫁接、租赁和拍卖等提供了现成的对象和有效途径，为公有制企业实施股份制改造、募集股本、扩大资本及生产经营创造了条件。截止2013年，在股权合作方面，重庆市国有企业资产中的非公资本比重已达46%。

2014年5月，重庆市出台《中共重庆市委 重庆市人民政府关于进一步深化国资国企改革的意见》，该意见明确指出，力争通过3～5年扎实推进，2/3的国有企业发展成为混合所有制企业；80%以上的竞争类国有企业国有资本实现证券化。在优化国有资本布局时，该意见提出了向社会资本开放的重点项目，在铁路、高速公路等领域推出一批重点项目；加大公共服务类企业非主业资产的剥离重组力度，开放竞争性业务，引导各类资本进入可市场化运作的基础设施、公共服务等领域。

重庆民生能源集团是集能源投资、房地产开发为一体的大型多元化民营企业。2013年，民生能源同中石化共同发起设立隆生燃气有限公司，持有该公司51%的股权，成为控股中石化下属企业的第一家民营企业。

2009年9月，重庆出版集团公司与民营企业重庆五洲书韵图书发行公司、重庆国鹏文化传媒有限公司打破体制壁垒，走出了探索合作发展混合所有制经济的道路。重庆出版集团将教育出版中心进行改制，并重组了五洲书韵、国鹏文化传媒，共同出资8000万元组建了重庆五洲文化传媒集团有限公司。其中，国营方占股40%相对控股，民营双方分别占股35%和25%。目前，五洲集团已成长为重庆市产值最大的混合所有制文化产业集团，是国内出版发行业混合所有制发展的典范，被出版发行业誉为"文化小岗村"。五洲集团成功发展混合所有制经济的经验主要有：一是明晰"互靠双借"的合作定位，即国有企业向市场靠一步，民营企业向规范靠一步；国有企业向民营企业借市场、借观念、借人才，民营企业向国有企业借资源、借品牌、借管理。通过"互靠双借"，集团成功导入民营企业灵敏的市场反应机制和国有企业规范的管理制度，实现了"1+1＞2"的改革发展目标。二是建立科学的治理结构和现代企业制度，明确战略规划。集团成立之初，民营方就做好了付出规范代价的心理准备，国营方也做好了放权的准备，建立起现代企业治理机制，赋予经营班子充分的经营管理权，有效放权而不干预运营。

4. 实施合作竞争战略，发展集群经济

近年来，经济竞争日益全球化，市场竞争日益加剧，市场环境变化加快，不确定性增加，商业环境"唯一不变的就是变化"。企业之间的竞争也从对抗竞争走向合作竞争。未来的竞争是不同商业群落之间的竞争，对于一个单独的企业个体来讲，竞争更体现在加入或营造有影响力的、能为自己带来实际价值的企业生态系统。实行组团发展，发展集群经济成为重庆市民营经济参与市场竞争，实现可持续发展的重要抉择。

2013年3月31日，由重庆市工商联（总商会）牵头，渝商投资集团成功组建，拉开了重庆市民营企业抱团合作、集群发展的大幕。2013年10月，由33家民营企业和自然人出资注册的重庆南商投资（集团）有限公司在南川成立，首期注册资本金2.39亿元，股东累计资产100亿元以上，累计银行授信256.9亿元，预计用5年时间发展成为具有核心竞争力、产值超50亿元的大型民营企业集团公司。该集团公司的成立，可使民营企业相互依托、资本集聚、转型发展，达到合作共赢的目的。重庆南商投资（集团）有限公司将围绕"一个主业、两个辅业"展开经营。"一个主业"即新型工业化，结合国家产业政策和南川实际，在充分论证的基础上，重点抓新材料、新能源、生物科技、生物制药等。"两个辅业"包括投资业和房地产业。投资业为进入准金融业，成立担保公司，投资或参股小额贷款公司，投资具有发展潜力的区内外民营优势项目。房地产业包括商业地产、旅游地产等。

迄今为止，重庆民营企业抱团组建了渝商集团、民商集团、涪商集团、足商集团、南商集团、餐投集团、旅商投集团等。据不完全统计，截至2013年12月底，重庆市各区县和各类商会组织抱团14个，涉及股东642人，注册资本总额155.98亿元。

近年来，通过政府引导、政策扶持，重庆市民营经济逐步走上了集中连片发展和特色经济的路子，开始形成了行业和地域都比较集中的产业集群，出现了生产加工摩托车配件、汽车配件、铸造、小五金、皮鞋、食品、家具和纺织、餐饮等专业化、特色化的镇（街）和市场。这批行业和地域集中的专业化、特色化产业集群，集中度不断提高，代表了重庆市民营经济发展方向。

（二）民营经济可持续发展环境支撑和保障

1. 转变观念，优化环境，激发全社会创业热情

坚持权利平等、机会平等、规则平等，废除对民营经济各种形式的不合理规定，消除各种隐性壁垒。目前民营经济发展中的一些障碍，如"玻璃门"

"弹簧门",根子在于各级政府及其职能部门从思想上没有把非公有制经济放在与公有制经济同等的地位,对民营经济存在不同程度的歧视。重庆市民营经济要增强市场风险抵抗力,提升市场竞争力,实现可持续发展,政府必须要做到转变观念,优化民营经济发展环境,提升民营经济市场资源的配置能力,促进民营经济健康可持续发展。

近年来,重庆市政府在加大对民营经济的扶持力度方面做了很多努力,重庆市民营经济的发展环境正逐步得到改善。2012年,重庆市出台《重庆市人民政府关于大力发展民营经济的意见》(渝府发〔2012〕62号文),扩大民营经济在交通运输、能源、金融及其他一些基础设施、公共服务领域的投资经营范围,设立每年20亿元规模的支持非公有制经济发展专项资金,重点用于民营企业技术改造、先进设备引进、上市企业的重组扶持、中小企业有市场有回款有效益产品生产所需流动资金的贷款贴息、鼓励类产业投资贷款贴息、自主创新平台建设补助、重大科技成果产业化项目资金补助、"走出去"奖励、新创办小微企业租用经营场地租金补贴及其他政府鼓励事项。截至2012年12月底,重庆市20亿元民营经济发展专项资金中,已安排使用17.95亿元,完成89.75%,支持了一大批民营中小企业的发展。

2. 增强融资服务,优化融资环境

民营企业由于规模较小,经营不稳定,缺乏有效抵押物,银行为控制风险,对民营企业贷款较为谨慎。民营企业贷款具有时间急、频率高、数额小的特点,银行贷款成本较高,也一定程度制约了银行对民营企业的金融支持。增强企业融资能力,民营企业首先要练好内功、理性发展,增强自身可持续发展能力的生成和培育,这是民营企业获取最佳融资服务的基本前提。

针对民营企业生产经营特点,重庆市金融机构积极创新金融产品和服务,推出诸多创新的金融产品,如供应链融资、联保贷款、各种抵、质押贷款等,增强了对民营企业的融资服务。2012年,重庆市中小微企业本外币贷款余额6404.7亿元,本年新增贷款1129.5亿元,增长21.4%,中小微企业占全部企业贷款余额的60.6%。建立和完善民营企业信用担保体系,增强贷款担保服务,提高民营企业融资能力。2012年,重庆市担保机构全年新增担保发生额800亿元,比上年增加300亿元,增长60%;累计担保总额2200亿元,在保余额超1000亿元。搭建融资服务平台,增强民营企业融资服务。依托核心企业、政府机构、行业协会、园区或专业化市场、科技孵化器、电子商务平台、担保公司等各种平台进行融资,提升民营企业融资能力。

成立互助合作基金,提升企业融资能力。2013年12月19日,荣昌小微企业互助合作基金成立,这是重庆市首个小微企业互助合作基金,第一批82家小微企业获得1.03亿元的银行授信。项目由荣昌县政府联合民生银行重庆分行、荣昌县小微企业发展促进委员会共同实施。荣昌县在县工商联成立第三方非营利机构——小微企业发展促进委员会,首批吸纳82家小微企业入会。入会企业先期交纳贷款额度的10%作为保证金,以及2%的风险金,组成资金池——小微企业互助合作基金。基金由小微企业发展促进委员会管理并运作,开展为小微企业的融资服务。建立互助合作基金,通过资金池功能不断放大,民营企业融资能力得到提升。

第七节　打造新中心,实现重庆城市价值提升和可持续发展的建议

城市定位是立足自身资源条件、外部竞争环境、未来需求趋势等因素,科学地筛选城市地位的基本组成要素,合理地确定城市发展的基调、特色和策略的过程。城市价值是城市社会环境、经济运行、产业潜能、文化底蕴、精神品格等多方面的综合体现。毫无疑问,由于我国政府行政化管理及调控对资源配置的强大导向性作用,以及中央及地方政府对城市赋予的城市定位,对城市发展及城市价值形成具有重大影响,可以说,城市价值可由城市定位所决定。

本研究将立足于重庆打造国家级中心城市这一战略背景,对重庆城市空间拓展及其格局优化作一探讨,以期为提升重庆城市价值、实现城市可持续发展提供一种新的思考与决策视角。

一、重庆城市定位演变化趋势

(一) 重庆城市定位四阶段

伴随着我国区域整体发展格局的演进提升,重庆其城市发展定位也相应地出现了较大的变化更替,归纳起来,在半个多世纪的发展历程中,重庆城市定位大体上经历了地区级、区域级、国家级和国际级的四大跃升发展阶段。

1. 地区级城市:20世纪50—70年代

1954年,中央人民政府作出《关于撤销大区一级行政机构和合并若干省、市建制的决定》,将重庆等11个中央直辖市改为省辖市。行政级别变化,在某种程度上削弱了重庆作为战略性城市区域的发展地位,也弱化了重庆在全国发

展格局中的分量。在"一五""二五"计划期间，重庆围绕壮大本地经济，尽早建立城市现代产业体系的要求，大力推进工业投资建设。彼时，以国家计划投资为主导，这一时期，重庆在国家计划投资布局安排下，先后投资建立了食品、轻工、纺织、能源和化工等轻重工业，如重庆肉联厂、重庆电厂、长寿狮子滩水电站等，完善了城市工业体系，为重庆城市迈进社会主义工业化初级阶段打下了基础。始于20世纪60年代的"三线"建设是国家围绕国防需要所开展的一次战略性生产力布局调整，重庆作为"三线"建设的重点城市，先后发展了汽车、金属材料、船舶等产业。纵观20世纪50—70年代，重庆在国家宏观战略指引下，围绕完善自身城市功能和产业体系，以基础工业发展为先导，得以承接沿海地区企业和科研机构内迁重庆，"三线建设"促进重庆以汽车摩托车为主的机械工业、以天然气化工为主的化学工业、以钢铁和铝材为主的冶金工业等三大支柱产业迅速崛起，重庆城市定位体现为重工业基地和沿长江地区的工商业城市。

2. 区域级：改革开放之初至20世纪90年代中期

改革开放后，重庆凭借在"三线"建设所打下的良好的工业基础，特别是军工基础，开始了新的城市发展转型提升。1980年，国务院对重庆城市总体规划的批复是：长江上游经济中心、水陆交通枢纽和对外贸易港口。1983年2月，中央批准重庆市为全国第一个经济体制综合改革试点城市，其主要作用也是强化重庆作为长江上游经济中心的作用。1994年10月，江泽民同志视察重庆，并作了"努力把重庆建设成为长江上游的经济中心"的题词。重庆作为区域性的经济中心，其辐射力和带动力已经超过了本地区范围，成为长江上游地区重要的经济增长极，其城市定位提升到区域性层面，已经得到了中央层面的认可和鼓励。这也标志着重庆从单一的制造业基地的定位，向工业、交通、贸易等复合城市功能建设迈进，其城市经济辐射与影响力得以进一步巩固提升。

3. 重庆直辖之后至本世纪前十年

为进一步深入推进西部大开发，搞好三峡工程建设，重庆被批准成为我国第四个直辖市。重庆直辖之后，政治地位和经济影响力得以进一步提升，城市各项事业发展步入良性快速发展轨道。2007年3月8日，胡锦涛同志在参加第十届全国人大五次会议重庆代表团审议时指出，要把重庆加快建设成为"西部地区的重要增长极"，成为"长江上游地区的经济中心"，成为"城乡统筹发展的直辖市"三大定位。

2009年1月26日，国务院颁发了《国务院关于推进重庆市统筹城乡改革和发展的若干意见》（国发〔2009〕3号文件），将重庆市的改革发展上升为国家战略，在这份文件中，对重庆经济发展提出了若干重要的定位表述：长江上游地区综合交通枢纽和国际贸易大通道、内陆出口加工基地和扩大对外开放的先行区、国家重要的现代制造业基地、长江上游科技创新中心和科研成果产业化基地等重要定位，明确了长江上游生态文明示范区、"会展之都"、"购物之都"、"美食之都"、区域商贸会展中心、中西部地区循环经济发展示范区。2007年，国务院正式批准重庆市设立全国统筹城乡综合配套改革试验区，2010年，我国内陆地区唯一的国家级开发开放新区，也是继上海浦东新区、天津滨海新区后，由国务院直接批复的第三个国家级开发开放新区——重庆两江新区也正式挂牌成立。诸多内外在因素表明，重庆发展已经逐步上升为国家发展战略的一部分，重庆的定位已经进入国家战略谋划的视线。

（二）国家中心城市是重庆城市的终极定位

对重庆未来城市发展的终极定位的思考，需要结合国家和重庆市层面对城市发展进行设计与布局。在重庆城市定位与职能演进发展过程中，比较引人注目，也比较有意义的应是国家中心城市的提法。国家中心城市是在全国范围内具备引领、辐射、集散功能的城市，在经济、政治、文化、社会等多个领域具有全国性重要影响，能代表本国参与国际竞争的城市。

重庆作为国家中心城市，并在这个基础上推进大都市区的整合发展，其意义更显得非凡和特殊。而以国家级中心城市面貌来考量重庆城市发展演进趋势及终极定位，应具有十分重要意义。关于重庆作为国家级中心城市的定位表述，关于重庆建设成为国家中心城市的提法，比较权威和代表性的出处有：

（1）在2010年2月，在《全国城镇体系规划（2010—2020年）（草案）》中，拟将北京、天津、上海和广州确定为国家中心城市，将重庆由区域性中心城市提升为国家中心城市。

（2）在2011年的重庆市政府工作报告中提到，重庆要实现基本建成西部地区的重要增长极、长江上游地区的经济中心和城乡统筹发展的直辖市，在西部地区率先实现全面建设小康社会目标。其主要标志之一就是：建设特色鲜明的国家中心城市，成为集聚辐射功能强大的经济中心。形成主城、区域性中心城市、区县城和特色中心镇联动发展的大都市连绵带，户籍人口和常住人口城镇化率分别达到50%、60%。

（3）在2013年9月，重庆市委四届三次全委会上通过的《关于科学划分功能区域加快建设五大功能区的意见》指出,"科学划分功能区域,有利于优化强化重庆主城集聚辐射功能和成渝经济区的辐射带动作用,在服务西部大开发中发挥更重要的作用,实现国家区域发展战略意图","将'一圈'细分为都市功能核心区、都市功能拓展区、城市发展新区,这是国家中心城市的载体"。

(4) 在2014年3月25日,重庆市委书记孙政才主持召开市委常委会会议,研究《重庆市城乡总体规划(2007—2020年)深化方案》时提出完善城乡总体规划要突出几个重点,第一即要紧扣城市定位(图6-10),即城乡统筹的直辖市、国家重要的中心城市之一、长江上游地区经济中心、国家重要的现代制造业基地、西南地区综合交通枢纽、美丽的山水城市。

基于这一认识,21世纪中叶,也就是中华人民共和国成立100周年前后,重庆将打造成为经济繁荣、社会和谐、环境优美,具有国际影响力的国际化大都市,成为名副其实的国家级中心城市,这也是重庆城市发展的终极目标。

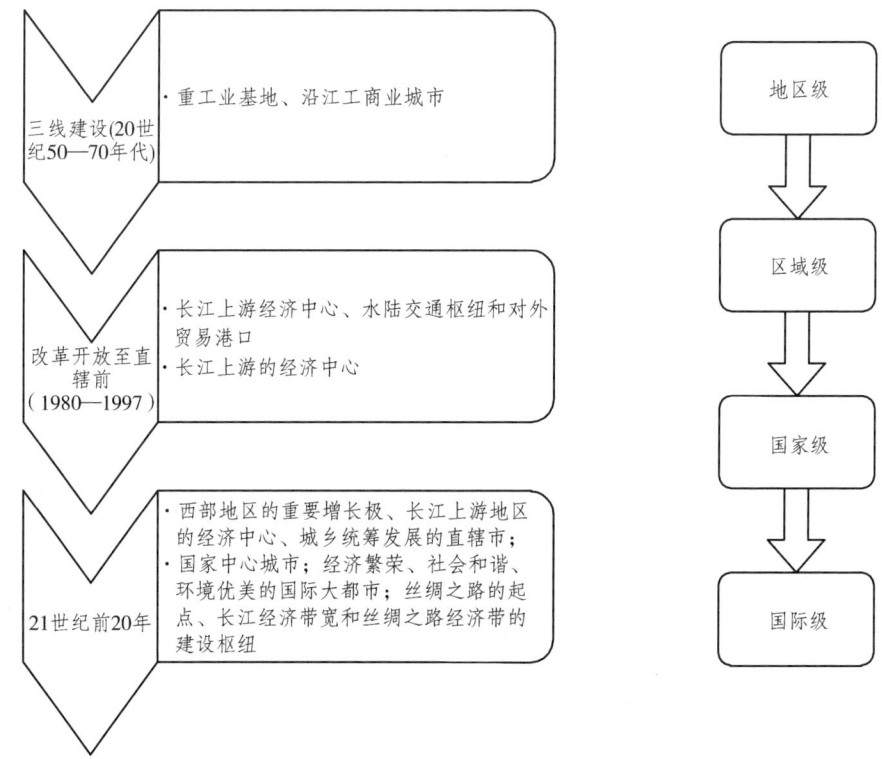

图6-10 重庆城市定位变化

国家中心城市一般是综合实力最强、集聚辐射和带动能力最大的城市代表,也是全国性的经济中心、文化中心、科教中心和对外交往中心。在经济全球化迅猛发展的今天，我国作为一个正在崛起的新兴大国，需要有若干参与国际合作和竞争、引领我国主要经济区域发展的国家中心城市，它们不仅要有重要的国内影响力，也应具有很强的国际竞争力。国家住房和城乡建设部在考虑国家中心城市建设的过程中，重点考虑了综合经济能力、科技创新能力、国际竞争能力、辐射带动能力、交通通达能力、信息交流能力、可持续发展能力等七个方面的评估指标。其他四个国家中心城市的定位均凸显了服务国家战略层面的战略承载。如表6-18所示。

表6-18　四个国家中心城市的定位与功能

城市	城市终极定位	职能定位
北京	国家首都、世界城市	国际政治文化中心、科教中心、国际交通枢纽、国际总部基地
上海	国际化大都市、亚洲地区的金融中心	国际航运中心、国际金融中心、国际贸易中心、国际经济中心等
天津	北方经济中心、国际港口城市、生态城市	国家级重大产业基地、高新技术研发产业化基地、国际航运物流中心
广州	面向世界、服务全国的国际大都市，综合性门户城市	现代服务业和制造业基地，全国重要的购物中心和世界重要的采购基地，华南文化教育中心、知识创新中心

对比其他四个同作为国家中心城市的终极定位与职能定位，均以承担国家和大区域性的重要功能，在经济发展、要素整合、科技创新、对外交流等领域发挥着重要作用，对周边产生重要影响力。

自重庆直辖以来，重庆城市发展突飞猛进，城市面貌日新月异，其成绩不容否定。根据《2011年重庆市城乡总体规划》（修订版），重庆主城区建设总用地为1188平方千米，人口达到1240万。从城市人口和城市建成区面积来看，重庆城市在空间建设完成之时，将会形成与纽约、东京等世界城市体量相当的巨型城市。特别是重庆作为我国五大国家中心城市之一，并且是西部内陆唯一的国家级中心城市，重庆也有可能也应当在承载国家级战略功能的基础上，向国际级城市迈进。

对照重庆城市发展的终极定位，重庆主城建成区面积，以及人口将在现有的基础上翻一番，城市规模的扩大、城市影响的持续提升，将推动重庆密切与国际各大城市的交流，重庆城市定位将由国家级跃升到国际级。重庆也更多地以国家中心城市代表国家参与到全球范围的产业及市场分工，要素整合及竞争中。

二、重庆城市空间拓展与价值增长"瓶颈"

(一)重庆城市空间拓展变化

主城区是重庆都市区的核心城市,在主城区5473平方千米范围内,可供集中城市建设的用地范围主要集中在缙云山和铜锣山之间1000多平方千米的范围内。在近半个世纪的发展中,重庆城区经历了一系列的变化,这种变化,也与城市定位有着极大的牵扯。

1. 20世纪50—70年代:半岛城市

重庆城市主要集中在中心城区,以及在长江和嘉陵江的交汇的渝中半岛处。

2. 改革开放之初:喇叭形城市

城市主要以渝中半岛为根系,城市范围向西拓展显明显。规划城区范围:东至真武山麓、西至歌乐山脚、北至双碑、松树桥、寸滩一带,南通至人和场、苦竹坝一带。

3. 直辖之初(1997年):组团式城市

这一时期,城市空间主要集中在内环高速公路之内,以解放碑中心、观音桥副中心、南坪副中心、杨家坪副中心、沙坪坝副中心为支撑的"多中心、组团式"城市空间结构初步形成。

4. 21世纪前20年:槽谷城市

城市中心主要集中在中心城区位于中梁山、铜锣山之间,是重庆主城建设的主要区域和旧城所在地,建成区面积在700平方千米左右。

在经历过半个多世纪的城市建设与扩张,重庆城市空间随着城市定位的变化提升也在不断演进变化。如表6-19、图6-11所示。

表6-19 重庆城市定位变迁

城市定位	所处时期	城市形态	建成区面积	城市人口
地区级	20世纪50—70年代	半岛型城市	30平方千米	30多万
区域级	改革开放之初	喇叭形城市	约75平方千米	170多万
区域级	直辖之初	组团城市	约161平方千米	200万
国家级/国际级	21世纪前20年	槽谷城市	约700平方千米	650万
国家级/国际级	21世纪中叶	巨型城市	1188平方千米	1200万

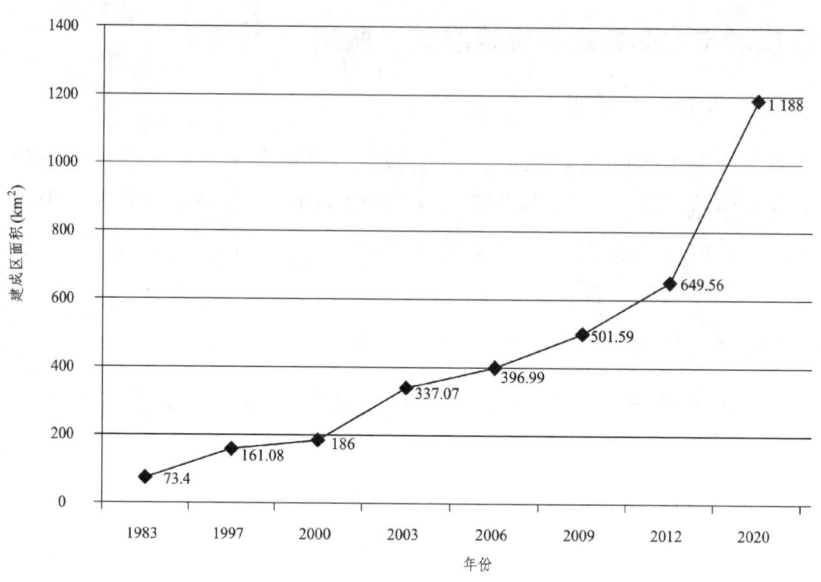

图 6-11 重庆主城区建成区面积变化

(二)重庆城市空间拓展面临"瓶颈"

传统意义上"多中心、组团式"是重庆城市结构的重要特征。在重庆山地城市结构中，五大城中心、副中心系五大城市中心：解放碑中心、观音桥、南坪、杨家坪、沙坪坝副中心，被自然山体、水系自然分隔成为空间相对独立、功能相对完善的城市紧凑式发展区域，这种城市发展模式是最有效率、最健康的。对于重庆城市空间拓展所出现的瓶颈，可从三个方面来讨论：

（1）大面积的开发已经对组团城市造成了伤害。重庆都市区开发建设如火如荼，中心城区各种绿化隔离带和自然山体、水体等不断被开发，城市组团之间的隔离带被破坏，导致城区各中心城区蔓延粘连，重庆城市空间的组团结构已经异化，如原来所谓的组团式城市结构概念，如上清寺之于李子坝、两路口之于大坪、南坪之于菜园坝等，都有比较明显的自然山体或者水体阻隔，而现在随着城市的急剧扩展，这些城市组团之间的边界已经被吞蚀消失，连成一片。重庆城市组团概念已经变化为缙云山与中梁山之间、中梁山与铜锣之间。取而代之的是城市的水泥森林大行其道，中国城市规划设计研究院院长李晓江指出，"重庆主城容积率高达1.2，建设密度远超上海，位居全国第一"①，这

---

① 《地产商学院》，2010 年第 3 辑，第 33 页。

个第一，对重庆而言，是一个尴尬的第一。都市区主城内部城市空间的无序蔓延，易于诱发城区交通聚集，疏解能力不力，将会降低城市效率，使得城市发展脱离了理性的轨道。

（2）出行工具对城市空间尺度有着十分重要的影响。从城市出行交通工具的变化来看，包括重庆在内的城市主要出行工具经历了由非机动为主向机动出行为主的重大变化，这种变化极大地影响了人群的活动半径。在以步行和公共交通作为主要出行主要方式的时期，重庆主城区的建成区面积仅160平方千米，"一主四副"五大城市中心：解放碑中心、观音桥、南坪、杨家坪、沙坪坝副中心，主要集中在内环160平方千米的空间范围，五个城市中心的通勤距离和通勤时间均使其能够保持相对的独立，从而使城市功能也能够相对完整、均质。而私家汽车和轨道交通出行时代，重庆城市的空间尺度被放大10多倍，由原来100多平方千米里扩展到近700平方千米左右。原来五个城市中心中的解放碑中心和观音桥、南坪副中心在通勤时间基本上在10分钟以内可以点对点地实现通达，从这个意义上来说，三个城市中心弥漫形成了一个整体的巨型城市中心，独立运行的城市中心格局，或者说重庆传统的城市组团结构已经出现了变异。未来，重庆城市中心来还将扩张到1200平方千米，可以预言重庆传统的多中心、组团式格局将完全被打破。应当说，重庆城市的空间和城市功能应在以铜锣山和缙云山之间的平原槽谷地带，或者说，在二环城市绕城高速公路所围合成的区域内展开。如图6-12、图6-13所示。

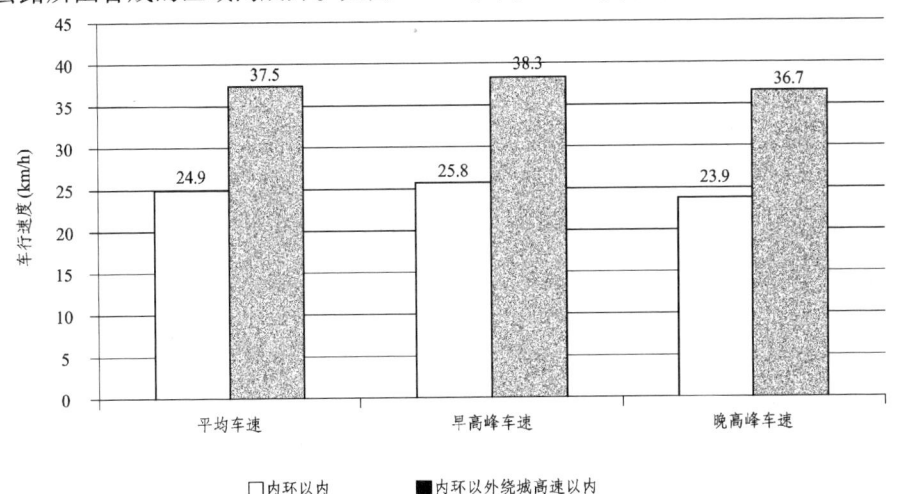

图6-12　重庆内环和二环区域主干道车行速度（km/h）

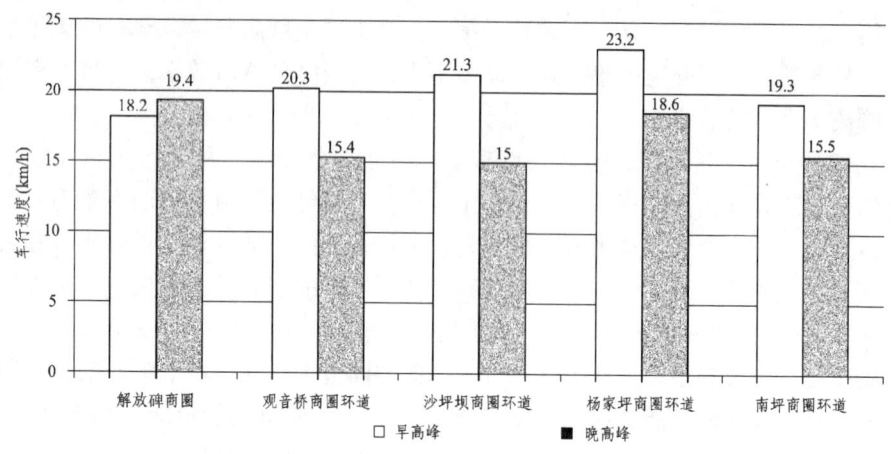

图6-13 重庆五大城市中心地区早晚高峰车行速度（km/h）

（3）城市功能高度集中在主城核心区。主城区既是重庆高端服务功能的所在地，也是一般加工制造、居住的场域，重庆主城区多种功能空间重叠交叉、复杂，特别是一些低端城市功能挤占了大量的优质城市空间资源，也极容易带来"城市病"。我国首都北京中心城区在承载了大量高端政务、文化、教育、商务功能的同时，还布局有大量的大型生产制造产业，因此，尽管北京拥有极为发达的轨道交通，同样还是造成了交通拥堵；重庆江北区的海尔路沿线，既是重庆主城核心区所在，也是重庆大型物流吞吐和转周区域，长期以来，大型物流运输车辆与社会车辆在此交汇，运输、生产与居住等功能交织混杂，功能布局极为散乱，进而导致区域宜居宜业环境不佳。而周边城市功能比较单一，多为中低端的生产加工，城市功能不突出，不鲜明，重庆都市区与周边城镇分工不协调。

重庆空间拓展格局没有跳出原有的规划理念、规划思路，这种规划引导重庆城市发展，将不利于城市价值的最大化实现，不利于更好地释放城市发展红利，重庆出现"大城市病"前兆。

三、打造城市新中心，实现城市价值提升的思路对策

（一）建立适应国家中心城市定位要求的城市新中心

从重庆打造国家级中心城市，建成1200平方千米、1200万人口的巨型城市，作为国家级中心城市的城市中心，需要从更大空间尺度考虑重庆主城区的城市中心构架，其空间应由单核形态（即以解放碑CBD为核，联动江北观音桥、南坪的单核城市中心）向北、南和西三个方向扩展成多核形态，在重庆

城市向北拓展的同时，重庆中心城区应突破中梁山向西延伸，向东突破铜锣山的阻隔，打造若干个新的城市中心，形成以网状珠联式布局支撑的国家中心城市的空间结构。

对于城市新中心的选址，基本的考虑因素有：一是有一定的建设开敞空间，有具有发展潜质的产业基地，以便形成产城融合的发展格局；二是距原城市中有一定的距离，以便使两个中心之间的发展产生的干扰和交叉的影响最小，一般距离为 25～35km 为宜。据此，建议在重庆城市新中心的理想构架为：

以双福—走马—金凤为主体，打造西南部城市中心；以大学城—西永为主体，打造西部城市中心；以龙洲湾为主体，打造南部城市中心；以茶园新区为主体，打造东南部城市中心；以悦来—空港新城为主体，打造北部城市中心。从国家中心城市发展看，这若干城市新中心应承担与解放碑城市中心比量齐观的综合服务功能，以起到疏解人口和产业的目的，缓解未来巨型城市中心压力。

(二) 率先打造双核型城市新中心引领城市发展

由于发展条件和建设进程的不一样，五大城市新中心的建设不是一蹴而就，也不可能同步建设形成，而一个较为长期的城市演变过程。当前，应率先打造悦来—空港新城，形成国家中心城市的双核型城市中心。其理由如下：

一是有良好的产业发展基底。该区域地处两江新区核心地带，集多重优惠政策于一身，是重庆市重点开发地区，布局有长安福特等大批高新技术制造业集群和金融、商贸、会展、旅游等现代服务业。二是空间距离恰当适当。该片区距解放碑 CBD 28 千米，匀速车程在 40 分钟左右，两个中心对周边形成排斥力和吸引力正好达到平衡，构成双核磁力场，起到稳定城市发展结构、优化城市发展结构的作用，不会干扰或者说削弱已经存在的一个城市中心的发展。三是发达、便捷、完善的交通体系。由"国际航空港+轨道交通+城市快速干道"等复合交通组成，体系完善发达、便捷。航空港有全国排名第 9 位的江北国际机场。轨道有 3 号线、6 号线，未来规划有 6 条轻轨覆盖。城市快速干道有同茂大道连接东西，节庆大道贯穿南北。其四是成熟的大型公共服务配套。有八中、巴蜀等优质教育资源入驻，重庆报业传媒中心、人力资源产业园已经开工建设，区域拥有占地面积 1.53 平方千米、重庆市最大、定位于世界级的城市开放公园——重庆中央公园，有总建筑面积达 60 万平方米，其中有室内展览面积 20 万平方米、全国第二、西部第一的重庆国际博览中心。

(三)建立 SOD 和 TOD 驱动的城市发展机制

悦来—空港片区是重庆城市具有重要发展潜力的新中心,由于交通发达、社会公共设施配套完善,应导入 SOD(service oriented development)与 TOD(transit oriented development)复合发展动力机制,将之打造成城市各阶层社交休闲、陶冶情操、回归自然的理想场域,成为新兴产业、高端服务业集聚的区域,成为全球人们的关注焦点、国际名流精神属地,成为城市价值高地。

第八节 深化重庆市科技体制改革研究报告

——基于市场化配置科技资源视角

一、深化重庆市科技体制改革的必要性与重要性

(一)从科技与可持续发展的关系看

可持续发展战略包括经济可持续发展、社会可持续发展和生态可持续发展三方面,就经济可持续发展而言,科技进步能够促进经济增长、提高劳动生存率、促进产业结构升级,助力改变传统的以"高投入、高消耗、高污染"为特征的生产模式和消费模式;就社会可持续发展而言,科技进步能够改善人类生活质量,提高人类健康水平;就生态可持续发展而言,科技进步能够抑制环境恶化、缓解能源短缺、保护和改善地球生态环境。因此,科技既是可持续发展的主要基础,又是实施可持续发展不可或缺的重要手段。

(二)从科技实力与科技体制的关系看

自 1978 年邓小平同志在全国科学大会上提出"科学技术是生产力"以来,我国科技体制改革取得重大进展和显著成效,一系列的改革促进了科技事业的快速发展,取得了一大批重大科技成果。但同时,科技体制方面仍然存在一些弊端,束缚了科技生产力发展,制约了自主创新和科技支撑引领经济社会发展能力的提升。可见,科技管理体制和方式是否能够适应科技创新的规律和要求,对科技创新活动的顺利开展影响重大,决定着科技实力的高低。

(三)从科技发展面临的机遇与科技体制存在的问题看

正在孕育突破的新一轮科技革命和产业变革与我国加快转变经济发展方式形成历史性交汇,为我国科技发展提供了重大机遇。与此同时,科技体制存在

着制度性缺陷。一方面，科技分解为科技事业和科技市场两个领域、两种运行机制，科技管理中两种机制混合运行，导致政府科技资源配置的机制不合理，干扰了市场资源与科技配套的市场机制形成；另一方面，科技作为经济要素在市场经济管理中评价、统计、税收、金融等国民经济管理制度的缺失，科技产权没有被市场经济最终确认，也无法在市场经济中正常运行；科技与其他经济要素的匹配机制和知识产权的市场化流动机制构建不充分导致了科技创新能力受到约束。因此，深化科技体制改革正当其时，十八届三中全会《决定》对深化科技体制改革问题进行了专门阐述，应全面贯彻《决定》精神，全面启动市场化配置科技资源，深化科技体制改革。

二、科技体制改革的相关研究与实践

（一）国内研究现状

随着我国对科技事业重视程度的不断提高，以及科技事业的持续发展，传统科技管理体制凸显出种种缺陷。近年来，国内学术界就我国科技体制改革的思路和路径开展了大量研究。

在科技体制存在的问题方面，吴彤等认为，科技体制存在科技事业投入不足，R&D费用占GDP比重与发达国家相比明显偏低；科技资金来源结构不科学，科技资金使用效率较低；对科技人员的考核、评价过于急功近利、重数量、轻质量；现有科研项目申报、审核及成果考核机制，导致科研经费浪费严重，科研效率低下，科研成本上升；科研中介机构薄弱等问题。范维培、颜元培、陈兆育等认为科技体制改革存在科技体制改革领导协调力度不足，个别部门重视不够，主管部门对所属科研机构改革的积极性不高；科研机构发展缺乏资金和贷款渠道；改革政策制定滞后，落实存在困难；混淆科研机构与企业的职能等问题。

在科技体制改革的重点方面，杨德荣、李新男等认为，在诸多体制关系中，正确处理科技与经济的关系是深化科技体制改革的重点、核心和主题，应更多从政府对科技资源的配置理念、对科技活动的管理模式、对科技活动组织机构的管理方式等宏观管理层面进行深化改革问题。

在科技体制改革的路径和措施方面，张敏容等认为，中国科技体制改革应明确组织体制、激励机制两条主线。韩霞等认为，应该构建和完善国家科技协调合作机制、加快改革现形的科技评价制度。王德全、马庆、李正风等认为应当全社会共同努力，加大科技投入；推动企业成为R&D经费投入和R&D活动的主体；改革我国科技系统结构；大力加强国际科技交流与合作。胡宝民、李伟红、宋涛等认为，应坚持科技活动的定向研究和自由探索相结合；制定相应的政策和法律措施，建立相应的机构，保证技术转移的最终实现；重视发挥协会在推动科技进步中的作用。

(二)国外研究现状与实践

美国作为世界上科学技术最发达的国家，采取了多元分散性科技管理体制。将研发工作分散与联邦政府实验室、私人工业公司、高等院校和其他非营利机构这4类研究机构中独立进行，联邦政府通过研究、采购合同和其他政策对其发挥影响。此外，美国政府高度重视计划管理和自由研究的协调，并根据新技术革命和技术经济一体化的新形势不断对其进行调整。

新西兰实行市场机制型科技管理体制，1992年解散了具66年历史，集研究、政策和科研基金拨款于一体的"科学工业研究部"，将新西兰科技体系改组为三大独立板块，建立由政府科技决策机构、科研经费拨款机构和公司化运作的科研执行机构组成的科研体系，三者各司其职，各绩其效。通过改革，政府科技投资的国家利益得到最大化，研究所通过市场机制运作，取得巨大的经济效益。

韩国在短短40余年间，一举跻身中等发达国家，在一定程度上归功于韩国政府加大了科技体制改革力度。针对国家科技管理方面存在的条块分割、各自为政、机构重叠、投资重复等弊端采取了集中型研发体制。转变发达国家的"模仿、追击"为"创新型"研发模式，韩国政府将旗下所属研究院按不同领域分别组成"基础研究会""产业技术研究会""公共技术研究会"，并将其置于国家科委管辖下，各研究会对下属研究院进行评价，并对合作研究给予必要支持，同时，鼓励私人研发机构的发展。成立由总统亲自担任委员长的国家科委。建立"韩国科学技术企划评价院"对科技项目进行客观评估，通过建立大德研发特区和创新群体，构筑产学研紧密结合的网络化、开放化的研发体系，加速科技成果的转化和推广。

日本政府自1995年开始对科技体制改革进行了一系列全面的改革，对21世纪的日本科技、经济、教育等相关领域产生了重大而深远的影响，甚至有人称之为科技史上"第三次最重要的变革"。改革涉及四个方面：一是通过设置综合科学技术会议和政策统括官组织、合并科学技术厅与文部省、将国立大学和部分国立研究机构实施独立法人法改革这三大重大举措，改革了科学技术行政管理体制，强化了政府对科技工作的管理；二是推进独具特色的产（企业研究机构）学（大学附属研究机构）官（政府专门研究机构）合作的科研体制，通过三者共同研究一些重大攻关项目，使研究成果产业化，并形成以企业为中心，官学协调配合，举国一致向高科技进军的流动性科研体制；三是推进科技评价体制改革，出台了《国家研究开发评价实施办法大纲指南》，并不断修订，保证了科技创新活动的健康发展；四是出台一系列法律规定，健全知识产权保护体制。

三、科技管理非市场化配置资源的制度性缺陷分析

中国的科技管理包括两个内容，一是科技事业，二是科技市场。目前，政府已经成为科技市场的主要推手，全程参与科技市场中的技术创新、技术转换、企业、产业创新能力，创新环境建设的各个环节和各个领域，一方面弱化了对科技事业的注意力；另一方面，将科技产品市场性价值模糊化（公益化）。具体主要如下。

（一）政府科技事业管理中运行机制紊乱

政府科技事业主要对基础学科研究、公共服务领域的技术创新、创新发展环境建设、科技普及推广等方面组织领导。在科研机构市场化体制改革以后，按照科技经费分类管理、科研机构分类改革，政府资源配置主要通过部分事业性拨款和合同采购。由此形成科技事业发展中市场化配置资源的体制机制。但是一方面，科技事业发展的投入越来越少；另一方面，市场化运行机制在过程中被扭曲。主要表现在：

一是政府科技成果市场化采购中双机制混合运行。政府在公益性事业单位和基础性事业单位采取全额或部分拨款，其他经费按照1984年实施科技合同管理制度和开放科技市场的制度下科技研究项目招标采购成果方式，即市场化配置资源。具体实施中，一方面较多应用最低成本招标原则；另一方面继续采用三公经费审核制度，形成了科研经费双机制混合运行状态，市场性配置资源的路径被扭曲。

二是科技资源配置流程的大数据管理和市场化监督机制缺失，难免导致公共资源配置不公平。一方面，因为在没有科技管理的大数据监督下，通过信息不对称（信息局部性公开或信息向部分对象公开）、科技信息公开流程断裂或立项程序倒置（因人立项），科技管理在严格的行政监督下同样可以产生不公平。另一方面，立项栏目中关于科研项目的技术创新和市场价值部分均由科研工作者或企业科研组织提出，科技研究价值没有评价标准和社会参与的评价程序，政府对此进行科技资源配置难免无效。另外，政府用于科

技支持的金融资金市场化运行，成为科技部门体外资源，资金的配置缺乏公平保障。

三是政府在科技成果采购中形成主体缺位。政府科技投入而成为科研成果购买者，但在 20 世纪 90 年代的科技体制改革后，基本形成政府放弃知识产权，全部交给了科技研究机构（或部分奖励给予个人），政府退却科技成果的直接购买角色，也淡化基础科学、公共技术等成果的科技推广和科技普及的角色，科技事业性因此模糊；科研机构或科研人员成为科研市场的主角，技术研究与社会需求逐步脱节。

四是科研管理机构和科研人员将科技成果价值异化。政府管理部门依托科技人员评职称、年终考核等需要省部级科技成果的实用需求，将科研成果价值异化，科研人员被迫应标。有的管理部门无止境地要求系列成果，如社科基金项目、政府决策咨询课题管理中要求课题成果报告、署明资金方的论文、具有领导批示的决策建议等成果，科研人员苦不堪言；有的部门不重成果，社科项目纸上画画，墙上挂挂，自然科学项目虚拟实验数据，鉴定程序化严重，激化科研人员与管理人员之间的灰色交易。科研生态恶化。

（二）政府科技市场管理中参与科技资源市场化配置

中国科技体制改革历史进程中完成的一个重要改革，就是从事应用技术研究的机构、人才等科技资源转出事业体制，成为全市场化资源，按照以企业为主体的市场需求进行配置利用。政府资源按照市场方式给予科研机构、企业，同时也组织企业与科研单位结合。近十年来一直提倡以企业为主体，由企业根据市场需求配置科研资源，政府在资金资源、科技创新平台资源给予协助。但是政府配置资金多倾向于科研院所，同时即使资金配置的方式采取了招标方式，实现了市场性，但科技知识产权归属企业，因此是无偿配置，造成政府在科技市场中配置资源的非市场性（事业性）和不公平性。第三，政府在科技创新体系中无效配置众多公共资源。具体表现在：

一是重庆地区市场对科技需求不足，科技计划项目与科技市场需求存在差距。根据论证，重庆处于市场对科技内在需求相较发达地区，存在滞后的状态；科技创新计划由政府科技主管部门编制、执行，多年来科技管理部门将科技计划编制项目内置于科技管理部门的内部部门，因为对行业技术体系了解不够全面，对国际技术当前和未来走向、行业技术发展生态不够了解，市场机制无法参与到科技立项的过程中来，导致应用科技研究政府投入的市场性不足，技术转换率偏低。

二是政府科技资源事业性配置，也扭曲了科技市场机制。目前科技资源不论配置给大专院校科研院所还是企业，都是无偿配置的。科技成果要么归宿单位，要么奖励科研工作者个人。

三是科技创新体系建设中政府投资公共平台市场针对性差、利用效率低。政府科技市场管理中，政府投资，公益性服务的创新能力平台包括公共设备平台建设、行业及企业工程技术平台建设、技术检验检测平台建设、行业生产力促进基地建设、科技信息服务平台建设、各层级的实验室建设；科技转化服务平台，包括科技成果转化市场推动平台建设、科技孵化平台建设。但是这些平台对行业技术发展针对性普遍较弱，综合利用价值偏低，导致一方面重点产业、战略性产业的创新资源需求难以满足；另一方面政府投资建设后，平台（或机构）普遍不能自收自支运行，政府维持压力巨大。

(三) 应用科技市场中市场化机制本身不完善

在科技体制改革中，应用科技的市场化体制改革是重要内容，但是知识产权纳入市场经济要素却没有纳入国民经济管理体系。主要表现在：

第一，国民经济核算管理中，一方面，不认可知识产权的无形价值，因此在会计核算中，资产权益，形态上只有现金和实物两类，没有知识产权。当今条件下知识产权权益，是通过其他资本权益者以隐形赠送方式得以实现的，或者描述为资金方先购买技术使用权，技术方用所得资金与资金方形成共同投资，实现知识产权的市场化参与。另一方面，科技创新价值得不到认可，科技投入又作为费用进行管理，外加创新的风险性和创新科技形成生产经营收益的滞后性，严重阻碍企业科技创新欲望。

第二，尽管国家定义科技是第一生产力，但是因为国民经济核算管理不认可知识产权，因此金融制度上也无法确立知识产权的信用能力，并给予资金资源的配置。当前与知识产权相匹配的金融资本都被称为是"天使资金"，资金方无偿的让渡部分资产权益，等到知识产权创造收益以后溢价退出股权获取利益。因为这种投入一方面承担技术风险和资产信用风险，因此多以基金方式运行，也被称为"天使基金"。

第三，知识产权在市场上的流动能力极差。主要原因是：是知识产权转化为生产力存在风险性；资金方在与知识产权的配置中必须让渡资产权益；知识产权没有市场化价值分割，购买主体必须整体购买等。

四、科技体制改革的基本思路

鉴于以上问题，积极推进科技资源市场化配置的机制与制度，基本思路是：确立政府科技事业管理与应用技术市场双轨运行体制，在科技事业管理中，重点推进事业拨款和合同采购双轨并行机制，纠正合同采购的事业经费审核制度；确立应用科技市场中以知识产权证券化为关键的市场化配置资源的运行机制。

市场性配置资源的科技体制改革重点是：优化事业性科技管理的市场化配置资源的机制；调整政府对应用技术创新转换的促进方式，提高政府资源配置对科技创新的引导作用；在现有核算体系下，推进知识产权证券化交易市场体系建设，提高知识产权流动性能，促进知识产权与其他资源的对接能力；按照联合国要求，逐步建立国民经济管理体系中知识产权核算制度，并建立金融对知识产权的服务制度。最终形成管理体制与运行机制的系统改革，建立市场化配置资源的科技管理体制与机制。

五、市场化配置科技资源的实现方式

一是，建立市场化配置资源的信息环境。即：推进科技创新价值评价制度、知识产权国民经济核算制度建设，为政府市场化配置资源和其他市场经济要素向知识产权对接提供信息基础。二是，确立政府科技事业管理的市场化配置公共资源的运行机制。即：以政府招标市场化采购基础研究和公共技术研究；不断探索科技创新服务政府投资向政府采购制度转换方式。三是，政府在科技市场推进中，以贷款贴息、政府担保、成果奖励、科技投入抵扣税收、科技产业减免税收等多方式，分层次推进关键应用技术和一般应用技术创新和转化。四是，全面建设应用技术的市场运行环境。即，建立知识产权证券化流动制度、知识产权贷款金融许可制度、科技创新转换风险担保管理制度，扩大知识产权与其他经济要素的结合能力和知识产权的流动能力。最终形成市场化配置资源的科技管理体制大格局。

（一）建立市场化配置资源的基础条件

1. 建立科技创新价值及科技创新风险之专业化、市场化评估机制

第一，确立评估对象和环节。重点参与科技立项的技术及市场价值评估；参与科技结项的技术与市场价值评估；参与社会科技创新技术、设备、产品的市场价值及风险评估。

第二，建立完善评估机构组织体系。当前技术评估机构职业素质和规模远

远跟不上发展需要，因此要采取鼓励政策，突破难关吸引国外机构、加大专业技术经济评级专业培训、鼓励评估机构发展政策等壮大评估机构组织体系。

2. 建立科技资产化财务管理制度

科技管理部门组织对产业、企业科技研究、创新能力建设、创新服务建设项目立项和结项评估。对最终创新价值进行认定，并进入企业资产报表，纳入企业资产管理，扩大企业资产总量，提升企业资产信用能力。

3. 建立科技资产化的金融及非金融服务制度

建立专业银行、专业信托、专业基金、专业担保等金融及非金融服务体系，逐步摒弃金融及非金融服务对科技创新及转换的风险排斥。

(二)建立政府科技管理中的市场化配置公共资源的运行机制

1. 明确政府科技创新活动管理的职责内容

明确科技管理部门在基础研究、公共服务领域的技术创新的发展职责；对科技创新服务体系的分类管理职责；对应用技术市场具有计划指导、发展鼓励职责。

2. 建立基础研究和公共服务领域的技术研究的市场化采购机制

重点是在现有的政府科技采购价格总量包干，质量优先的原则上，一是合理预算项目成本和预测科技创新价值，即确立合理的价格总量与结构，结余归己，不再按照三公经费进行全额审计，严格科技成果质量验收程序。二是建立政府采购中风险分担机制。实施科技经费分段拨付制度，项目预算费用定期拨付，项目创新机制根据项目验收情况具体处理。不合格项目不支付创新收益。三是科技成果的知识产权政府所有，政府奖励科技人员部分占有知识产权。

3. 建立科技创新服务体系建设资源的市场化配置制度

主要是公共服务平台建设的市场化建设、社会市场化采购服务、政府补贴配套制度。所有生产力促进中心、行业工程中心、各级工程技术研究中心、科技孵化基地等公共服务平台，尽可能依托服务需求最大的企业或社会资本投资，对社会进行有偿服务，同时，政府采用合理的模式对供需双方进行财政补贴。

4. 建立应用技术创新的鼓励和奖励政策

主要是对应用技术创新中的银行贷款进行贴息、风险担保制度；对应用技术创新成果采取奖励制度；对科技投入实施税收抵扣政策，科技产业减免税收等，支持、鼓励应用技术创新转换。

(三)建立应用技术创新与转化的市场机制

1. 建立科技创新无形资产市场化流动机制

以科技无形资产机制评估公信为基础,努力争取建立知识产权证券化市场体系,确立无形资产市场化流动机制。即通过证券市场,一是创造知识产权流动场所;二是实现知识产权的单元化,增强流动能力;三是增加知识产权与金融资产匹配的机会,促进知识产权从无形资产向资金转换的程序,为知识产权与社会资金结合形成投资,推进知识产权生产力转换与利用奠定基础;四是完成知识产权向生产力转化的核心资源配置过程;五是在政府担保、基金管理服务的基础上,建立科技专业银行,推进科技市场的金融服务。

2. 建立科技投入税收抵扣制度

在科技管理部门产业科技体系目录和科技计划管理体制下,企业组织立项和结项申报,科技管理部门立项审批和结项审核,对企业自发投资研究和创新能力建设、创新服务建设项目投资,实施税收抵扣管理制度。

第九节　地方税体系现状及风险分析

一、研究背景

(一)地方税内涵

"地方税"这一概念,包括三个因素的归属,即:收入归属权、征收管理权、立法权。地方税是指划归地方征收、管理或由地方政府征收使用,构成地方财政固定收入来源的税收。通俗地说,地方税就是根据中央与地方事权划分状况,按照财政管理体制的规定,由中央或地方立法,由地方负责征收管理,其收入由地方专享的各类税收的总称。

地方税一般应具有三个基本特征:一是税基具有明显的地域特征,其课税对象和范围相对固定于某一区域,不随纳税人的流动而流动;二是收入具有地方受益性,纳税人所缴纳的税收与其享受的地方公共产品和服务是对称的,收入具有一定的弹性,可以基本满足地方政府的公共支出需要;三是征收管理的便利性,地方政府及其职能部门在征管方面更易于掌握税源,方便管理。

(二)地方税体系的含义及其构成

所谓地方税体系,是指包括地方税制、征收管理以及司法保障在内的整个地方税的立法、执法和司法所组成的统一体。其具体内容包括：

（1）地方税税制体系，即地方税的税制组成体系，它包括地方税管理体制、地方税税种结构及其法律法规体系。

（2）地方税征管体系，即地方税征收管理活动各要素（包括管理服务、征收监控、税务稽查、机构组织等）相互联系和制约所构成的整体系统。

（3）地方税保障体系，包括地方税的司法保障体系、税务代理和其他的协税护税网络。

（三）完善地方税体系的时代背景

党的十八届三中全会通过的《中共中央关于全面深化改革若干重大问题的决定》（简称《决定》）为我国未来一个时期经济社会改革指明了方向。《决定》中关于税制改革的有关内容也对我们完善地方税体系提供了重要的指导。

一是中央与地方税收体系格局将会重构。《决定》提出"推进增值税改革，适当简化税率"。从税种归属来看，营业税更改为增值税后变为共享税，中央财政收入增加。但另一方面，《决定》提出"保持现有中央和地方财力格局总体稳定，结合税制改革，考虑税种属性，进一步理顺中央和地方收入划分"，为此，中央也需要让渡部分税种给地方。我们判断，消费税将取代"营改增"试点中受到冲击的营业税，成为未来地方政府的主体税种。此外，《决定》提出"加快房地产税立法并适时推进改革"，房地产税也将成为未来地方政府的重要税种。

二是地税征管职能将会有所削弱。《决定》提出"完善国税、地税征管体制"。我们判断，未来的主线应当是中央税由国税部门征收，地方税由地税部门征收，重要的共享税由国税部门征收。按照这一规则，企业所得税今后将统一由国税征收。个人所得税也将由地税代征改为国税部门征收。尤其是增值税改革完成后，目前由地税局征收的部分增值税将统一由国税局征收。由于增值税、营业税和所得税是我国当前三大税种，总体上来说，这些税种的征管机关由地税局划归国税局，将增强国税而削弱地税的税收征管职能。但另一方面，《决定》提出"调整消费税征收范围、环节、税率"，我们判断，消费税由生产环节改为消费环节征收后会划归地税征收。而新开征房地产税也会增加地税的职能。但总体来说，地税征管职能会有所削弱。

三是地方将获得有限而明确的税收管理权。《决定》提出，"按照统一税制、公平税负、促进公平竞争的原则，加强对税收优惠特别是区域税收优惠政策的规范管理"，这表明，地方政府的税收优惠政策将被严格管理。但另一方面,《决定》提出"税收优惠政策统一由专门税收法律法规规定,清理规范税收优惠政策",这表明中央将出台系统性的税收优惠法律法规。我们判断,在税收管理权高度集中于中央的格局不变的前提下,中央政府将会对地方政府的税收优惠权限做出明确的规定,地方政府也将获得有限的税收管理权。地方政府将会对地方税的主要税种有调整权、减免权等,对一些次要的税种还有一定的税收立法权。

四是地方政府需要做好准备以使自身处于有利地位。《决定》尽管确立了税制改革的大体方向,但具体的改革方案则是不确定的。例如,2013 年"营改增"后出现了两套税收分成体制,在"营改增"试点结束后,这两套分成体制如何合并是不确定的;又如《决定》提出"加快资源税改革,推动环境保护费改税",这些税种是作为地税还是国税对重庆更为有利也需要分析。因此,这就要求我们充分权衡利弊得失并积极争取对我们有利的改革方案。

二、重庆市地方税体系现状

实行分税制以来,重庆市地方税体系的基本框架已经形成,税收征管制度建设也不断加强,税收在保证财政收入稳定增长、发挥宏观调控功能、调节社会分配不公平中,发挥了重要的作用。

(一)地方税收规模

1. 税收规模

我国是典型的中央集权制国家,行政机构分为中央、省(直辖市)、市、区县四级管理,税收体系也分为四级管理。重庆自直辖以来,实行市直管县,行政机构只有三级,相应的税收体系也只有三级。以征收权为标准划分,中央政府征收的税种称为国税,地方政府征收的税种成为地方税。2012 年,重庆市地方税收 896 亿元,占地方财政收入的 52.6%,占 GDP 的 7.8%,与国际上集权制国家水平相比较(如法国 1996 年地方税占地方全部收入的 58.6%,2002 年度日本地税收入占总税收的 41.6%),基本一致。如表 6-20 所示。

表 6-20 2012 年地方税收规模水平

	地方税收入(亿元)	地方财政收入(亿元)	GDP(亿元)	地方税占地方财政收入(%)	地方税占GDP(%)
重庆	896	1703	11 409	52.6	7.8

2. 比较分析

重庆与全国及其他直辖市比较,在地方财政收入中地方税收入占比较低,如上海地方税收入占地方财政收入比重达到90%以上,北京、天津、全国平均水平也分别达到60%以上,而重庆地方税收入占比还不到50%。比较地方税收入占GDP的比重,重庆为14%,高出全国平均水平5个百分点,与北京、上海基本持平。如表6-21所示。

表6-21 2012年地方税收规模比较

	全国(地方合计)	北京	天津	上海	重庆
地方税收入(亿元)	47 319	3124	1105	3426	1679
地方财政收入(亿元)	61 078	4512	1760	3743	3799
GDP(亿元)	518 942	17 879	12 893	20 181	11 409
地方税占地方财政收入比重(%)	67	69	62	91	44
地方税占GDP比重(%)	9	17	8	16	14

(二)地方税收结构

1. 税收构成

目前全国开征的税种共有18种,分别是增值税、消费税、营业税、企业所得税、个人所得税、资源税、城镇土地使用税、土地增值税、房产税、城市维护建设税、车辆购置税、车船税、印花税、契税、耕地占用税、烟叶税、关税和船舶吨税。这些税种中,消费税和关税属于中央税,营业税、城镇土地使用税、土地增值税、房产税和城市维护建设税等属于地方税,增值税、企业所得税和个人所得税等属于中央与地方共享税,其中增值税的中央与地方分享比例分别为75%和25%,所得税中央与地方分享比例分别为60%和40%。

从重庆市税收结构(见表6-22)来看,营业税是第一大税种,占税收收入的37.94%,企业所得税(12.35%)和增值税(8.90%)是第二和第三大税种。此外,契税、城市维护建设税、耕地占用税等税种也占有一定的比例。

表6-22 重庆2012年税收收入构成

	金额（万元）	占比（%）	规模排行
税收收入	9 701 657	—	—
增值税	863 346	8.9	3
营业税	3 680 455	37.94	1
企业所得税	1 198 016	12.35	2
个人所得税	329 838	3.40	7
资源税	86 945	0.90	10
城市维护建设税	555 483	5.73	5
房产税	274 317	2.83	8
印花税	146 610	1.51	9
耕地占用税	528 606	5.45	6
契税	849 502	8.76	4

2. 比较分析

重庆市与全国比较：从全国地方税收收入构成来看，主要集中于营业税、增值税、企业所得税、个人所得税以及与土地和房地产相关的税种（包括房产税、城镇土地占用税、耕地占用税、土地增值税以及契税），分别占地方税收收入的33%、14%、16%、5%和21%，这几项税种占地方税收收入的比重达到89%。从重庆地方税收收入构成来看，营业税、增值税、企业所得税、个人所得税以及与土地相关的税种占地方税收收入的比重分别为38%、9%、12%、3%和28%，这几项税种合计占地方税收收入的90%。两者相比，全市营业税和土地相关税种分别高于全国平均水平5和7个百分点，增值税和企业所得税比全国平均水平低5和4个百分点。

重庆与其他直辖市比较分析（表6-23）：从税收收入中各主体税种来看，全市增值税占税收收入的比例最低（9%），上海占比最高，达到19%，全市比上海低10个百分点。全市营业税占比为38%，与北京、天津接近，比全国平均水平高5个百分点，比上海高12个百分点。全市企业所得税和个人所得税占比为15%，比全国平均水平低6个百分点，比北京和上海均低18个百分点，与其他直辖市差距较大。全市土地相关税种占比最高，比全国平均水平高7个百分点，比上海高13个百分点，比北京高14个百分点，比天津高8个百分点；其中土地增值税、耕地占用税和契税与其他直辖市相比比例较高。

表6-23　2012年重庆与全国及其他直辖市地区税收收入对比

单位：亿元

	全国（地方合计）		北京		天津		上海		重庆	
	总额	占比	总额	占比	总额	占比	总额	占比	总额	占比
税收收入	47319		3124		1105		3426		970	
国内增值税	6737	14%	314	10%	149	13%	667	19%	86	9%
营业税	15542	33%	1152	37%	400	36%	897	26%	368	38%
企业所得税	7571	16%	752	24%	187	17%	806	24%	119	12%
个人所得税	2327	5%	281	9%	49	4%	318	9%	32	3%
资源税	855	2%	0.8	0%	2	0%		0%	8	1%
城市维护建设税	2934	6%	160	5%	71	6%	149	4%	55	6%
房产税	1372	3%	110	4%	40	4%	92	3%	27	3%
印花税	691	1%	44	1%	23	2%	57	2%	14	1%
城镇土地使用税	1541	3%	16	1%	17	2%	31	1%	30	3%
土地增值税	2719	6%	132	4%	58	5%	233	7%	79	8%
车船税	393	1%	22	1%	8	1%	14	0%	5	1%
耕地占用税	1620	3%	10	0%	15	1%	12	0%	52	5%
契税	2874	6%	126	4%	79	7%	145	4%	84	9%

资料来源：《中国统计年鉴2013》。

(三)地方税收权限

1.税收权限

税收权限是指税收权利和收入在中央政府和地方政府之间的划分和管理问题。税收权限的核心是税收立法权，同时还包括征收管理权、政策调整权等。中国的税收权限高度集中于中央，几乎所有地方税的税法、条例，以及大多数税种的实施细则，都由中央制定和颁布，地方只有征收管理权限及制定一些具体的征管办法和补充措施的权限。《国务院关于实行分税制财政体制的决定》规定："中央税、共享税以及地方税的立法权都要集中在中央"，这一规定构成了我国现行中央与地方税收立法权划分制度的框架。

目前由我国地方政府享有和行使的税收立法权如下：一是现行城市维护建设税、房产税、车船使用税、城镇土地使用税等税种的条例都规定，省级政府对这些税种条例享有制定施行细则的立法权。二是现行一些中央地方共享税和地方税的基本法赋予了省级政府享有如下税法立法权：①享有在营业税暂行条例规定的幅度内确定本地区娱乐业适用税率的权力；②享有对因意外事故、自然灾害等原因遭受重大损失的情况下决定减免资源税的权力；③享有对未列举名称的其他非金属矿原矿和其他有色金属矿决定开征或暂缓开征资源税的权力；④享有对民族自治地方的企业决定实行定期减免企业所得税的权力；⑤享有对残疾孤老人员和烈属所得税以及因严重自然灾害造成重大损失等减征个人所得税的权力。总体而言，我国中央政府对地方政府控制过严，地方政府既没有确定税基的权力也没有调节税率的权力（除了几个小税种外）。

2. 比较分析

这样一种高度集中的税收权限划分模式，虽然确保了国家税法的统一，但也存在几方面的问题：

一是地方政府完全无法决定自身的税收权限、税收构成和规模，难以使地方税收的征管与本地复杂的经济情况及千差万别的税源情况充分协调，无法使地方政府充分利用税收杠杆调节地方经济运行的问题。例如：中央要求开征的税收，地方没有相应的税源，或因税源小而不足以开征；相反，随着地方经济的发展，地方具备了某种税源，需用税收进行调控，但地方却无权开征相应税收。地方税体系缺乏一定的自主权及具有稳定收入来源的主体税种，导致地方财政收入远远无法满足财政支出需要，不得不严重依赖中央财政转移支付。2012年重庆市地方一般预算收入为1703亿元，而地方财政一般预算支出达到3046亿元，地方财政自给率仅为56%，地方财政支出中将近一半需要依赖于中央对地方的财政转移支付。

二是造成地方性收费和基金侵蚀地方税税基的现象。一些符合条件的、本应以税收形式征收的地方性收费或基金项目，由于地方政府无税收立法权而不能征税，这削弱了地方税作为地方政府财政收入主要来源的地位，制约了税收规模的扩大，并促使地方政府不断通过收费扩大自己的财力，造成收费项目多，规模大，甚至"费挤税"现象的出现。重庆"费挤税"现象尤为突出。非税收入包括专项收入（如排污费收入、水资源费收入、教育费附加收入和矿产资源补偿费收入等）、行政事业性收费收入（如公安、法院、司法、工商行政和税务等行政事业性收费等）、罚没收入、国有资本经营收入、国有资源（资产）有偿使用收入和其他收入。2012年重庆非税收入733亿元，占地方公共财政预算收入的比重达到43%，比全国平均水平高20个百分点，分别比北京、天津和上海高出37、6、39个百分点。尤其是其中的行政事业性收费收入占非税收入比重高达41%（比全国平均水平高10个百分点，比北京和天津分别高17、13个百分点），行政事业性收费收入占地方公共财政预算收入的比例高达18%（比全国平均水平高11个百分点，比北京、天津和上海分别高17、7、14个百分点）。如表6-24、表6-25所示。

表6-24 2012年重庆与全国及其他直辖市地区非税收入对比

单位：亿元

	全国		北京		天津		上海		重庆	
	总额	占比	总额	占比	总额	占比	总额	占比	总额	占比
非税收入	13 759		190		654		316		733	
行政事业性收费收入	4202	31%	45	24%	186	28%	139	44%	301	41%
专项收入	2819	20%	88	46%	59	9%	104	33%	113	15%
罚没收入	1519	11%	43	23%	15	2%	24	8%	29	4%
国有资本经营收入	1335	10%	-30	-16%	40	6%	-9	-3%	125	17%
国有资源（资产）有偿使用收入	2740	20%	36	19%	260	40%	43	14%	113	15%
其他收入	1141	8%	7	4%	91	14%	14	4%	50	7%

表6-25 2012年重庆与全国及其他直辖市地区行政事业性收费对比

单位：亿元

	全国		北京		天津		上海		重庆	
	总额	占比	总额	占比	总额	占比	总额	占比	总额	占比
公共财政预算收入	61 078	—	3314	—	1760	—	3743	—	1703	
税收收入	47 319	77%	3124	94%	1105	63%	3426	92%	970	57%
非税收入	13 759	23%	190	6%	654	37%	316	8%	733	43%
行政事业性收费收入	4202	7%	45	1%	186	11%	139	4%	301	18%

资料来源：《中国统计年鉴2013》。

三、地方税体系面临的问题

从以上复分析可以看出，尽管全市地方税体系不断完善，但客观上讲，仍与同时包括地方税权、地方税种、一定收入规模和固定征管机构在内的完整意义上的地方税体系相差甚远，主要存在以下问题。

（一）税收法律体系不完善

地方税体系构建中缺乏有力的法律效力支持，主体税种不明晰。当前我国地方税立法级次低、权威性低，税收法律体系不完善，法制建设滞后。在我国现行税法中，由最高立法机关通过的只有三部法律，而其他多数税收法规条例是由全国人民代表大会常务委员会授权国务院制定的。其结果导致授权制定的税收法规条例与其他法律缺乏衔接和配合，重实体、轻程序，税法解释政出多门，互不统一。造成地方税体系乃至整个税收体系的建设缺乏依据和规范，甚至出现地方政府非法使用或滥用税收立法权的现象。

（二）地方税政权限不完整

我国的地方税管理权限高度集中于中央，几乎所有地方税种的税法、条例以及大多数税种的实施细则都由中央制定，地方税的减免权、税目与税率的调整权等管理权限也基本集中在中央，地方只具有征收管理权及制定一些具体征税办法和补充措施的权限。这种高度集权的管理模式，难以适应各地复杂的经济环境和税源状况，影响了地方政府对本地税收调控和保障收入的职能发挥。

（三）地方税种结构不合理

我国的地方税种具有三个显著特点：一是不健全，某些重要税种缺失。二是不科学，现有税种零散交叉。仅房地产税类就包括契税、房产税、耕地占用税、土地增值税、城镇土地使用税5个税种，不少税种还存在征收交叉现象，如城镇土地使用税与耕地占用税、土地增值税与企业所得税。三是不完善，主体税种尚未成熟，难以为地方政府提供稳定的财源。

（四）地方税收地位不突出

目前地方政府的税收收入高度依赖共享税种，地方税种在收入规模上远未达到其应有的地位。这种状况极大地弱化了地方政府行使职权的物质基础。为了弥补收支失衡，一方面导致土地财政、税外收费和债务性融资问题日益突出，同时导致了本地财力严重依赖于上级转移支付。

(五)税务征管机构不协调

税务征管机构不协调主要体现在两个方面：一是国地税机构分设与形势发展不协调。二是国地税机构之间工作不协调。一方面，随着经济社会发展、税源结构变化和财税改革深入，国地税两套机构分设带来的弊端日渐显现，其核心表现就是由机构增设、人员增加、程序繁琐和手段落后共同导致的征税成本持续升高。另一方面，两套税务机构的工作关系尚未完全理顺，仍存在税收征管范围划分不尽合理、工作配合不够密切、操作程序不够规范等问题。如何协调两者关系，在征税范围、机构职责和人员安排上做出相应调整，将是地方税体系构建不可回避的重要问题。

四、地方税体系面临的挑战

随着改革的深入和经济社会的迅速发展，我国已经处于加快转变经济发展方式的攻坚时期，通过新的税制改革倒逼经济结构调整和提高国家综合实力具有重要意义。为此，"十二五"规划明确提出了"要改革和完善税收制度，扩大增值税的征收范围，相应调减营业税等税收，合理调整消费税范围和税率结构，完善有利于产业结构和服务业发展的税收政策"，这是我国现阶段税制改革的目标及走向。按照建立健全有利于科学发展的财税制度要求，国家大力进行一系列税制改革工作，主要包括"营改增"的试点推广、房产税的试行、资源税的试行等。这一揽子措施有其积极意义，如有利于完善税制，消除重复征税；有利于社会专业化分工，促进三次产业融合；有利于降低企业税收成本，增强企业发展能力；有利于优化投资、消费和出口结构，促进国民经济健康协调发展，等等。但同时税制改革（特别是营改增）将对地方税体系带来极大冲击：一方面地税系统丧失主体税源，地税收入锐减，地方财权进一步弱化；另一方面税收征管矛盾突出，地税系统丧失以票控税的主动权。

(一)财政收入风险

地方第一大税营业税的"营改增"自2012年9月1日开始试点，2013年8月1日试点范围扩大到全国，国务会议上提出力争在"十二五"期间全面完成营改增改革。按照"十二五"规划与财政部门的部署，营改增将在一两年内推广到全部服务业，并把不动产纳入增值税抵扣范围从而实现增值税的完全转型，预计将直接减税 9000 亿元左右（据《中国税务报》2013 年 7 月 18 日"中国财税部门酝酿多项财政改革，预计减税 9000 亿"）。营改增在完善增值税体系的基础上，通过统一税制、公平税负、消除重复征税，打通工商、服务两类产业的抵扣项目，不仅保证了制造、销售类企业各阶段抵扣链条的完整，还扩大了服务行业的进项扣除范围，因此成为一项从个别服务企业延伸至上下游产业链的双重减税政策。同时，减轻中小企业税负是营改增的重点内容之一。财税〔2013〕37 号文规定，应税服务的年应税销售额未超过 500 万元的纳税人适用 3% 的征收率，同时，对月应税销售额 2 万元以下的企业或个人免征增值税。对中小企业占比较高的服务业来说，与原来按 3% 或 5% 全额计征营业税相比，行业整体税负将显著减轻。

由此可见，营改增对地方财政收入的影响是非常大的。

（二）营改增试点对重庆财政收入影响分析

我市从 2012 年起就启动了营改增试点准备工作，并就试点对相关企业和行业的影响做了大量测算分析。

试点税源结构：我市应纳入试点的企业（即试点纳税人）约 3.2 万户。从行业看，交通运输业 1.2 万户，占 37.5%；部分现代服务业 2 万户，占 62.5%。从规模看，一般纳税人（年销售额在 500 万元以上）0.2 万户，占 6.3%；小规模纳税人 3 万户，占 93.7%。

试点影响测算：通过市级财税部门的摸底调查及静态测算，营改增试点后纳税人税负持平或下降的有 3.1 万户，为 96.9%；纳税人税负上升的有 0.1 万户，为 3.1%，税收增减品迭后为减税 2.9 亿元，总体情况与先行试点省市基本一致。分析我市试点纳税人，主要呈以下特点：一是试点涉及企业及税额较少，此次我市纳入试点的企业仅 3.2 万户，相较北京 18.4 万户、上海 16.4 万户，户数偏少；2012 年实际缴纳营业税 28 亿元，占当年全市营业税 368 亿元的 7.6%，比重不大。二是以小规模纳税人为主，计 3 万户，占 93.7%。因此，总体判断，营改增在我市试点，对相关企业、行业以及财政的影响不大。

试点实际情况：市国税局 2013 年 9 月 22 日发布消息称，我市营改增首个征收期已于 16 日结束。截至当日，全市营改增上线系统成功完成 31 164 户纳税人营改增纳税申报，入库税额达 1.14 亿元（数据来源——重庆市财政局网站）。如图 6-14 所示。

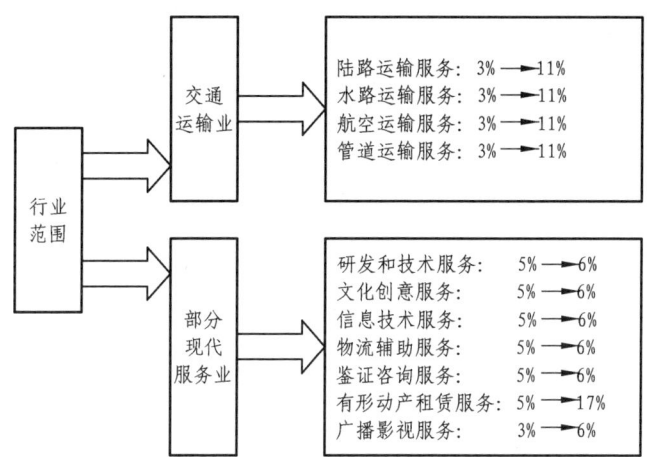

图6-14 重庆营改增试点行业范围及税率变化

(三)营改增全覆盖对重庆财政收入影响分析

营改增影响分为直接减税效应和间接减税效应两方面:直接减税主要来自于原营业税收入改为增值税收入的直接减损,间接减税则源于服务业进项抵扣增加导致的增值税收入的下滑。

1. 营改增直接减税效应

据测算,2012年度重庆市进入试点范围的行业应纳营业税额为27.4亿元(约占2012年营业税总量368亿元的7%),改为增值税后应纳增值税额为24.5亿元,实际税负直接减少2.9亿元。按照这一比例,2015年重庆营业税收入(按过去五年平均增速26%计算)将达到736亿元,"营改增"全覆盖大概直接减税78亿元左右。如表6-26所示。

表6-26 重庆市营业税收入

年份	营业税收入(亿元)	营业税增速
2007	117	—
2008	145	24%
2009	185	27%
2010	242	30%
2011	344	42%
2012	368	7%
2015(预测)	736	平均增速26%(算数平均)

2. 营改增间接减税效应

根据资料数据显示，全国间接减税规模相当于直接减税额的1.7倍，如果按全国平均水平测算，2015年我市营改增的间接减税规模将达到133亿元。如果参照其他税源结构相似地区（即一般纳税人和小规模纳税人比例相似），2015年我市营改增的间接减税规模最高将达到直接减税规模的3倍，即399亿元。

3. 营改增对重庆财政收入影响

预计2015年，我市营业税收入将达到736亿元；由于营改增全覆盖，按照直接减税效应测算，营业税减为0，增值税增加658亿元；叠加间接效应测算（按全国平均水平），增值税由于进项额抵扣增加，将减少133亿元；增值税增减品迭后仅增加525亿元（=658-133）。目前，"营改增"之后原归属地方的营业税收入，改征增值税后收入仍归属地方，税款分别入库，暂时对中央政府和地方政府的财政收入都不会产生太大的影响。但这一方案只是暂时性的，而且以后肯定会调整。如果营改增后仍执行现有的增值税75∶25的税收分成比例不变，按照增值税25%的分享比例测算，我市增值税仅增加131亿元。因此，如果按现行比例测算，到2015年营改增全覆盖后，我市财政收入将锐减605亿元（=736-131），地方收入的下滑形势异常严峻。如表6-27所示。

表6-27 重庆市营改增试点减税效应基本情况

地区	营改增时间	总减税额（亿元）	直接减税额（亿元）	间接减税额（亿元）	间接与直接减税规模比（%）	一般纳税人与小规模纳税人比例（%）
全国	2012.1	1147	426.3	720.7	1.69	21∶79
上海	2012.1	210.3	45	165.3	3.67	35.2∶64.8
北京	2012.9	176.7	—	—		21∶79
江苏	2012.10	67.54	47.6	17.46	0.37	19.1∶80.9
安徽	2012.10	10.2	2.6	7.6	2.92	11∶89
福建	2012.11	6.64	2.92	3.72	1.27	11.4∶88.6
广东	2012.11	23.48	10.67	12.81	1.2	16.6∶83.4
天津	2012.12	32.9	16	16.9	1.06	38.5∶61.5
湖北	2012.12	17.77	4.77	13	2.73	14∶86
重庆	2013.8	—	—	—		10∶90

资料来源：中国税务报网站及各地财政厅或国税局网站。

(四)营改增对行业影响分析

营改增以后,重庆市部分现代服务业总体税负大幅下降,这主要是由于营改增改革后部分现代服务业一般纳税人允许抵扣进项税额,进项税额抵扣额远远超过了税率上升带来税负的增加额,因而导致部分现代服务业总体税负的大幅下降。但营改增后重庆市交通运输业总体税负会增加,主要是由于交通运输业从原来征收3%的营业税率提高到增收11%的增值税率,尽管一般纳税人企业允许进项税额抵扣,但部分交通运输企业实际上可用于抵扣的只有购进固定资产、生产材料等,若企业生产周期处于成熟期,新增固定资产不多,主要的成本支出为人工成本,这部分支出又无法抵扣,税务负担将有所加重。如表6-28所示。

表6-28 营改增试点行业税负变化情况

行业类别	税负变化情况	税负变化主要影响因素
交通运输业	预计税负加重	增量固定资产比例较低
物流辅助服务业	预计税负加重	税率较高,劳务服务占比偏高
有形动产租赁服务业	预计税负加重	应税劳务不可抵扣
文化创意服务业	预计税负降低	
信息技术服务业	预计税负降低	
研发技术服务业	预计税负基本持平	
鉴证咨询服务业	预计税负降低	
广播影视服务业	预计税负降低	

(五)税收征管风险

地税系统丧失主要功能。地税系统的主要功能是征收地方税,而营业税是地方第一大主体税种,是地税工作的重中之重。营改增试点方案明确"营改增"后将由国家税务局负责征收管理,这将对地方税务机构造成很大的冲击。增值税、营业税原属不同的税务机关征收管理,营改增后地税系统丧失主要功能,其职能定位甚至去留,都会成为问题。

地税系统税收控管手段弱化。地税部门在营改增后丧失以票控税的控制权。营改增试点后,交通运输业和现代服务业中不少纳税人误认为代开发票的相关税费在国税部门开票环节已全部征缴,往往容易把所得税、城建税、地方教育附加及印花税遗漏,而地税部门也无法要求国税部门在纳税人开具发票缴纳增值税后逐户提醒其主动去地税部门申报缴纳地方税费。加之部分纳税人主动纳税遵从意识较差,特别是代开发票小规模纳税人(含零散货运业)中的个体或个人纳税人,在国税门临开具发票由国税征收增值税后,极少主动到地税部门缴纳相应地方税费,这就需要地税部门花费大量精力进行追缴,但实际税收征管工作中,也很难找到人,即便找到人也没有强而有力的征管手段,因而导致地税部门工作难度加大。此外,由于国地税两局尚未实现信息共享,地税部门从国税部门取得的信息非常滞后,因而也无法对于纳税人及时提醒其主动纳税申报,导致征收成本增加,征收效率下降。

第十节 促进重庆经济可持续发展的市与区县财政体制研究

财政管理体制是处理政府间财政关系的基本制度,它包括政府间支出责任划分、收入划分和财政转移支付等基本要素。财政管理体制是政府间财政关系的核心问题,它对于地方政府公共服务的提供、财政收入动员、横向上政府间财政资源的再分配以及纵向上多层级政府之间政策的协调具有重要的影响。

我市目前执行的市与区(县)财政管理体制是2004年开始执行的。这一体制在确保市委、市政府的各项政策的实施、抑制和缩小"三大"差距、促进公共服务均等化方面发挥了重要的作用。然而,随着我市经济形势的变化和主体功能区的功能定位,目前财税体制也存在着一系列问题,亟待改革。

一、重庆市与区县财政体制现状

根据《国务院批转财政部关于完善省以下财政管理体制有关问题的意见》(国发〔2002〕26号),为进一步理顺市与区县(自治县、市)财政分配关系,更好地发挥财政体制在促进区域和城乡经济社会协调发展中的积极作用,我市从2004年1月1日起完善了市对区县(自治县、市)财政管理体制,此后未再调整。其主要内容是:

(1)实行体制分类指导,对区县(自治县、市)进行分类。根据经济社会发展水平和财源分布状况,将区县(自治县、市)分为两类,即主城区和郊区县,分别适用不同的收入分成办法。

(2)明确市与区县(自治县、市)税收收入分成办法。主城区的增值税(地方分享25%部分)、营业税、个人所得税(含储蓄存款利息所得税)地方分享部分、企业所得税(不含中央跨地区经营、集中缴库企业所得税)地方分享部分、城建税、房产税(含城市房地产税)、投调税等7项税收由市与区六四分成,教育费附加由市与区二八分成。其余地方收入为区级固定收入。

郊区县的营业税、个人所得税（含储蓄存款利息所得税）地方分享部分 2 项税收由市与区县（自治县、市）四六分成，教育费附加由市与区县（自治县、市）二八分成，其余地方收入为区级固定收入。对黔江、石柱、秀山、酉阳、彭水 5 个少数民族区（自治县），所有地方收入全部作为区县收入。

（3）取消主城六区原体制上解递增率 1.5%，以 2002 年上解数为定额上解。以 2002 年为收入调整基期年。区县（自治县、市）因体制调整而增加（或减少）的收入（不含地税部门收取的其他罚没收入），由市相应调整对区县（自治县、市）的体制补助（或上解）。

（4）完善转移支付制度。在原过渡期转移支付暂行办法的基础上，通过修改、调整、补充，对一般转移支付制度进行了完善，其内容包括财力性转移支付、一次性转移支付和激励约束性转移支付三部分。

（5）其他。在此次体制完善中，将原由市级集中征管的涉外企业税收下划各区县（自治县、市）；确定出口退税增量由市与区县（自治县、市）按增值税分享比例分担的原则；明确因体制调整集中的郊区县的收入增量全部用于支持相关区县发展；简化年终结算事项。如表 6-29 所示。

表 6-29 重庆地方税收收入分成比例

单位：%

税种	主城九区		渝东南民族区县		其他区县	
	市	区	市	区	市	区
增值税	60	40		100		100
企业所得税	60	40		100		100
个人所得税	60	40		100	40	60
营业税	60	40		100	40	60
城市维护建设税	60	40		100		100
房产税	60	40		100		100
资源税		100		100		100
印花税		100		100		100
城镇土地使用税		100		100		100
土地增值税		100		100		100
车船使用税		100		100		100
契税		100		100		100
烟叶税		100		100		100
耕地占用税		100		100		100

二、市对区县财政均等化效果分析

市与区县财政管理体制制度安排的一个核心目的是在区县之间进行财政收入的再分配,实现财政资源由富裕区县向贫困区县的转移,这也就是通常所说的财政均等化。

(一)财政均等化衡量方法

衡量财政均等化效果的方法有很多,本文采用变异系数方法对重庆财政均等化效果进行考察。变异系数是期望的离差值,它是衡量数值间离散程度或差距的一个重要统计指标,有两种计算变异系数的方法。

第一种:未加权的变异系数(CV_u),用公式表示为:

$$CV_u = \frac{\sqrt{\sum_i \frac{(y_i - \bar{y}_u)^2}{N}}}{\bar{y}_u}$$

其中:y_i 是第 i 个地区相关变量的人均值,N 是地区数量,$\bar{y}_u$ 是未考虑人口权重的情况下的人均地区值的期望。尽管这种方法可以用于不同国家不同时间地区差异的比较,但不适用于两个国家之间的比较,因为差异值对地区的数目很敏感。

在衡量地区间差异时,如果每个地区的相关指标都相等,那么变异系数等于 0,变异系数越大,证明地区间相对差距越大;若标准差的变动小于平均值的变动,则变异系数变小,表明地区间经济指标更加收敛,趋向平均值,相对差距缩小。

第二种:加权的变异系数(CV_w)。加权变异系数有于测算在考虑地区间人口规模情况下地区的间的相对差距。此时,每个地区的离差以各地区的人口在全国人口中所占的比重为权重,用公式表示为:

$$CV_W = \frac{\sqrt{(y_i - \bar{y})^2 \frac{p_i}{P}}}{\bar{y}}$$

其中:$\bar{y}$ 是一国人均值的期望,P 是一国的人口,p_i 是第 i 个地方的人口。CV_w 的值从 0(表示完全平等)到 $\sqrt{\frac{P-p_i}{p_i}}$(表示完全差异,也即地区 i 拥有所有的值)。

（二）财政均等化效果

我们以 50 个区县 2005—2010 年转移支付前后人均财政加权变异系数，加以衡量财政转移支付的均等化效果。加权变异系数的数值越小，表明地区间财政差异越小，因此财政转移支付后如果变异系数减少，表明财政转移支付具有均等化（再分配）效果，财政转移支付减少了地区间财政差异。相反，如果财政转移支付后变异系数增加，则表明财政转移支付具有逆向均等化效果，财政转移支付加剧了地区间财政差异程度。

从分析来看，在财政转移支付前，区县间财政差异最初呈现日益扩大的态势，到 2008 年以加权变异系数衡量的区县间初始财政差异达到 1.057，此后，初始财政差异开始回落而且回落幅度较大，2009 年区县间财政差异小于 2005 年时的差异。

在财政转移支付后，区县间人均财政支出的差异远远小于人均财政收入的差异，表明财政转移支付总体上具有财政均等化效果。从年度间的变化情况来看，只有 2007 年人均财政支出加权变异系数有所反弹，其余年份均呈现持续下降的态势。从下降幅度（缩小区县间财政差异的幅度）来看，2008 年最大，这一年在财政转移支付后地区间财政差异下降了 0.535 个点，而 2008 年则最小，这一年在财政转移支付后地区间财政差异下降了 0.398 个点，这与该年区县间的初始财政差异开始出现下降有关。

这种变动表明，重庆的财政转移支付持续地缩小了区县间的财政差异，财政均等化效果非常明显。但是也应当看到，这种财政均等化效果在年度间变化较大，稳定性有待提高。

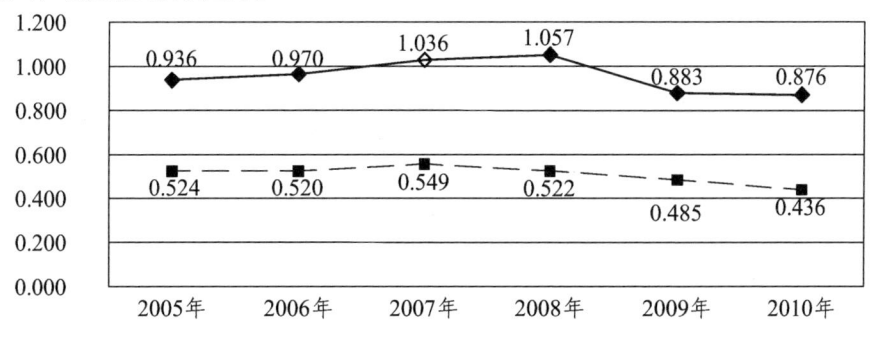

图 6-15　2005—2010 年区县转移支付均等化效果趋势

三、当前财政体制存在的问题

(一)市与区(县)事权界定不清,政府间财政支出责任不明确

随着我市区(县)社会经济的发展,尤其是随着五大功能区的提出,当前我市的市与区(县)财政体制也存在着一些问题。

目前市对区(县)财政体制只解决了财权划分问题,而各级政府的事权边界和支出责任则很少涉及。其后出台的相关制度办法都是集中于财政转移支付方面,这也导致市与区县在所有财政支出中都存在着交叉。究其原因,主要是:

(1)很多事权的交叉属于中央与地方共担事权的延伸,而分担比例的多样化导致事权划分不清晰。近年来财政支出领域的绝大多数改革,例如社会保障,都是由中央与地方共担并由中央财政以专项转移支付的形式拨付到地方财政的。而从地方财政来说,也涉及市与区县事权共担的问题,从而产生了市与区县的分担比例和事权的交叉。而这一分担比例的确定则无一定之规,既有按区域类别("主城区、一圈两翼")划分分担比例的,也有对特定区县单独核定比例的,还有视当年市级政府财力状况和承受能力确定比例的。

(2)寻求以专项补助提供特定事权划分的惯性化,导致目前市与区县事权的普遍交叉。在规范的一般性转移支付尚未建立之前,以专项转移支付作为解决问题的手段成为必然。而且专项更具有针对性,体现明确的指向性,也导致它的一再使用。结果是,以提供特定事权和支出责任为目的的专项转移支付代替了一般性转移支付提供普遍公共服务的作用,从而导致一般性转移支付的明晰市与区县事权框架作用的一再弱化。

(3)财政资金分配权的割裂导致市与区县事权划分的分割。财政是财政资金的分配部门,但目前很多专项财政资金由各职能部门分别管理,导致市与区县事权划分的分割。这突出体现在基础设施建设资金上,这部分资金由发改委行使分配职能。发改委基建资金的分配原则与财政部门财政资金的分配原则截然不同,导致市与区县事权划分的分割。例如,受益范围完全属于本辖区范围内的城市道路、供水、供电、供气、污水处理等,按照事权划分的公共服务受益原则本应属于本辖区的事权,但在现行体制下则主要由市级发改委实施决策和提供资金。其余如水利、农业等部门为主的分配方式也存在这种现象。

(4)政府支出边界的不明确导致市与区县事权的交叉。由于政府与市场的作用边界始终不明确,各级政府越界行使许多本不应由政府履行的职能,这也使得各级政府跨越政府边界行使市场职能,引起市与区县事权的交叉。

（5）财政预算编制的不完整也导致事权划分的不明确。目前财政预算编制对于市本级采取部门预算的编制方式，即人员工资＋定额公用经费＋项目支出，但对于市与区县的各类补助则是各种分配方式并存。从预算编制支出线下的各类转移支付来看，既有基数法的，如原体制补助和工资转移支付，也有因素法的；有基数＋增长法，例如部分专项，还有比例分担法的。这种多样化的预算分配方法也导致市与区县事权的交叉和不清晰。

（6）历史沿革对于中央、市、区县事权划分具有重要影响。我国中央与地方财政体制先后历经包干制和分税制等多次调整，市与区县体制也相应进行了调整。财政体制的调整导致市与区县财政收入的变化、财政支出责任的变化，目前市与区县事权划分格局也是历史改革的沿延，具有深刻的历史烙印。

(二)税种构成发生变化，影响到市本级实施再分配的财力空间

2004 年在进行税收划分时，我市将那些零星分配、不利征管的小税种如契税、耕地占用税、土地增值税等划分为区县的税种，市级财政不参与分成，市级财政只对主体税种如增值税、所得税和营业税等参与了分成。

然而，"十一五"以来重庆各税种发生了很大的变化，这表现在如下几个方面。一是主体税种的重要性有所下降，这尤其表现在增值税上。"十一五"初期，增值税占税收的比重为 43.8%，而到了"十一五"末期，这一比重下降到 31.0%，五年间共下降了 12.8 个百分点。二是与土地资源直接相关的税收（房产和城市房地产税、城镇土地使用税、土地增值税、耕地占用税和契税）的重要性显著上升。"十一五"初期，相关税收比重为 3.7%，到了 2010 年，这一比重上升到了 12.4%，五年间共上升 8.7 个百分点，这与近年来房地产市场的大发展密切相关。三是企业所得税的重要性上升，五年间共上升了 5.8 个百分点，到"十一五"末占税收的比重达到 15.7%。据统计，市财政不参与分享的各项税收的增速在"十一五"期间达到了 38.7%，远远高于不参与分享的各主体税种 26.1% 的增速，这些税收占整个税收的比重也由 2005 年的 16.7% 上升到 2010 年的 24.4%，6 年间共上升了 7.7 个百分点。如表 6-30 所示。

由于这种税收结构的此消彼长，也导致我市市本级一般预算收入占整个财政收入的比重由 2004 年的 44.9% 下降到 2011 年的 41.6%，共下降了 3.3 个百分点。区县财政收入占比相应由 55.1 上升到 58.4%。

表6-30 "十一五"重庆各税种变化情况

单位:%

税种	2006	2007	2008	2009	2010
增值税	43.8	40.7	39.2	36.7	31.0
消费税	8.4	7.7	7.2	7.8	7.3
营业税	20.9	21.3	21.4	23.6	20.8
企业所得税	9.9	10.9	12.8	12.8	15.7
个人所得税	7.4	7.3	6.6	6.7	5.6
城市维护建设税	3.8	3.6	3.5	3.5	3.0
车辆购置税	0.0	2.5	2.5	2.7	2.6
房产和城市房地产税	1.6	1.3	1.4	1.5	1.2
城镇土地使用税	1.1	1.5	1.9	1.8	1.6
土地增值税	1.1	1.3	1.6	1.0	2.6
耕地占用税	0.0	0.0	0.0	0.0	2.6
契税	0.0	0.0	0.0	0.0	4.5
其他各税	2.1	1.9	2.0	1.9	1.6

(三)现行的收入分成办法不利于渝东北功能定位的实现

目前渝东北生态涵养区实行与都市发展新区相同的收入分成体制,即个人所得税和营业税的40%部分由市级财政分成。据测算,在现行财政体制下,市本级参与的渝东北税收分成收入由2009年的5.8亿元上升到2012年的13.1亿元。在渝东北生态涵养与保护功能绝对强化,而发展经济的功能相对弱化的情况下,仍然将其与都市发展新区等同对待,将不利于渝东北功能定位的实现。

四、经济可持续发展的市与区县财政体制改革建议

市与区(县)财政体制存在的以上问题既不利于市级政府调控政策的实施,也不利于五大功能区功能定位的实现。为此,经过调研我们认为应当着力在以下几个方面来完善现有市与区(县)财政体制。

(一)进一步明确市与区县的事权划分

事权划分是财权划分的前提,也是各级政府履行职责的指导。要根据各个功能区的定位研究出台《市与区县政府间财政支出责任划分方案》,这一方案应当首先对重庆政府职能做一个比较清晰的界定。要规范支出责任划分体制,

按照公共财政理念下的政府与市场的作用边界，合理调整财政支出的规模与结构，解决政府事权范围的"缺位"和"越位"问题。其次是要对市级财政与区县财政目前的财政支出职责进行梳理，按照各类财政支出职责受益范围的大小以及各类财政支出职责公平属性的差别，合理确定市与区县相应应当承担的主要职责。

（二）适当提高市级财政占全市财政收入的比例，增强市级调控能力

我区城乡、区域差距较大，这就要求市级财政应当拥有较强的财力空间，为此，应当扭转目前市级财政收入占全市比例持续下滑的局面。据测算，如果市级财政占比由目前的41.6%提高到2004年时的45%，则可使市级财政增加约55亿元的收入，对于进一步增强市级财政的调控能力具有重要意义。

（三）改革市与区（县）的体制分类

在进一步明确和科学划分市与区县政府间财政支出责任的前提下，为适应五大功能区的定位，应当将现行市与区（县）的三类体制分类，即将主城区、渝东南民族区、其他区（县）改分为主城区（包括都市功能核心区和都市功能拓展区）、渝东北生态涵养发展区和渝东南生态保护发展区、城市发展新区新的三类体制。也就是说，将原归类于"其他区（县）"的渝东北区归类于渝东南区，原归类于"其他区（县）"的都市功能拓展区单独归为一类，主城区的分类保持不变。

在将区（县）按照其功能定位重新进行分类后，应当实行不同的收入分成办法。根据功能定位、经济发展水平以及未来发展方向，应当适当提高市对主城区的地方财政收入分成比例，降低市对和渝东北生态涵养发展区的收入分成比例，维持市对城市发展新区和渝东南生态保护发展区的体制格局不变。具体来说：

1. 主城区——"一上"

都市功能核心区和都市功能拓展区属于重庆传统上的主城区，从历史上来看一直是重庆经济发展的核心区域和重点发展区域。经过长期发展，已经形成了相当规模的经济基础和产业结构，具备较强的自我造血功能和内生发展动力，有能力为全市区域之间、城乡之间的协调发展做出贡献，也应当成为工业反哺农业、城市支持农村的主要力量。因此，主城区应当成为市级财政可支配财力的主要贡献者和来源地。为此，在市与主城区的财政体制上可将部分税种如所得税、增值税的市本级分成比例进一步提高，相应降低两个功能区的分成

比例。同时，可将主城区部分具有发展潜力的税种如耕地占用税、土地增值税、城镇土地使用税和契税改为市本级与区（县）的共享税。

2. 都市发展新区和渝东南生态保护发展区——"两个不变"

都市发展新区是全市未来工业化和城镇化的主战场，集聚新增产业和人口的重要区域。都市发展新区担负着以发展工业为主要手段来承载未来都市功能核心区适当疏解人口、渝东北生态涵养发展区和渝东南生态保护发展区人口迁出的使命。对于都市发展新区来说，经济发展的好与坏直接决定着渝东北和渝东南两个功能区功能定位及其人口迁出政策的成败，发展任务十分艰巨。对于这一功能区，应当维持目前市对都市发展新区部分收入参与分成的格局不变，不再增加市级收入分成比例。

渝东南生态保护发展区。渝东南在功能定位上更加强调了生态保护。在现行市与区（县）财政体制下，渝东南所有地方收入全部留给区（县），市级不参与分成。从维护渝东南生态保护功能的角度，这一收入全留的政策应当予以维持。

3. 渝东北生态涵养发展区——"一下"

渝东北生态涵养发展区在功能定位中为生态功能强化而经济发展功能弱化，需要超载人口的梯度转移。在现行市与区（县）财政体制下，渝东北生态涵养发展区是与都市发展新区采取同样的财政体制，市级财政参与了区（县）部分收入的分享，不利于渝东北功能定位的实现。为此，市参与渝东北收入分成的财政体制应当改为与渝东南生态保护区相一致的财政体制，即渝东北生态涵养发展区的财政收入全部留给区（县），市财政不再参与分成。

（四）优化财政转移支付，实行功能区导向的市对区县转移支付

市级财政筹集到的可用财力并不是用于市本级，而是要面向区（县）进行财政转移支付，以实现财政资源的再分配。从市级向区（县）的财政转移支付的分配中，应当更加注重基于各功能区的定位来进行分配，并总体上向城市发展新区、渝东北生态涵养发展区以及渝东南生态保护发展区倾斜。具体来说：

（1）对不同的功能区实行不同的财政转移支付政策。都市功能核心区承担着金融创新、现代服务业中心的功能，要集中展现智慧城市和现代化大都市风貌。对于都市功能核心区来说，其产业结构优化的方向主要是现代服务业，其城市空间优化的主要方向是城市风貌的改造与提升。为此，财政转移支付应当注重申报与安排国家设立的智慧城市、低碳减排城市等专项经费。财政转移支付要向鼓励现代服务业发展和促进城市升级改造倾斜。

城市功能拓展区是全市科教中心、物流中心以及先进制造业集聚区。可以

说，重庆经济发展质量能否得到提升，取决于城市功能拓展区先进制造业能否取得大发展。为此，市级财政应当优先考虑与产业升级相关的技术改造、贷款贴息、科技研发等转移支付补助。此外，应当实施引导经济增长方式转变和产业结构升级的财税政策，要充分发挥税收政策的调节作用，注重对技术创新和产业升级的引导和支持等。

城市发展新区是全市未来工业化、城镇化的主战场，属于传统产业大力发展的区域和城镇化的区域。为此，财政转移支付应当注重于支持城市基础设施建设和支持传统产业发展，建立产业发展专项资金，支持城市发展新区的产业集聚。应当实施推动经济可持续发展和承接产业转移的财税政策，为支持经济发展，财政转移支付应当加大对交通、能源、水利、水电供应以及污水处理等基础设施建设的投入力度，为加快城市发展新区工业化和城镇化创造条件。

渝东北生态涵养发展区和渝东南生态保护发展区的首要任务是加强生态保护与涵养。为此，一要加大对于环境保护与生态涵养方面的转移支付力度，二要加大对于发展生态旅游等方面的基础设施建设转移支付力度。此外，为了保障生态涵养发展区和生态保护发展区不因部分或全部地限制经济发展而造成公共服务水平的下降，市级财政应当明确基本公共服务均等化的范围和标准，并通过均衡性财政转移支付，来满足两个功能区公共服务均等化所需的财力。

（2）以一般性转移支付作为主要财力提供手段，严格限制专项转移支付。对于主要以区县为主的事权，不再采取"一事一补"的方式，而是通过增加一般性转移支付的规模和完善分配方法来为区县事权履行提供财力保障。除非是涉及普遍的区域性事权，对于区县范围内个案式的单独事权都由区县通过一般性转移支付等财力自行解决。

（3）进一步规范分配专项转移支付。对属于市与区县共同承担的事权，严格按照新的主城区（包括都市功能核心区和都市功能拓展区）、渝东北生态涵养发展区和渝东南生态保护发展区、城市发展新区新的三类体制，渝东北和渝东南不再要求提供财政资金配套，而是由市本级全额提供补助，而对主城区（都市功能核心区和都市功能拓展区）则要求提供较高的配套率，以体现均等化原则，不再"一地一率"、对特定地区特别对待。

第十一节 城乡一体化中推进重庆人口城镇化

城镇化是一个需要长期研究的课题，概念内涵有城镇化和城市化之分。其内容包括农村劳动力和农村人口的转移，即农村劳动力由第一产业向第二、三产业的就业转移和农村人口向城镇的空间转移；与城市建设有关的地域扩展；包括城市文明、城市意识在内的城市生活方式的传播等。人口城镇化是随着社会分工发展在工业化进程中出现的产物，是农村人口向城镇聚集或农村地区城镇化的过程，目前我国人口城镇化速度在世界上是最快的，且正在经历世界上有史以来最大规模的农民向城镇迁移的过程。自改革开放30多年来，我国人口城镇化率已从当年的17.9%提高到2012年的52.27%，33年间提高了34.4个百分点。人口城镇化一方面带来了巨大的基础设施和城镇房地产等行业的投资需求，另一方面大量农村人口的转移和生活方式变革还创造了巨大的消费需求，这些成为拉动我国经济持续快速增长的强劲动力。加快推进城镇化进程，是当前优化城乡和区域结构、扩大国内需求的最有效途径，也是加快转变经济发展方式的重要内容。改革开放以前，以户籍制度为基础，城市和农村被分割为二元社会。传统的经济发展战略则使得社会结构的城市化，大大滞后于经济结构的工业化。城市居民和农村居民在就业、福利、收入水平、公共服务等方面均存在较大的差异。

改革开放以来的发展历程，既是纠正传统发展战略，使城市化水平补偿性地提高的过程，也是通过市场机制和发展战略等一系列手段不断打破二元结构，实现社会结构一体化的过程。党的十八届三中全会提出的新目标是："完善城镇化健康发展体制机制。坚持走中国特色新型城镇化道路，推进以人为核心的城镇化，推动大中小城市和小城镇协调发展、产业和城镇融合发展，促进城镇化和新农村建设协调推进。"

一、国内外研究评述及现状

理论界对中国国情下的城镇化问题有了总体的认识和定位，大量农民返乡与中国城镇化目标是背离的，阻碍了城乡统筹。农民不能在城市定居，不利于城市工业品市场的扩大，这种两栖的城乡流动模式将进一步拉大城乡差距。以往的研究多是从农民流动原因和流向及其对农村造成的影响展开，而从城市接纳角度研究农民问题将是今后城镇化的发展趋势。

（一）国外研究情况

绝大多数国家不采用人口登记管理办法来限制人口迁移，因此，对改变或消除户口限制的相关研究甚少，更多的是从农民市民化角度来进行人口流动研究，其研究视角主要有以下几方面：

（1）向城市迁移的动力机制视角。美国经济学家托达罗提出了著名的哈里斯——托达罗人口乡城迁移模型。他认为，决定一个农业劳动者是否迁入城市的原因不仅取决于城乡实际收入差距，还取决于城市的失业状况。如果农村收入水平不能提高到一定程度，城市部门中充分就业的努力就注定要失败，因为创造额外的就业机会将导致更多的移民流入城市部门。

（2）工业化和城市化进程视角。刘易斯指出，发展中国家的农业缺乏资本投入，农村剩余劳动力规模巨大，工业部门扩张可按现行工资标准雇佣到任何数量的劳动力，获得较高的利润，扩大生产规模，对劳动力的需求又会促使农业部门的人口向城市流动。

（3）社会冲突视角。国际移民理论认为，由于迁入地与迁出地的文化差异，移民往往会出现一种"非整合"现象，移民在迁入后一般表现为马赛克般的群体分割、文化多元主义和远离主体社会三种生存状态。

（4）向市民转化的选择模式视角。农民市民化途径更多考虑的是个人转化为城市市民的渠道，而从整体角度来考察这一问题就需要考虑农民市民化的模式问题。美国和日本在转移农业人口的同时，成功地实现了国家工业化、农业产业化和乡村城镇化，这对探索我国人口城城镇化具有现实上的可借鉴性。

（二）国内研究情况

中国农村劳动力大规模转移起步明显滞后于工业化，走了一条人口城镇化与工业化脱节、不同步的道路。李培林指出，农民流动不仅是劳动力流动、人口流动，同时是一种社会流动，包含地域流动、职业流动和社会阶层流动三方面。刘怀廉用著名的"推拉理论"进行解释：由于农村土地边际生产效益递减，对剩余劳动力产生"推力"；而工业化和城镇化进程加快，对城镇经济发展有利，产生"拉力"。在这两种力量作用下，农村剩余劳动力将会涌向城市。姜作培认为，人口城镇化是指借助于工业化的推动，让广大农民进入城市从事非农产业，其身份、地位及工作方式和生活方式向城市市民转化的经济社会过程。学界主要从代际特征差异角度、心理特征角度、社会资本角度和制度障碍角度等研究人口城镇化问题。

（三）重庆市城镇化现状

2013年重庆市1%的人口抽样调查结果显示，我市的城镇化率已达到58.34%，居西部第二，比2012年提高了1.36个百分点，全市的城镇化速度较快。常住人口增加了25万人，但城镇人口增加了55万人，两者相差约30万人，居住在乡村的人口1237.24万人，占常住人口的41.66%，与上年相比，乡村人口减少29.65万人。人口向城市迁移的趋势非常明显。同时，我市的人口分布也呈现出两翼地区向都市功能核心区内迁移的趋势，都市功能核心区城镇化率为94.36%，与上年相比，上升0.64个百分点，但两翼地区常住人口均出现下降。主城九区中，渝中、大渡口、江北、沙坪坝、九龙坡、南岸城镇化率均高于90%，进入完全城市型社会；北碚、渝北、巴南城镇化率均高于77%，进入高级城市型社会。主城的城镇化发展程度较高，使得主城各区城镇化速度将明显放慢，吸纳城镇化人口的能力趋于饱和，因此必须着力于提高城镇化质量。

主城的逐步饱和，为都市功能发展新区提供了城镇化发展的机遇。2013年，城镇化率超过50%的远郊区县有8个，分别是万州、涪陵、长寿、江津、合川、永川、南川、綦江。其中城镇化率最高的为永川城，城镇化率突破60%的有涪陵、江津、合川、永川。不同区域城镇化水平差距较大，渝东北生态涵养保护区城镇化率为41.8%，渝东南生态保护发展区仅为34.64%。两翼地区的城镇化率提高速度较快，但差距依然较大，因此，多数两翼区县都将进一步提升城镇化的水平。

二、国内人口城镇化存在的问题与原因分析

（一）国内人口城镇化存在的主要问题

1. 人口高密度化问题凸显，人口分布不均匀程度加大

目前，我国的人口城镇化正在进行一次短期突发式的扩张。据国家统计局统计，我国人口城镇化率每年按1%以上速度递增，按照此速度，到2020年，我国城乡人口的比例将迅速出现逆转，城镇人口将占到总人口的六成。目前占据"世界城市人口头号榜"的东京人口为3000多万，如果人口城镇化的速度继续保持如此，那么到2040年时，北京市的人口可能超过5000万，这将在全世界是一个史无前例的数字。这种态势不仅仅会出现在北京，在上海、深圳等同样高度发达的城市，也都可能面临这种形势。当今不仅只有农民工是人口迁徙的主力，"蚁族"也成人口迁徙的主力。按目前这种发展态势，即使北京、上海、深圳等城市的人口不会出现大规模的暴增，人口快速增长的现象也会出现在其他省会城市或其他超大城市、特大城市，而且由于城市人口的规模扩张具有惯性，扩张到一定程度后的人口规模的增长可能还会持续一段时间。

与很多超大城市和特大城市人口密度不断增加的情形相比，新疆、西藏等地人口又过于稀少。按目前的发展态势，人口分布不均衡的程度还会加剧，而

且可能还将持续较长一段时间。这就造成在西部地区本来就人才短缺,却又留不住人才,难以吸引东部地区人才的现象;而东部劳动密集型产业迟迟不能向中西部转移。其原因在于劳动力丰裕地区剩余劳动力的转移抑制了资本丰裕地区的资本外流。这进一步加剧了东部与中西部之间经济发展的不平衡。

2. 城市生态问题比较突出

城市生态系统是随着人类的发展而形成的人工生态系统,它是城市不可或缺的重要组成部分和人类赖以生存的基础。由于经济发展的结构性问题,当今世界尤其是我国在工业化、城市化的进程中生态环境系统面临严峻的挑战,一些城市的生态问题比较突出,城市化付出了沉重的环境代价。不少超大城市、特大城市,由于巨大的人口压力与城市有限的自然资源和有限的环境自净能力,形成了尖锐的矛盾而相继出现了资源短缺,尤以能源、土地、淡水三者最为紧张。若发展速度逼近甚至超越了城市环境的最大承载力,将给城市的资源、环境等带来巨大压力。比如:城市污染加剧大气污染、水域污染和垃圾污染等环境问题有待进一步解决;城市水资源严重不足,全国600多个城市有300个是缺水城市;城市建设中,地下水资源的过度开采导致局部地面塌陷、沉降等地质灾害时有发生;城市土地供求紧张。近年来,全国不少超大城市、特大城市"地王"频现,房价高企,严重影响城市居民的生活质量。

3. 城乡之间发展不够协调,同时引发"城市贫民"的出现

在我国,长期以来形成了城乡居民户籍的两种身份制度及其相关的教育、就业、公共服务和财政转移等制度即"二元制度"。这种"二元制度"实质上是人为地把城乡分割开来并加以区别对待的一种制度,不仅导致了城乡居民人均收入差距日益扩大,还导致了城乡居民公共服务水平过于悬殊。例如,我国目前农村人口约占总人口的48%,但是政府的财政支出直接用于农村人口的比重不到20%。这种制度设计和公共财政分配的不公平性是造成城乡之间巨大差异的根本原因。城镇人均可支配收入与农民人均纯收入之比由1995年的2.92:1不断扩大到2000年的3.41:1,从2005年的3.13:1到2013年的3.03:1,若考虑到城镇居民还享有各种福利保障和农民收入中包括生产经营支出等因素,实际收入差距可能要达到5:1。

据统计,2013年我国城市贫困人口有3000万左右,约占城市总人口的10%。全国各城市(镇)贫困人口的结构呈现多元化趋势,这个以下岗失业人员、大量流动人口"蚁族"和散居在城乡的残疾人、孤寡老人、部分失地农民等群体为主体的贫困阶层,面临着一系列诸如就业、住房、福利等社会问

题，对社会稳定和政府公共治理提出了巨大的挑战。

(二) 国内人口城镇化发展中产生问题的原因分析

1. 对城市本身的定位不准确，盲目建设大城市或国际性城市

城市定位决定一个城市的经济发展水平、城市发展方向和发展的各项举措。科学的城市定位，对于一个城市最大限度地聚集资源、最优化地配置资源、最有效地转化资源、最有效地制定战略、最大化地占领目标市场提供助力，并对最有力地提升城市竞争力产生重要意义。相反，城市定位不准，就会丢掉特色，迷失方向，丧失自身的竞争力。在城镇化的过程中，我国很多城市的发展定位主要表现为三个方面的问题：① 相当一部分城市目标定位趋同，结果造成各个城市产业严重同构，导致城市间恶性竞争，城市竞争力被削弱；② 城市定位求高求大，动不动就要建"国际化大都市"，普遍追求"国际化"；③ 城市定位求全，有的城市从经济到政治再到文化无所不包，从金融到旅游业样样条件具备，制造业和纺织业都是重点等。一个城市的发展必须要有区域协调发展的战略思维，只有同周边城市既分工又合作，通过互惠互利，才能实现最优发展。

2. 城乡分割体制是推进人口城镇化的重要体制障碍

城乡二元体制已成为我国经济和社会发展中的一个严重障碍，主要体现在两种不同的资源配置制度、城乡之间的户籍壁垒以及在此基础上产生的其他问题。

(1) 存在两种不同的资源配置制度。我国社会中的资源在改革前完全通过行政手段再分配，并不是由市场来进行配置的。比如从政府在教育和公共设施的投入方面来讲，城市中的教育和基础设施，几乎是由政府财政投入的，而对农村中的教育和设施，政府的投入则相当有限，有相当一部分要由农民自己来负担。

(2) 以户籍制度为基础的城乡壁垒，实际上是将城乡两部分居民人为分成了两种不同的社会身份。与目前城镇居民每年获得了国家提供的上千亿元的各类社会保障（养老、医疗、失业、救济、补助等）相比，农民生老病死伤残几乎没有任何保障。因此，目前我国的城镇化过程，在吸纳农村人口和覆盖城乡的人口结构转变方面，还难以奏效，必须打破城乡二元结构，实行城乡一体化发展。

3. 土地管理制度的缺陷，造成部分城市"间城镇化"

我国实行两种形式的土地公有制，即国有土地和农村集体土地。依推理，

这两种土地所有制应该是平等的。然而,在实际操作中,当前我国法律规定只有国有土地才能直接进入商业出让市场,农村集体土地只有通过国家征用变成国有土地后才能进入市场。因此,与国有土地相比,农村集体土地的权利受到限制,国家有强买强卖之嫌,通过不公平的法律垄断了土地的供应。从现有的征地制度来看,地方政府可以利用不合理的土地法律与规章,以较小的成本获得大量的土地储备,这些土地储备给地方政府带来滚滚财源。这种土地管理体制,必然引发地方政府的圈地冲动。长期以来,我国地方政府依靠土地增值而攫取大量利益。城镇化完全是由地方政府推动的,这种政府主导型的城镇化存在着许多问题,如大量农民在失去土地的同时,生活水平不仅没有提高反而下降。因此,必须加快实现土地征用市场化和允许农民在集体土地上自主推进城镇化。

三、重庆推进人口城镇化改革的必要性

(一)重庆实现"科学发展,富民兴渝"的必然选择

重庆的城市发展已经离不开农村转移劳动力,但是在以往,城市只把他们看成劳动要素,不承认农村转移劳动力及其供养人口的城市居民身份,并给予他们理应享受的城市公民待遇,导致城市中出现一个庞大的贫民阶层。

据调查,2012年重庆有63.84%的农民工与人合租或住工棚、宿舍,仅有7.44%自己买房住;51.76%的民工居住面积在10平方米以下,而5平方米以下的也占到总人数的15.53%;高达57.61%的人认为在城市工作幸福状况一般,甚至有14.40%的人认为不幸福或很不幸福;近8成民工子女留守农村;有31.48%被调查者为个人进城,夫妻分居,36.94%带子女一起进城,父母随行的仅占17.28%。新生代农民工犯罪有向群体事件发展的趋势,"打工苦,打工累,不如混混黑社会"的黑白颠倒价值观蔓延;80后、90后城市社会保障和救助缺失、城乡文化冲突,常年被边缘化导致道德畸形,贫富差距带来巨大心理失衡,市民歧视与都市诱惑,人生扶栏面临崩塌,这些都成为城市潜在的不和谐因素。

重庆市第四次党代会提出"奋力开创科学发展、富民兴渝的新局面",要在西部率先实现全面建设小康社会的发展目标。建设和谐社会,实现公平正义的法制社会和共同富裕应是题中之意。由上述调查不难看出,农村转移劳动力及其供养人口城市化是关系到社会稳定的基本问题,也是关系到"科学发展,富民兴渝"能否实现的重大问题。

（二）解决"三农"发展问题的需要

改革开放以来，已有60%的农村劳动力逐步转出农村；联产承包责任由30年不变改为长期不变，目前40%左右的31岁以下的农村人口没有土地；1980年联产承包责任制以来，已有50%的承包人死亡或超过劳动年龄；农村转移劳动力有60%在农村改造宅基地同时空置；农村人口在公共用地严重不足的情况下人均占有150~180平方米建设用地（城市人口人均为90~100平方米）；耕地长期撂荒；农村劳动力平均年龄已经达到66岁，留守老人儿童粗放经营土地仍享受粮食种植补贴；转移劳动力产生的国民经济贡献在城市，但他们及其供养人口的社会福利保障责任全在农村等现状导致农村经济发展迟缓、社会萧条，早已严重制约了"三农"发展。

通过城市化，并重点推进农民工及其总供养人口城市化，能够解开"三农"发展死结。城镇化可以将农民工及其总供养人口的国民收入再分配责任转向城市，让留守农村的人口享受自己创造的国民财富，减轻农村社会负担；可以让农民工及其总供养人口退出宅基地和耕地，让农村经济获得发展资源，为农村市场经济体制改革和社会资本进入农村重组农村资源建立环境和条件。

（三）实现农村转移劳动力及其供养人口自身全面发展的需要

农村转移劳动力在城市长期稳定就业以后，应该由城市保障其享受的诸多基本权利，以实现个人生产及再生产（老人及子女）发展。首先，这是农村转移劳动力及其供养人口应享有的基本公民权利。农民工在城市就业，其长期经济（财政税收）贡献在城市。按照国民经济分配的基本政策，农民工及其供养人口在城市参与再分配（享受社会福利与保障，享受所有公共服务）是其基本权利。其次，这是农村转移劳动力及其供养人口在城市享受政治权利需要。以往转移人口虽然生活在城市，贡献在城市，但他们被排除在城市政治生活之外，没有组织，缺乏结社、选举和被选举等政治权利，缺乏表达自己利益的畅通渠道。因此，转移劳动力要求通过城市化赋予他们在城市享有宪法和法律所有权利，促进其自身素质的提高。这也是实现人的全面发展所必需的。

四、重庆市人口城镇化基本思路

促进农民工及其总供养人口市民化，就是要消除"农民工"这个概念下人群，同时构建农民工进城与返乡的各项保障制度的双向流转通道，实现人口城镇化、城乡统筹、"三农"协同发展。城市化建设基本思路是户籍改革与相关政策制度同时推进，城市与农村协同推进。其中，首要问题是厘清中国城乡二元制度体系内容，解析制度之间的关联关系，快速推进农民工市民化综合配套制度改革，继而全面实施农村综合配套体制改革，最终实现城乡一体化目标。

（一）城市方面

主要推进农民工进城子女入学、进城农民工老人的医疗、养老保障优惠政策，明确农民工进城后的养老保障和医疗保障制度，加快重点针对农民工的保障性住房（经济适用房、廉租房、公租房、限价房制度）体系建设、与之配套保障性住房建设管理制度和土地制度建设等。这一系列的政策制度的建立和完善旨在解决农民工进城后的农村享受的住房福利得到有效续接；满足农民工在城市"居者有其屋"的财产需求；确认农民工进城以后的养老保障；根本解决农民工子女入学问题；落实农民工在城市的工伤、医疗保障；实现农民工失业救助等。

（二）农村方面

配套推进联产承包责任考核制度，推进农村土地的有效利用；建立农民工联产承包责任退出机制；建立返乡农民工承包准入机制；推进农村承包责任60岁退休制度建设；配套推进农村养老保障制度建设；提高农村医疗保障制度建设水平；健全农民工农村宅基地改造审核审批制度；推进农村保障性住房建设；进行农村保障性住房的土地国有化征用制度，推进农村规划和建设制度改革，确保农村保障性住房科学管理；推进农村产权制度改革，实现农村市场化经济体制建设；以农村保障性住房土地国有化为突破口，开放农村建设市场。这一系列措施旨在：解决农民工撂荒土地问题，盘活农村土地资源；退却农村土地养老功能和六十岁以上就业的保障功能；解决农民工进城在住房、就业方面的顾忌；实现农村土地的资本价值，提高农民工积蓄的经济价值，为农村获得发展准备条件；推进农村集体资产清理，为下一步农村集体经济产权制度做好改革准备，减少农民工在农村建设空置房所形成资金、土地浪费。

（三）城乡对接方面

一是大胆探索以农村建设用地国有化征用和划拨回农村的制度，保证农村有足够的国有土地资源撬动农村保障性住房建设，也让农村保障性住房与城市保障性住房在管理上对接，通过农村保障性住房制度改革，逐步推进农村住房市场的开放与开发；二是推进城乡社会保障对接制度；三是推进省级行政区内农民工城乡户籍流动制度。

五、重庆市人口城镇化道路的选择——在城乡一体化建设中着力推进人口城镇化

党的十八届三中全会提出:"城乡二元结构是制约城乡发展一体化的主要障碍。必须健全体制机制,形成以工促农、以城带乡、工农互惠、城乡一体的新型工农城乡关系,让广大农民平等参与现代化进程、共同分享现代化成果。要加快构建新型农业经营体系,赋予农民更多财产权利,推进城乡要素平等交换和公共资源均衡配置,完善城镇化健康发展体制。"

(一)城乡一体化是我国着力推进农村人口城镇化,统筹解决人口问题的必然趋势和必然选择

1. 国外城乡一体化的经验与借鉴

国际城镇化发展的经验表明,在推进城镇化过程中如若忽视农业的发展,将导致城市周围形成大量的贫民窟,这种城镇化的发展是不可借鉴的。农村建设和城镇化是相辅相成,必须实施城镇化与新农村建设"两条腿同时走路",处理好城镇发展与农村发展的关系。

美国的城乡差别很小,在城乡一体化过程中,主要通过市场调节的方式来促进城郊和农村经济社会发展,以缩小城乡差异。比如,通过立法来确保城乡居民均等的受教育机会;再如,实行差异化的税收,在消费税上向城郊和农村地区倾斜。法国在城市化进程中实行"扁平化"策略。城市建筑低矮化,以降低城市人口密度和由此带来的交通拥堵等问题。鼓励年轻人留在农村,避免农村"空壳化"和人口"老龄化"问题的产生。英国政府也很注意城乡一体均衡发展,对城镇化过程中造成的区域经济发展不均衡的问题采取始终扶持北部地区发展的策略,对出现的郊区化趋势,政府采取设置环城绿化带和建设新城的城市规划政策,较为成功地遏制了大城市的无序蔓延。

2. 我国城乡一体化的探索与实践

城乡一体化是以以城带乡为手段,以乡村发展为重点,以最终实现城乡和谐发展、共同进步为目标,在一定的时代背景中,把"工"与"农"、"城"与"乡"、"市民"与"农民"作为一个整体,统筹谋划、通盘考虑,通过体制改革和政策调整,改变和摈弃长期形成的重城市、轻农村的城乡二元经济结构,实现城乡规划与建设、公共服务和社会保障均等化,市民和农民主体地位平等化,使城乡经济社会全面协调和可持续发展。2008年召开的党的十七届三中全会,就已将从现在至2020年的基本建立城乡经济社会发展一体化体制

机制列为农村改革发展的基本目标之一。

我国目前正在推进的城乡一体化是单向的。而经济学家厉以宁提出了中国城乡一体化改革的新思路——实现"双向城乡一体化"。所谓双向城乡一体化，是指农民和城市居民可以相互流动，农民可以迁往城市居住，在城市从事有关工作，而城市居民也可以到农村居住，在农村经营企业或从事其他工作。当前我国城乡一体化面临多方面的体制障碍，包括农村产权制度、土地承包制度、农民就业环境和农民社会保障缺失等，城乡一体化最困难的是就业、失业失地农民社会保障问题。厉以宁提出，解决这些制度障碍应允许承包土地使用权和宅基地使用权的入股、置换、抵押或转让，只有这样，农村才有资本和融资渠道，也才会出现农民带资进城，城里人带资带技术下乡的现象。在农村承包土地被允许流转之前，农村的很多项目如盐碱地的改造、荒山河滩的治理、乡村公路等基础设施建设被认为没有投资价值，而这些都会因承包土地使用权的流转而成为城里人新的投资热点。此外，农村抛荒问题在一些地方比较严重，土地流转后，可以解决"有田无人种、有人无田种"的问题。一方面，双向城乡一体化的推进可使农民"带资进城"，加快了城镇化建设；另一方面，城里愿意迁到农村的个人和企业也可以如愿以偿，"带资带技术下乡"，在乡下生活、工作、投资。城乡分割的户籍制度将随之取消，代之以全国统一的身份证制度。随着双向城乡一体化的推进和人口集中到一定程度后，服务业的不同领域之间可以相互创造需求，相互创造就业岗位。一方面，城乡居民对餐饮、音乐、图书、旅游、健身、新媒体、心理咨询等全方位的生活性服务需求不断增加；另一方面，一些适应新的消费需求的生产性服务业如物流、商务、金融、保险也开始加速发展，这将对提高人民生活质量、拉动经济增长和创造就业机会发挥重要作用。

在推进城乡一体化的过程中，对因承包地或宅基地被征用或收购而失去土地的农民，应建立稳定的个人社会保障账户。农民个人社会保障账户资金由"三点"构成，即政府从土地转让所得的资金中"拨一点"、得到了补偿费的农民从自己所领到的补偿费中"划一点"以及由得到土地的开发商、企业或建设单位"交一点"，而且这"三点"资金都必须是强制性缴纳的。此外，可考虑试行土地入股保险制度来防止农民土地入股后因经营不善导致破产的风险。国家开设专营农民土地入股的保险业务，农民定期缴纳保险费，若因市场风险而导致倒闭了，保险公司给土地入股的农民以一定的补偿，以减少他们的损失。

城乡一体化是一项重大而深刻的社会变革，是推进农村人口城镇化的重要途径和战略行动，而农村人口城镇化又是建设城乡一体化的根本目的和核心目标。因此，笔者认为：在推进农村人口城镇化中，实行城乡一体化建设是历史的必然趋势和各级政府的必然选择。

(二)重庆市推进人口城镇化具有统筹城乡发展的基础与机遇

加快发展需要改革，这为重庆开展改革试验提供了内在需求。胡锦涛同志提出的"314"总体部署为重庆导航定向，要将重庆建设成为西部地区的重要增长极、长江上游地区的经济中心、统筹城乡发展的直辖市，新的形势和更高的要求催人奋进，加快发展和率先实现全面小康的殷切期望给重庆提出了崭新目标。要实现加快发展，必须以改革为动力，突破割裂城乡发展的体制机制障碍，创造利于城乡共同发展的政策和制度环境，才能吸引、聚集各种资源，充分发挥好市场配置资源的基础性作用，使之服务于重庆的统筹城乡发展。

中央关心支持改革，为重庆开展改革试验提供了强大动力，2011年3月胡锦涛同志对重庆提出了通过深化改革实现加快发展的总体要求；6月国务院同意国家发改委批准重庆、成都设立全国统筹城乡综合配套改革试验区，要求全面推进各个领域的体制改革，并在重点领域和关键环节率先突破；7月胡锦涛同志来渝视察，进一步嘱托重庆要下大气力搞好统筹城乡综合配套改革试验；9月国务院批准的《重庆市城乡建设总体规划》，成为全国首个将城与乡统筹考虑的总体规划；国务院扶贫办、商务部、信息产业部、环保总局、海关总署等中央各部委都纷纷支持重庆推进统筹城乡的改革试验。这些都将成为推动重庆加快统筹城乡综合配套改革试验的重要力量。

社会各界投身改革，为重庆开展改革试验打下了群众基础。重庆成为全国统筹城乡综合配套改革试验区，使全市人民受到极大鼓舞，全市上下参与试验区改革发展的热情高涨，打下了坚实的群众基础；同时国内外企业、媒体更加关注重庆，众多企业、集团、机构看好重庆发展，纷纷来渝置业、投资，洼地效应明显，重庆开展统筹城乡改革试验得到全国各方面的共识，易于得到各方支持，也利于抢占改革先机，获得发展先机。

六、重庆市人口城镇化综合配套战略重点

以推进福利制度为基本思路，以公共财政体制改革为支撑，城乡各司其职，通过城乡联动，全面实施城乡统筹综合配套体制改革。

(一)推进城乡统筹的财政体制改革

财政体制改革是城乡统筹的核心与动力。公共财政体制建设关键是建立使

城乡公共服务和公共资源差距缩小的制度体系，确保尽快弥补农村贫困地区长期以来公共服务与城市的差距，进而与城市同步发展。

财政制度改革基本思路是上下联动、里外互动、循序渐进、系统配套。具体地：一是进行公共财政制度改革的战略研究、规划编制和实施方案研究，确立城乡统筹公共财政制度建设的可行性、阶段步骤和实施方案。二是进一步调整分级财政体制的分配方案，逐步加大农村地区财政留成比例、降低城市地区的财政留成比例，或加大城市地区的财政解缴数量。三是在加大农村地区的预算管理审核的同时，放缓减少行政层级的措施，确保地区基本公共服务能力不至于下降。四是进行户籍制度改革，推进农村转移劳动力城市化进程，让城市地区履行对该人群的公共服务义务，减少农村地区公共服务人口负担。五是加大专项转移支付，弥补长期以来农村地区在基础设施、教育、卫生等基本公共资源的确实。六是逐步减少专项转移支付的比例，加大一般性转移支付的比例，确保农村基本公共服务稳定发展。七是逐步调整"三不变"的财政制度，将落后地区的农村基本公共服务的提供主体逐步调整到市、区（县）两级政府。

(二) 推进城乡一体化的保障性住房制度建设

据调查，农民工购买商品房的意愿不强，因此要在城市加快公租房建设，拓展针对农民工的经济适用房、自建房建设。同时，利用农村富余的建设用地资源，参照城市保障性住房开发模式，建立与现代农村发展相适应、促进农民工进城的农村住房保障体系。

(1) 强化政策刺激，建立农民宅基地退出机制。按照当前重庆市农民工退出宅基地的办法，进行农村宅基地拆迁与补偿。重庆江北区试点看，每人可以获得约11万补偿金。

(2) 建立城市保障性住房体系。一是继续推进公租房制度建设，为中等以上收入的暂住人口提供临时居住。二是试点让企业推进农民工集资建房，实现农民工自我住房价格控制。三是试点推进农民工经济适用房建设，政府控制农民工住房价格。四是进一步推行廉租房建设，让经济收入低、买不起房并随时可能返乡的农民工居住。

(3) 建立农村保障性住房体系。一是实施农村建设用地整治、国有化征用和划拨制度，为农村保障性住房提供国有土地资源；以配套国有土地提供为途径，为农村保障性住房提供资金来源。二是继续推进"巴渝新村""居民新村"等形式的农村经济适用房建设，一方面让农村居民集中居住，改善居住环境；另一方面合理预留经济适用房，为返乡农民工提供住房，让进城农民工摆脱对农村宅基地的依赖。三是参照城市公租房建设模式，在乡镇城镇少量开发农村公租房，为返乡农民工务工、本地务工和探亲农民工临时居住做准备；四是建设农村廉租房，实现农村危房改造工程和完善农村住房救助。

（4）建立城乡保障性住房统一管理机制。一是继续推进保障性住房专业管理机构建设。二是建立健全保障性住房审核、审批管理制度。三是建立城乡统一的保障性住房建设标准。四是严格城乡保障性住房建设的监督。五是建立城乡保障性住房结转制度。六是建立城乡一体化的保障性住房的土地管理制度，确保农村土地利益由农村获得。七是建立城乡一体化的保障性住房的规划。

（三）建立农民土地承包考核、退出和准入联动机制

农村劳动力大量进入城市导致农村土地撂荒；因为实施生不补充、死不退还的承包责任制度，导致大量土地与人口脱离；这使土地的养老保障、就业保障功能严重退化，也使土地的生产要素功能弱化。因此，需要建立以下三种制度。

（1）建立农民联产承包考核制度。由于在20世纪80年代土地承包责任人中，30岁以上年龄人口现在都处于死亡或退休年龄，30岁以下年龄人口有60%以上现在成为农民工离开土地，农村承包地与人口分离严重。为了提高农村耕地利用效率，在农村联产承包责任制度不变的前提下，实施联产承包责任考核制度，考核土地经营绩效。

（2）建立农民联产承包退出制度。让长期无法对承包地进行认真、科学经营的农民工将土地退回村集体，进行流转经营。

（3）建立返乡农民工土地联产承包准入制度。给予返乡农民工土地流转优先权，解决其后顾之忧，可以安心进城。

（四）多管齐下，做好"四同步"，提高人口城镇化水平

人口城镇化水平是反映一个国家或地区社会经济发展的一个重要指标。人口城镇化包括人的思想观念、生活方式、消费方式、行为方式和文明礼仪等各方面的城镇化。如何提高准市民的素质，笔者认为可以采取这样一些措施：

1. 移民与培训同步

通过多种方式对准市民进行培训，使其跨好从农民到市民的第一步。一是依托各类社会资源搞培训。如各城镇利用农广校、职业中学对准市民开展培训。二是区分层次搞培训。针对未受过较高程度教育的准市民进行建筑工程、

餐饮服务、家政服务等方面的技能培训。三是搞订单式培训。积极通过中介组织等与用工单位联系，了解用工信息，并有针对性地开展订单式培训。

2. 创业与就业同步

加强创业者协会建设，培养创业致富典型。政府大力加强科技信息服务网络建设，为准市民提供快捷、方便、准确、可靠的技术信息等服务。建立劳务中介等组织，随时帮助准市民创业和就业。通过继续壮大劳务中介的经营规模和扩大经营领域，多方寻求劳务输出。

3. 经济与文化同步

城镇文化越来越成为满足市民精神期待的重要保证，要以文化活动为载体，抓好公共文化设施，如文化站、图书馆、电视广播、宽带服务等设施投入的力度。广泛动员和组织市民参与各种喜闻乐见的文化活动，通过举办各种活动来吸引市民群众参与其中，可对市民群众自身素质产生潜移默化的影响。

4. 教育与管理同步

城镇建设中，对所有人口都要加强教育与管理，并且两手都要硬。一方面要对市民加强引导教育，如组织市民群众对损害公共设施和破坏公共秩序等行为进行劝阻，以达到自我教育的目的。另一方面要严格管理。管理，主要指对社区治安、计划生育、交通出行、公共卫生、市场秩序等方面的管理，公安、计生、交通、卫生、工商等部门责任重大。可通过创建"文明城市""卫生城市"和"文明市民"等工作，提高市民文明素质，使城市生活更美好。

纵观国际国内城镇化过程，历史经验表明，在城镇化迅速发展的阶段，必须重视城乡的协调发展，否则快速的城镇化也会产生一系列不良的后果。正是在这种背景下，解决中国长期存在的"三农"问题，打破城乡二元结构，已经成为促进经济持续发展和社会和谐稳定的必然要求。城乡一体化是我国着力推进农村人口城镇化，统筹解决人口问题的必然趋势和必然选择。

第十二节　农村集体产权制度面临的主要问题及改革思路

2013年1月，中共中央2013年一号文件《关于加快发展现代农业　进一步增强农村发展活力的若干意见》中可见，中国农村集体经济产权制度改革已经是大势所趋，当前的主要任务就是做好产权登记管理的前期工作。重庆市作为城乡统筹综合配套改革实验区，不仅要做好中央的这一安排，而且要做好亿万资源资产化改革顶层（制度和程序）设计和试点示范工作。在此，重庆市农委、重庆社会科学院"重庆市集体资产管理"课题组就农村集体经济产权制度改革提出建议，供决策参考。

一、农村集体经济产权现状与问题

中国一直执行着农村经济集体所有制度。1979年开始，农村集体经济之经营制度从集体经营转化为联产承包分户经营。农村集体资产在土地没有资产化的情况下，按照经营内容分为农、林、牧、副、渔资产；按照功能分为农业经营性资产和农村公共服务性资产；按照来源分为转移性支付建立的资产和农村自己积累形成的资产。重庆市2011年农村集体组织经营和管理的固定资产、流动资产累计约为100亿元，人均500元，村集体平均100万元，农村集体面临资产少与管理体制缺陷等问题，具体表现在：

1. 农村集体组织功能复合

即农村集体经济职能与社会管理职能复合，财产难以分类管理。

2. 农村集体资产管理秩序混乱得不到控制

因为管理体制上经营职能与社会管理职能的混合，使农村集体资产管理秩序混乱得不到控制。在2000年出台《重庆市农村集体资产管理条例》时，就指出农村集体资产管理上存在管理体制不顺，监督乏力的问题；集体资产被贪占、挪用、变相侵吞、挥霍浪费较为严重；农村集体资产被随意改变权属或无偿占用现象突出；集体资产被低价处理，流失严重等。虽然12年前就认识到这些问题，但至今依然没有得到解决。

3. 农村土地集体所有被异化

农业用地18万亩[①]耕地红线不得减少、农村集体资产产权不能变更（也就是农村耕地不得买卖）、农业用地不能改变土地用途、农业土地承包经营时间和农村经济主体与经营户的契约关系由中央政府通过联产承包责任制加以规定、农村土地经营权证由地方政府给予发放等相关管制，农业集体对土地的自物权荡然无存，农业用地就只是生产条件，失去了它的商品价值功能，不能成

[①] 1亩≈666.6667平方米。

为农村集体资产,农村土地集体所有制度因此被异化。

在农业产品市场经济管理体制下,农业集体所有土地的他物权(使用权、经营权)的市场价值被承认,其中重庆市"三权"抵押担保贷款和容许并促进农村土地流转,是承认农业用地他物权的具体体现。

4. 农村土地特殊商品价值被封存

在农村农林用地被管制的同时,农村其他土地资源只能被国有化开发与建设,农村宜林宜农荒地、农村宅基地、水源地、其他建设用地不能进入整治、开发程序,特殊且不菲的价值因此被封存起来。从理论上估算,全国这类土地开发价值达到660万亿元,其中重庆市达到74万亿元。

5. 没有完善农村产权制度

存在的问题在于:

(1)政府过多干涉农村集体自物权,将农村各类土地承包经营权这一"他物权"凌驾于农村集体所有的"自物权"之上。

(2)对农村土地经营权简单保护,严重影响农村集体经济的经营管理调整与完善。中共中央2013年一号文件《关于加快发展现代农业 进一步增强农村发展活力的若干意见》要求"依法保障农民的土地承包经营权、宅基地使用权、集体收益分配权。""健全农村土地承包经营权登记制度,强化对农村耕地、林地等各类土地承包经营权的物权保护",是对农村农户土地经营权的简单保护。因为农村联产承包经营制度是在农村集体所有制度下的经营制度而已,随着时间的推移应该不断地优化。农村联产承包经营33年,农村农地资源的承包经营权利已经与70%的承包经营人口分离,在大量土地撂荒或粗放经营的情况下,以法律的方式保障农民的土地承包经营权,简单化干预农村土地经营管理制度,将严重制约农村集体资源聚集和农业经济发展。

(3)回避了农村集体经济改革与发展,在农村集体所有制度没有变的条件下,通过对农村土地他物权的认定简单地发展农业中的个体经济和私有经济,在农业经济效益低下、边际效益递减的情况下,农村经济将难以发展。

(4)没有采取有效通道,实现农村集体组织名义下的宜林宜农荒地、集体林地、其他建设用地、水源地、农业基础设施等主要资源和核心资源为特殊商品(开发建设用地)产权主体,农村发展没有资产与城市资本对接。

二、决策建议

重庆市作为城乡统筹综合配套改革实验区,实施农村集体经济产权制度改革,其战略意义非凡。通过2~3年努力,基本形成全面、系统、规范的农村集体"三资"管理制度,基本形成产权明晰、权责明确、管理民主、监督有力的三资运行机制,基本形成科学高效、公开透明的指导、服务、监管体系,确保农村小城镇与新农村建设顺利开展,实现重庆城乡统筹综合配套改革的试点、示范价值。具体措施如下。

1. 加强集体资产的规范管理,推进农村集体经济组织产权制度改革

一是根据经济社会发展情况,进一步完善《重庆市农村集体资产管理条例》,出台《条例》的具体实施细则。

二是制定"农村集体资产处置办法",由市政府出台《撤消村、组建制中农村集体资产处置办法》。《处置办法》应该充分体现集体经济组织的所有权和选择权。

三是分离农村集体经营性资产和公共服务资产,对公共服务资产进行重新分类和资产评估,建立农村集体公共服务财产的信息档案,确立农村公共服务财产全部归属集体的准则。

四是分离(重庆市农业管理中现有的集体资产统计口径下)农村国有资产和农村集体资产。重点对大型水利、交通、电力等基础设施进行国有化登记管理,同时对农村集体资产进行财务分类明晰管理。

五是对农村农业经营性财产实行资产量化。在实行全面清产核资基础上,按照产权清晰、权责明确、保护严格、管理科学的原则,对集体"三资"进行股份量化。在实施量化过程中,对集体经济组织成员按照当期人口继续执行"生不补,死不退"的原则,进行认定。

六是在农村集体土地没有实现资本化产权开发的时候,土地继续保留现存集体自治管理组织,同时维持农村基层组织对土地经营管理的职能。

七是在农村实现土地资本化开发以后,按照土地资产评估价值,转入村社公司化组织账户。

2. 改革发展集体资产经营的组织机制

一是把现行的代行村、社集体经济功能与村民委员会、村民小组、居民委员会计策自治管理功能区分开。发展农村合作经济组织和公司化企业组织。

二是推进农村公司化经济组织建设。可以参照农民专业合作社法登记办法,简化农村社公司化经济组织登记手续,其中主要是考虑农村集体注册现金缺乏,准予以资产评估的农业经营性实物资产进行登记。

三是发展农村经济中介服务组织。重点发展农村资产评估、审计、金融担

保等中介服务组织。

3. 改善农村土地联产承包责任制度

农村联产承包责任制度是农村集体经济体制下的经营制度，不是所有制度。在联产承包经营制度实施33年来，随着农村劳动力大量转移，联产承包土地人口死亡率达到50%左右，剩余劳动力人口30%转移，人口与农村资源分离率达到70%左右，从法律上去规定联产承包经营权利不得调整，严重阻碍农村经济资源的重组与经营发展。因此，改革重点：① 法律上规定农村村民联产承包经营土地的权利，即凡是户口在原籍，在家务农或返乡务农的村民给予土地承包经营的权利；② 对农村联产承包经营实行考核制度，对长期撂荒土地、转亲友、留老人粗放经营的土地，可以由村集体根据土地流转的需要，收回承包土地或收回部分承包土地的经营权利。

4. 实现农村土地集体所有制度

实现农村土地集体所有制度的核心是将农村非农林土地转化为符合当前政策的土地资产。具体路径为：

（1）通过承包经营的精细管理，一定程度上认定：包产到户、联产承包经营是农村集体与经营农户的契约关系；农村集体对农地享有自物权。

（2）给予农村集体土地整治权利。政府建立土地整治中心和制定农村土地整治政策，旨在加强农村土地整治，但具体整治权利归属农村集体。

（3）对农村土地整治还林还农指标（地票）给予农村集体。如果地票上市交易，交易管理按照重庆当前地票交易及收益管理制度进行。

（4）对农村地票就村落地，给予本村集体企业土地国有化登记管理优惠制度。

5. 提升农村土地的市场价值

要提升农村土地的市场价值，首先就是要集中。农村宜林宜农荒地和农村宅基地、其他建设用地分布散乱，复垦整治是占卜平衡条件下农村开发用地集中的关键。为此：

（1）农村必须编制土地中长期规划，将分散的各种用地进行重新安排。

（2）农村必须逐步按照土地利用总体规划对各种土地编制土地整理计划。

（3）土地利用计划和土地整治计划叠一，保障遵循农村土地占卜平衡原则，获得农村耕地占用。

（4）对农村的林地、承包地、水源地、宅基地等空间上没有调整的土地进行环境整治，提升各种用地农产品生产经营价值和体验农业、观光农业的市场价值。

6. 实施土地资产化开发制度与流程

在现行法律不变的情况下，农村集体经济组织必须实现土地集中整治和国有化两个过程。因此实施的流程与制度要求：

（1）完成农村集体各种用地，包括宅基地、荒地、林地、水源地、其他建设用地的所有权证颁发。

（2）对农村土地进行整治管理制度的改革。关键是将农村集体土地的整治权利逐步由政府回归为农村集体公司化经济组织。这是农村产权集体所有制度回归的关键一步。

（3）农村集体土地整治的资金来源，包括：① 与社会资本结合，协议合作，整治农村土地；② 政府信用担保、风险补偿机制建立，获得国家企业债或各种金融资本；③ 政府关于土地整治的各种专项补贴。

（4）完成农村各项产权证办法工作：① 农村集体土地权证由农村集体颁发。不主张由政府对农村土地、林地经营权证颁发，因此已经颁证的，权证管理交由村组集体管理，对没有颁证的，由村组集体颁证。② 农村集体流转土地，由农村集体办理使用权证，与流转合同归一管理。③ 由乡镇无偿占用农村集体土地，由村组集体办理使用权证，并补充土地使用协议。④ 市、县级政府对农村集体按照现行农村地票管理办法发放地票指标。⑤ 农村本村通过整治并获取地票的，在本村使用土地可免交土地出让金和其他各种税费，获取国有土地权证，实现农村土地资产化。⑥ 获得国有用地指标的土地在资产评估基础上转入集体公司化组织的资产账户。⑦ 农村用巨大的土地资产与城市资本的对接，保全农村集体开发主体地位，推动新农村与小城镇建设。

第十三节 从四个方面、三维度突破现行制度框架构建中国新型城镇化新机制

中国改革开放30多年来，农村集体经济体制下的联产承包经营制度效应全面释放，到了"破"农村集体经济所有体制和"立"市场经济产权体制的历史性转折关头。党中央国务院提出中国新型城镇化战略发展，一方面实现进城农民工市民化制度安排；另一方面"立"中国农村市场经济体制，部分释放农村土地资产价值和全面建立城市资本进入农村地区的市场条件，构建农村

内在发展动力推动下的新型城镇化发展机制，创造出以中小城镇为空间依托、以资源禀赋为依据的非农产业发展、农村公共资源集中配置、城镇发展资本溢出以带动产品农业集体经济体制向公司化产权制度改革、农村人口共享城市文明的美好时代。

新型城镇化是一个系统工程，在现有的城乡二元结构下，面临制度、机制与体制困扰。在中国新型城镇化战略发展顶层设计时期，提出：全面总结重庆城乡统筹综合配套改革的经验与局限，在地方财政制度、农村土地制度、农村产权制度、农村规划建设管理制度四个方面突破现有制度框架，从公共管理制度、市场经济体制、资本运行机制三维度立体化构建中国新型城镇化新机制的思路，供领导决策参考。

一、中国新型城镇化面临的主要问题

中国为推进新型城镇化采取了系列措施，取得了显著的成就，但是中国新型城镇化发展内容的系统性和全局性决定了分散性制度改革的局限性，总体表现为以下方面：

（一）户籍制度改革路径曲折

户籍制度在真命题、假命题、伪命题中循环，制度改革的供需成本承担不合理或无法承担，改革搁置。重庆户籍改革试验曲折地说明了这一点。

1. 户籍与配套制度改革被分离，户籍制度和关联配套的农村土地制度改革被迫搁置

以重庆为试验的城乡统筹综合配套改革是以户籍制度改革为起点，"穿五件衣服，脱三件衣服"的综合配套改革。进城农民工获得城市给予利益形成后，不放弃农村土地和农村户籍，社会各界也就"是否应该让农民工无偿退出土地"展开激烈讨论。于是进城农民工退出土地制度由无偿退出紧急调整为有偿退出。但是情急之下没有解决农民工有偿退出土地的成本承担主体和来源，进城农民工户籍制度改革和关联配套的农村土地制度改革被迫搁置。

2. 户籍制度改革投入机制形成东、西部国民收入二次分配不合理的局势

西部地区是人口净流出地区，净流出劳动力及其供养人口高达2.3亿人；东部地区是接受西部农村转移劳动力的财政贡献地区。西部地区在实施本地及

外地转入的农民工户籍改革的同时,也加大力度实施流出区外的农村劳动力户籍和配套的公共福利保障制度改革,即造成留守西部劳动力创造国民收入向流出劳动力及供养人口进行二次分配的现象,改革意愿是良好的,但产生了户籍改革成本东、西部错位承担的问题。

3. 城乡一体化户籍制度改革在伪命题、假命题、真命题中循环

重庆实验"穿五件衣服、脱三件衣服"的户籍制度综合配套改革让进城农民工退出农村的资源和福利,使户籍改革是有条件的,是真命题。但是要不要这么做?能不能这么做?重庆试验的时候反响很大,全社会多数人反对农民户籍改革时退出农村土地承包权和宅基地,要退出也要有偿退出,但是农村没有能力支付这个成本,于是将"脱三件衣服"改为自愿,农民继续保留农村户口和农村资源,享受城市居民待遇,户籍制度改革由此成为伪命题。

现在国家执行大城市的户籍城市化改革以进城人员的学历、投资、购房、纳税等积分为条件,唯独排斥就业时间,这是否合乎中国2.3亿农民工、毕业就业学生、退伍军人的状况?个人就业给社会创造价值不能计算,社会是不是就可以不承认?我们判断中国现行的户籍改革是假命题。

(二)中央和省(市)两级政府的农村土地制度拦住了新型城镇化道路

这体现在:一是《中华人民共和国国土资源管理法》对农村建设用地交易限制,拦住了农村为主体在城乡土地同权制度下建设新型城镇化的道路;二是中央政府对地方政府投资融资的控制,拦住了以地方政府为主体采取现行的土地国有化推进新型城镇化的道路;三是地方政府死守土地财政模式和控制农村土地整治权利(土地一级开发权),拦住了农村主体在国有化土地制度下建设新型城镇化的道路。导致农村既没有资产与社会资本对接,也没有基本的用地空间以承接中国新型城镇化建设。

重庆为打破城乡二元土地制度,推进"地票"制度,也存在以下问题。

1. 在"地票"制度改革土地的利益格局中,农民不是主要受益者

实施"地票"制度改革,即农村宅基地、经营性建设用地、荒地整治的土地面积在验收后给予用地指标,重庆称为"地票",可以在全市范围交易、落地,这扩大了土地整治范围,说明了土地整治的成本核算机制和整治投资的分配机制,解决了土地指标的流动性。由于地方政府对土地财政惯性依赖和受

土地收益最大化驱使,"地票"资源主权向政府转移、向城市转移;由于"地票"被虚拟化以后落地要二次征地,农村无法承担土地落地成本,"地票"资源无法使用。最终,"三农"依然在改革利益分配中缺位,改革再次受到社会质疑。

2. 农村土地退出制度的供需双方均缺乏驱动力

(1) 土地退出方面。

一是在实施宅基地整治换"地票"的政策和农地一次性流转政策下,执行"地票"收益的80%分配给予农民工的政策,每人大约能得到12万元的补偿(城市周边要高一些),但这个价格不被农民接受。二是进城农民退出农地,将按照剩余承包期每年500 kg稻谷/亩的市场价进行一次性补偿,每人能得到2万元左右,即在剩余承包期内,进城农民工不再经营土地,农业经营总收入一次性拿走,因此进城农民工愿意退出农地。

(2) 土地接受方面。

一是在使用没有限制农村土地退出并整治形成的"地票"功能时,相当于国家计划下达的国有用地指标但是不占计划指标额度,与占补平衡形成的土地指标政策相比没有大的突破。区县政府主体之下的"地票"再落地必将带来二次征地,增加了地票购买的成本,要在政府出让土地收益中扣除,城市反应不积极;农村使用地票也存在二次征地,更加难以使用"地票"。二是农民工退出的农地按照1000斤稻谷/亩产量和当期市场价流转土地后很难有经营利益,因此经营者不愿意接受流转农地。

(三) 农村集体经济产权制度改革价值被忽略

中国农业实施集体经济体制下的联产承包责任制,产权主体不明确,有效资产存量极小,所以认为中国农村农业在个体化经营、模糊产权、小规模上运行。长期以来支持农村发展的合作经济组织或家庭农场,都不是《公司法》制度下的市场经济主体;实施农地使用权登记后,没有产权明晰的法人主体来承接。因此国家政策第一步是将农村账户上现有的经营性资产进行剥离,按照《公司法》进行股份体制改革,第二步是注入一定的土地资产以扩充农村经济组织资产规模。但是区县政府为了控制城乡开发的主导权利,不支持农村集体产权制度改革,更加不愿意将部分农地转换为资产,注入农村经济组织,国家、省(市)关于农村集体经济产权制度改革的政策被长期搁置,国家层面没有意识到这对新型城镇化和"三农"发展的巨大危害。

(四)"四规叠一"的城乡总体规划管理体制和相应的行政管理体制没有完善

所谓"四规叠一",即以《生态环境保护规划》《土地利用总体规划》《经济社会发展规划》为基础编制成《城乡总体规划》,保证四规耦合。"四规叠一"的规划管理体制和相应的行政管理体制没有得到完善,具体表现在:

(1)《土地利用总体规划》依然按照城市土地利用总体规划编制,不覆盖农村建设用地;农村建设用地管理主要由农业部门审批,规划、建设管理部门备案管理;农村建设形成产权不能交易。

(2)重庆城乡统筹综合配套体制改革中,推动了《城市总体规划》向《城乡总体规划》巨大变革。但是没有土地利用规划作为支撑,"四规叠一"没有空间保障。

(3)城、乡土地,规划,建设管理组织机制没有实施一体化改革,农村土地、规划、建设管理机构、人才空白,"四规叠一"制度无法实施。

二、中国新型城镇化的基本思路

中国新型城镇化在顶层设计上包括了农村人口的城镇化和农村地区的城镇化两个内容。其中地区的城镇化建设包括制度、机制与市场三个方面的立体化架构,最后以资本市场的接受与响应为指南;人的城镇化重点在于各级政府努力推进公共财政制度和农村发展两个方面,最终以发展为根本出路。

(一)中国新型城镇化的思想辨析

中国新型城镇化要定局,还要明确关键点上的主导思想。

第一,新型城镇化一定要有空间载体,因此要解决土地来源、所有主体、运行的市场体制问题。

关于土地来源问题,中国有2万多个小城镇,新型城镇化的土地来源首先是挖掘现有小城镇、农村宅基地、农村经营性建设用地资源,同时用宜林宜农荒地小部分(4.8%)来整治弥补不足,这是可以解决的。但具体要不要解决,这是历史性的决策问题。

关于新型城镇化建设土地主体问题,如果目标上要满足"三农"、地区协调、城乡协调几个方面的发展诉求，凡是现在为农村主权的土地，在新型城镇化中要保留农村主权，目的在于一方面要形成农村参与新型城镇化发展的原始积累，在于一方面要为农村建立产权制度改革建立资本来源。在地方政府的土地财政利益与三农发展、经济持续增长、经济增长方式转变的大局下，党中央国务院决策的天平已经向这边倾斜。

关于运行体制问题，农村集体经济是不完全的市场经济，建立市场经济，要建立农村经济组织在新型城镇化中市场化参与的组织机制，只有农村建立公司化经济组织，主体明确，才能与社会资本结合，才能构建社会资本进入与退出农村流动机制，实现农村资本的基本属性要求。农村产权不可交易，是不承认农村资本的市场属性，社会资本进入农村出不去，谁敢来？小城镇与新农村建设由此成为顽疾，所以说"破"农村集体经济是历史性的转折。

第二，人口城镇化的思想逻辑要明确。城、乡户籍是两个框，两个框中的人口背后的福利水平在客观上有差距，是改框？改福利制度？还是两个连着改？重庆户籍改革试验的结果是农民工全面享受了城市居民的待遇，不滞留在居民身份改革中间，这承认了城市长期劳动者对国民经济贡献，给予了参与二次分配的权利，是最好的方案。

美国的投资移民管理中，要么不同意您进入他的国家，要么一旦进入，如有稳定职业就给予居民待遇，有长期职业或规定投资量就给国民待遇，没有职业的居民强制回家。其本质是他们承认劳动者就业企业纳税中有就业者的贡献，就要给予就业者社会再分配权利，没有明确要求一定要再分配纳税才有享受国民收入二次分配的权利。

第三，新型城镇化建设主体确定问题。建设主体是政府与社会资本联盟还是社会资本与农村经济主体联盟？前一个模式就是现行城市发展模式，后一个是新型模式。前者会将"三农"继续排斥在发展之外，后者以"三农"为发展主体和发展对象。新型城镇化应该选择"三农"参与发展的模式，即要摒弃在城市开发中形成的政府主导、资本参与、农村退出的组织模式与投融资模式，建立政府管控、农村主导、社会参与的组织模式与投融资模式。

第四，国土资源管理是改革、改良还是革命的问题。当前的国土资源管理法部分条款与宪法冲突，有人主张革命，将土地所有权全部回归农村；现行政策主张从农村经营性建设用地入手；有的主张农村经营性建设营地、宅基地全面放开，有控制有计划放开农村宜林宜农荒地。土地全部回归农村的主张与农村社会稳定、耕地红线控制、粮食安全保障的国家管理战略向冲突，中央不会这样决策；经营性建设用地放开政策遭到西部地区反对，因为现有经营性建设用地东、西部差距太大，会引来东、西部发展差距进一步放大；同时西部地区新型城镇化建设空间不足；第三种建议，将农村经营性建设用地、宅基地、宜林宜农荒地放开，分地区分类管理，计划和项目审批控制，原则上对西部地区进一步放开宅基地、计划释放宜林宜农荒地。预期党中央国务院最终采取第三种方案。第三种方案对政府行政管理体制和行政管理效率提出更高的要求。

上面的思想我们不能决策，但是已经有了倾向性，我们先按照社会和民众意愿做初步设计，供领导决策参考。

(二) 中国新型城镇化的总体思路

落实到新型城镇化的总体思路，就是要以生态保护为前提，以政府逐步让出土地财政为诱导，以政府规划管控和项目审批为调控手段，以中国中小城镇规模化建设为重点，围绕农村集体主权利益和农村市场经济体制建设为主线，进行以农村经济主体主权为核心的农村经营性建设用地、宅基地、宜林宜农荒地的整治开发主权向农村释放和农村集体经济产权制度改革；建立公共财政体制，推进城市和农村对农村人口享受城市居民待遇和共享改革成果；建立城乡一体化的建设规划、经济社会发展规划、土地利用总体规划、环境保护规划的制度，同时推进真正意义上的"四规叠一"的管理制度，在新型城镇化建设中形成以"三农"发展为基本、政府管控、农村主导、市场参与、多方共赢的利益格局、组织机制和运行机制。

(三) 基本目标

中国新型城镇化建设目标，不仅仅是重构中国的城镇体系，更重要的是支持中国地区协调发展、"三农"问题根本解决、四化融合找到拉动机会、经济在高速增长中得到调整。具体内容（规划期间为20年）如下：

(1) 改造、扩建、新建总计0.8万~1万个小城镇。

(2) 中国现有2万个小城镇中0.8万个小城镇达到3万~5万人适度规模。

(3) 全国小城镇建设占用7.7万平方千米土地。① 整理经营性建设用地

1.2万平方千米；② 新增城市建设用地 6.5 万平方千米，占中国现有宜林宜农荒地等潜在建设用地资源总量的 4.8%。

（4）投资拉动经济发展：① 20 年 233 万亿元土地开发投资；② 每年投资拉动 GDP 增量近 40 万亿元（年增长达到 10% 左右）；③ 投资每年拉动生产性消费 9.75 万亿元；④ 投资形成产业发展 145 万亿元/年，形成 GDP 30 万亿元/年。

（5）城镇化推进效应：① 小城镇建设带动城镇体系全面优化；② 农村社会保障制度向城乡一体化变革；③ 农村就业模式城市化变革；④ 城乡户籍制度一体化水到渠成无为而治。

（6）农业发展效应：① 农业经济的地位在农村显著改变；② 农村经济组织得到全面发展。

（7）"四化"融合推进效应：全面推进四化融合。

三、新型城镇化战略重点

新型城镇化战略重点建议是从四个方面突破现行制度框架：一是减弱地方财政对土地的依赖，构建新型的公共财政体制；二是改制或新建农村完全的市场经济主体并确立其建设用地主权，建立农村市场经济体制；三是以农村建设用地"地票"管理制度简洁推进城乡建设用地同权制度与运行机制；四是建立城乡一体化的规划制度（包括土地、建设）和行政管理制度。

（一）建立完善的制度体系

1. 建立公共财政制度

在新型城镇化中，地方财政由土地出让形成的前置收益模式转变为经济发展带来财税增长和城乡一体化发展的后置收益模式。

（1）政府将农村土地一级开发整治权利让渡"农村法人"，不与"农村法人"争夺土地一级开发可能产生的红利。

（2）土地出让金全额返还"农村法人"专项用于农业基础设施建设。

（3）适度减免新型城镇化开发建设中的规费或缩减规费项目。

（4）给予新型城镇化道路不占经营性建设用地指标政策。

（5）以税收政策引导"农村法人"，所获土地红利在保障农民个体的利益之后，用于新农村基础设施建设的部分差别化抵扣应缴纳税金。

2. 建立新型城镇化用地的制度基础

以土地要素作为农村参与新型城镇化的原始资本,并以此确立"农村法人"在权益分配上的话语权力。

(1)改革农村土地产权管理制度。将原来农村集体经济组织所有的农村经营性建设用地、宅基地、可复垦荒地剥离出来,由"农村法人"纳入实物量化的土地储备管理。一般农田、基本农田、林地继续留在农村集体经济组织下,执行联产承包经营体制。

(2)建立"农村法人"主导、社会资本参与的一级土地开发制度与机制。

(3)"农村法人"基于新型城镇化规划整治形成的农村经营性建设用地以"地票"权能、按"属地化"原则全部转为就地城镇建设指标用地,有计划地对市场释放土地资源。

(4)开发用地分地区管理。西部地区按照新型城镇化需要向农村计划性释放宅基地、建设用地和可复垦荒地,东部沿海地区因为经营性建设用地存量已经很大,因此只释放农村经营性建设用地,以确保新一轮改革发展下中西部与东部地区资源供给基本平等。

(5)农村耕地等产权制度改革由新型城镇化带动。即是在建设用地公司化经营形成发展后,带动农村林地、耕地经营制度从集体所有下承包经营向股权制度下公司化经营过渡。

3. 建立新型城镇化的利益分配制度

新型城镇化建设中改变现有的城市开发中政府主导一级土地市场、社会资本参与二级市场、农村农民整体退出模式,形成农村农民主体、社会资本参与土地开发的利益格局。转换的方向是地方政府在新型城镇化中放弃土地财政制度,由"农村法人"主导土地红利分配格局,实现新型城镇化中政府、"三农"、社会资本多方共赢。

(1)政府利益。政府的利益在于建立农村完全市场经济体制,形成中国新型城镇化、"三农"发展、经济可持续增长、"四化"融合的多赢格局。

(2)"农村法人"与农民利益。"农村法人"拥有新型城镇化的利益分配话语权力,可保证农民在新型城镇化安置中获得居住环境改善的同时,获得财产性收益和创业条件。"农村法人"主导土地一级开发使得"农村法人"与农民享受到土地红利。"农村法人"以整治利用(安置)后剩余土地与社会资本合作，获取合理股权，享受股东利润分配。股权的具体比例可根据社会资本在经营性建设用地、宅基地、荒地等土地整治投资、农民居住安置投资，获取结余土地使用量、一级土地级差收益预期等因素来综合平衡。"农村法人"组织性保障的农民就业和农民工与城镇职工同等收入、农民职业与技能培训、"五险一金"缴纳等。

（3）社会资本利益。一是社会资本参与土地一级开发收益。在农村实现宅基地、宜林宜农荒地和经营性建设用地储备以后，进入一级开发中引入社会资本。政府管理和市场原则将保全社会资本在一级开发中获取自己的基本利益。二是社会资本参与土地二级开发收益。社会资本联合农村土地资本实施新型城镇化，不断完善产业体系，完善地区经济社会发展生态，创造出农村土地二级开发收益。三是资产经营性收益。在社会资本参与新型城镇化建设中，关键项目、核心项目出租和土地二级出让来获取一定的收益。四是资本运作性收益。3平方千米以上的小城镇建设总投资数十亿，投资建设过程就是一个资本运作的过程，良性的资本运作，可以创造可观的利益回报。

新型城镇化利益结构如图6-16所示。

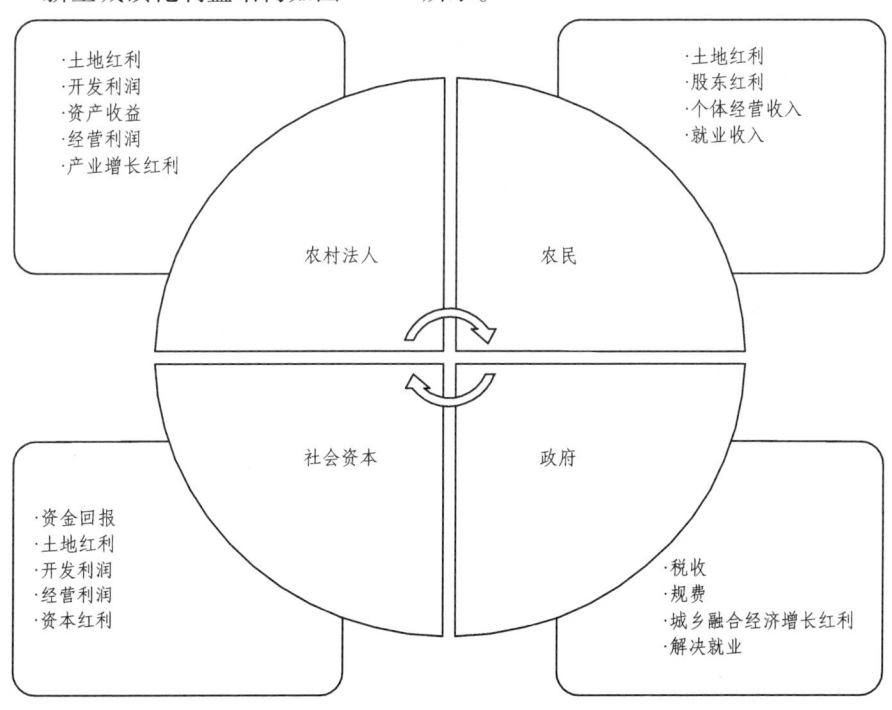

图6-16　新型城镇化利益结构

（二）建立完善的新型城镇化运行机制

1. 市场化运行机制

新型城镇化中"农村法人"以土地要素为基础，遵循市场化原则，按需配置市场资源，在法律框架下寻求多方及多方式合作。

（1）竞争性选择社会资本共同组建土地一级整治开发公司。

（2）竞争性选择符合实施新型城镇化规划条件的公司出让土地或有选择性的合作进行新型城镇化项目建设。

（3）以农业基础设施投入等资源作为基础，竞争性选择符合实施产业规划条件的公司合作，实现农业产业延伸发展。

（4）以在新型城镇化过程中所持有的物业按市场化原则进行资产经营。

2. 多元化可持续投融资运行机制

（1）政府财政投资平台：解决义务教育、基本养老、基本医疗卫生等方面的公共性投入。资金来源于中央财政与市级财政转移支付，以及地方财政收入预算投资。

（2）政府公共投资平台：解决供排水、垃圾污水处理、主干道路交通、电力燃气供应、市政通信设施等公共基础设施配套。在这些特殊领域可采取PPP投融资模式，关键是给出符合市场配置资源的特许条件。

（3）农村法人投融资平台：解决农业基础设施、非主干道交通、社区服务设施、劳动就业等。资金来源是土地红利、建设红利与金融及社会资本。

（4）社会资本与农村法人合作投资融资平台：解决保障性住房、城镇化建设、产业投资、农民就业、"五险一金"社会保障等。充分运用纯市场化投资和现行融资工具。

3. 政府运行机制

政府在新型城镇化中，所采取的运行机制的核心是：制定政策、建立规范和标准；严格规划、计划、监督与控制；研究与制定符合社会资源市场化配置的条件；根据不同的情况建立以基金方式参与市场资源的配置，但需建立政府投资的明确退出机制。

4. 建立城乡一体化规划与建设管理机制

（1）按照城乡统筹规划法和新型城镇化的需要，建立城乡一体化规划管理制度与机制。彻底改变规划无序、建设杂乱、基础设施与公共服务设施配套欠缺的现象。确保新型城镇化规划满足技术、人才、资本、金融等要素进入条件，同时对城乡"产城融合"发展计划和小城镇建设发展规模、时序、标准进行有效控制。

（2）按照城乡统筹规划法和新型城镇化的需要，建立城乡一体化建设管理制度与机制，特别是新型城镇化建设规范与标准，确保通过新型城镇化能推进"四化"融合发展。

（3）建立城乡土地利用总体规划制度。确保新型城镇化建设中土地管理纳入政府土地管理，在确保农村建设用地与城市建设用地同权的同时，确保新型城镇化建设过程中的土地管控。

（4）建立城乡一体的规划、建设、土地行政管理体制。重点将城市的规划、建设、国土管理行政组织和政策向农村延伸，弥补农村三个方面行政管理的空缺。

(三) 完善新型城镇化组织架构

第一层：农村法人主体。由农村集体组织与农民按《中华人民共和国公司法》共同设立的农村法人主体担负的职能是：农业与农村产业经济结构调整；农村经营性建设用地一级开发；主导农村农业基础设施建设实施；参与新型城镇化开发；按市场化原则获取农村集体组织和农民的利益；保障新型城镇化中农民的就业和利益。

第二层：农村法人主体与社会资本共同构建的一级开发平台。在新型城镇化整体规划方案框架下，按市场化原则，"农村法人"以契约的方式引入社会资本，完成土地的一级开发，同时完成土地资源的资产化和股份化。

第三层：在一级开发平台下组织二级开发。在开发平台以"农村法人"为主体将国有经营性建设用地面向社会资本"出让"获取土地红利，或者参股建设开发环节，获取建设开发利润分红或物业分配。

第四层：资产高级化运营组织。就所拥有的资产或资源，独立或与社会资本合作进行资产经营。

新型城镇化组织架构如图 6-17 所示。

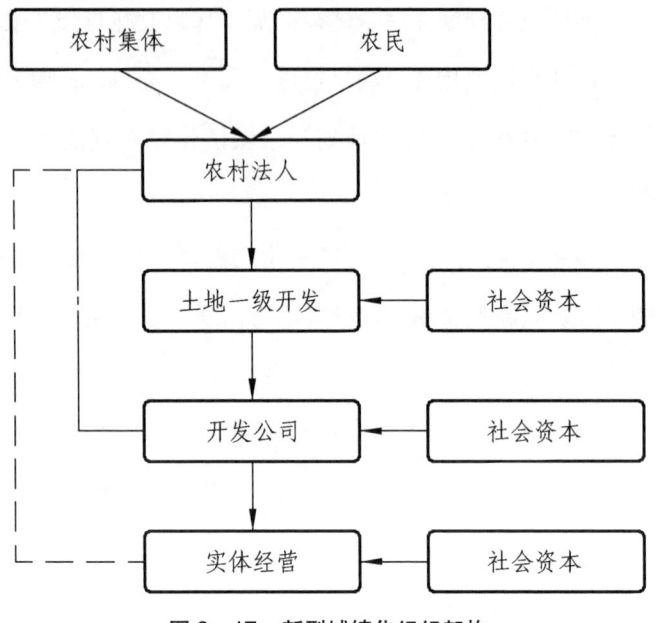

图 6-17 新型城镇化组织架构

第十四节 采取五种市场化融资模式，推进新型城镇化基础设施建设可持续发展

《国家新型城镇化规划（2014—2020年）》的出台，为推动我市新型城镇化建设指明了方向。规划强调了加强市政公用设施和公共服务设施建设，增强对人口集聚和服务的支撑能力。但是，新型城镇化进程中基础设施建设目前面临严重的资金短缺，仅依靠财政支撑，难以满足基础设施建设资金需求；而且传统的过度依赖土地出让收入来支撑城镇基础设施建设的方式，给地方政府带来沉重的债务负担。为此，"金融支持重庆新型城镇化建设对策研究"课题组副组长邓涛博士提出：基础设施建设需要面向市场化融资，政府在城镇基础设施建设中，应该把主要精力放在制定投融资制度、技术改革制度、激励制度、城镇基础设施产品与服务的价格制度、社会投资人竞争性规制等的规范上，为城镇基础设施运营提供标准的制定和融资协调资助。政府不宜直接参与到融资的具体工作，也可以化解政府的负债，并提出通过五种市场化融资模式，以实现基础设施建设融资的可持续性。

一、代理权融资

政府可以利用对所辖区域的特殊代理权,进行直接融资。在城镇基础设施建设中,政府作为一个地区的管理者,拥有城市建设和开发的许多权利,这些权利包括:冠名权(可以把道路、桥梁、广场、绿地等大多数城市的基础设施当作一般产品,拍卖其冠名权,或者允许企业以投资建设换取冠名权)、广告权(通过出售道路两侧一级重点地段的广告设置权,引入资金)、特许权(例如,大型文化活动的举办权,大型会议的赞助权、城市基础设施的经营权)、领养权(鼓励企业、个人以有偿方式对有关城市设施,如树木、绿地等进行领养)、土地开发权(授权开发城市道路、地铁等沿线的土地)、媒体渠道的转播权以及其他代理权。如:上海主要利用土地批租的政府代理权融资方式,十年来为上海城市建设提供了1000多亿元资金。

建立一个具有创造性和节约成本的城市基础设施的产品/服务的生产提供方式,可以解决基础设施资金不足的问题。政府代理权融资从内在的效应来看,具有价格效应、收入效应和资源配置效应;从外在的效应来看,具有公平效应、迁移效应和引致效应。因此,在实际操作中,要注意:一是明确政府代理权融资方式的应用范围,它取决于城市基础设施项目的可经营性,需要综合考虑城市基础设施的附加值及其对周围的城市设施、企业的社会效益和生态效益的影响。二是做到代理权出让的公开公平公正,实现资源配置最优化、价格合理化,政府收益最大化。三是强化政府管制,严格控制代理权出让带来的风险。

二、购买服务融资

对于城镇基础设施建设,有一部分公用设施项目是可以通过收费收投资的,但仅通过收费不能完全收回投资的。政府可以通过招标选择私人企业,由私人企业出资建设和运营管理,主要通过向社会收取服务费回收投资,政府适当给予补贴,这块补贴可以算成是政府部分购买服务。另外有部分公用设施项目是无法通过向社会收取服务费回收投资的,政府可以通过招标选择私人企业,由私人企业出资建设和运营管理,政府与私人企业签订购买服务合同,明确服务期限和付费标准。

以购买服务融资最普遍的 BOT 融资为例,BOT 方式是政府以契约方式将基础设施的设计、施工、融资经营和维修的责任让渡给投资者,投资者在负责建成项目后,在协议期内拥有、营运、维护该项目设施,并通过收取使用费和服务费来回收投资和获得合理利润,特许权期满后项目无偿转让给政府。BOT

项目可以融通社会资金来建设基础设施，减轻政府财政压力。政府对项目的支付不再是一次性巨额财政投入，而是通过出让"特许经营权"，用购买服务的方式分期支付服务费。

BOT融资要解决好以下问题：一是合理确定服务价格，避免加大居民和政府负担；二是强化政府管制，防止社会资本不规范参与和竞争，甚至造成私人的垄断经营，损害社会公平，并使得政府丧失控制权；三是保证提供服务的质量和控制服务的安全。

三、市政债券融资

市政债券是地方政府债券的一种形式，是指地方政府根据信用原则、以承担还本付息责任为前提而筹集资金的债务凭证，是指有财政收入的地方政府及地方公共机构发行的用于城市或地方基础设施建设的债券。市政债券融资除了增加透明度之外，还可以降低地方政府面临的期限错配的风险、避免风险过度集中在银行体系，从而降低系统性的金融风险。尽管2012年8月公布的《预算法修正案《草案》限制地方政府发行市政债券，但十八届三中全会后，将地方政府债券自发自还作为了试点，并于5月20日财政部制定并下发了《2014年地方政府债券自发自还试点办法》，允许试点城市在国务院批准的发债规模限额内，自行组织本地区政府债券发行、支付利率和偿还本金的机制。

在市政债券融资中，要积极进行风险防范：一是建立健全法律法规制度，在允许地方政府发行市政债券的同时，对财政赤字问题、负债问题、赤字和负债与财政收入、支出和具体科目的比例关系作出明确规定，防止出现地方政府无限制发债以追求政绩的现象。二是建立完善的市政债券信用监控体系和风险防范机制，可以采用信用评级方式。三是建立有效的市政债券融资偿还机制。四是为市政债券投保提高信用度。

四、公私合作融资

公私合作融资（PPP），是公共基础设施的一种项目融资方式，鼓励私营企业与政府进行合作、参与基础设施的建设。通过这种合作方式，合作各方可以达到与预期单独行动相比更为有利的结果。合作各方参与某个项目时，政府并不是把项目的责任全部转移给私营企业，而是由参与合作的各方共同承担责任和融资风险。双方首先通过协议的方式明确共同承担的责任和风险，其次明确各方在项目各个流程环节的权利和义务，从而最大限度地发挥各方优势，使得建设摆脱政府行政的诸多干预和限制，又充分发挥民营资本在资源整合与经营上的优势。同时，能够降低政府投资风险、提升项目运营效率，是优化财政资金支出的有效方式。

采取公私合作融资要解决以下问题：一是搞好和完善 PPP 的立法、指南、机构和制度。所需的制度建设包括推动 PPP 立法；设立市级 PPP 机构，负责政策、评估、监管和知识管理；建立项目信息发布机制；建立公众参与和监督机制。二是划清操作中参与方权利义务边界。包括资产的边界及监管的边界，如市场准入监管、价格监管、普遍服务监管等，以效率监管作为有效监管的前提和保证。三是设计合理的风险分担机制，政府在设计风险分担机制时，要考虑到项目的吸引力，根据各方获利多少的原则设计相应需要承担的风险比例，要使项目参与者的各方都能接受所承担的风险。四是防止过度采用 PPP，导致新的金融风险。

五、资产证券化融资

资产证券化（ABS）是以特定资产组合或特定现金流为支持，发行可交易证券的一种融资形式。对于城镇部分基础设施来说，建成以后会形成大量流动性极差的存量资产，但是这类资产有稳定的现金收入流。对于这类资产，可以通过基础设施资产证券化（ABS）的方式，将流动性较差的基础设施存量资产变现、盘活。目前，资产证券化逐渐成为一种被广泛采用的金融创新工具而得到了迅猛发展，在此基础上，现在又衍生出如风险证券化产品第一系列产品。

ABS 项目融资模式目前还不能大规模迅速推广，一是缺乏可支撑证券化业务的优质资产；二是缺乏规范化的市场投资；三是缺乏完善的法律环境。此外，ABS 作为现阶段的新型融资模式，还面临着诸多风险，如金融风险、法律风险、建造风险、经营风险和交易风险等。

重庆在积极推行市场化融资模式的同时，需要强化财政支撑作用；改进预算管理制度；建立基础设施建设事权与支出责任相适应的制度；加快财力能力建设，完善税收制度；建立财政支持基础设施建设引导基金，既可以为基础设施项目提供股权或债权的融资支持，又可以带动社会资金投入到城镇基础设施建设中来。

第十五节 从五个方面制度突破构建中国新型城镇化新机制

重庆被批准成为中国城乡统筹综合配套改革试验区，重点开展以农民工城市化为主线的制度改革,为推进中国城镇化进行了有益探索,但也存在局限。认真分析重庆的经验与教训,认为:中国新型城镇化建设需要以经济社会可持续发展为前提,以小城镇与新农村建设为主线,以分步分类分区释放土地资源为核心,以农村主体为关键,以建立农村完全市场经济体制为本质,在农村土地制度、农村经济制度、公共财政制度、利益分配制度、户籍制度五个方面实现突破,方能构建新机制,并撬动中国新型城镇化、"三农"发展、区域协调、经济可持续增长、四化融合的多赢格局。

一、重庆市城乡统筹综合配套改革的几点启示

重庆市城乡统筹综合配套改革的经验与局限值得中国新型城镇化建设思考与借鉴。其内容是:城乡一体化户籍制度改革由真命题变成伪命题;国家向农村有计划地释放土地资源的时候到了,但是需要分步骤、分类别、分地区释放;农村经济市场化体制改革也需要分步骤实施;《中华人民共和国国土资源管理法》可以朝《中华人民共和国宪法》方向逐步调整;农村土地改革应以改良方式建立"三农"发展与新型城镇化建设条件。

(一)城乡一体化户籍制度改革是伪命题

城市必须给予进城农民工以城市居民待遇,进城农民工不能够、不需要或有偿退出农村土地,进城农民工户籍改革命题均由真变伪。

(1)农村一方面开展系列惠农政策,并给予农村居民社会保障制度改革,另一方面不能构建农民工占有的农村资源参与城镇化建设的产权机制和利益机制,农村方面推进户籍改革就成伪命题。

(2)如果政府在努力创建农村公共管理制度的同时,农村构建农民工占有的农村资源参与城镇化建设的产权机制和利益机制,形成让农民工退出农村资源的补偿能力,城乡已经一体化发展,城乡居民待遇基本一致了,户籍制度改革也由真命题变成伪命题。

(二)农村土地政策改良式调整更加适合中国现实

在农村建设市场开放和农业耕地红线不能突破矛盾博弈、农村土地是否私有化激烈争论中,农村土地可以暂且分类别、分地区、分步骤改良式地调整,以更加适合中国实际。

(1)分类管理。将农村建设用地、宅基地和宜林宜农荒地资源释放给农村产权股份制下的法人组织来储备管理;将农村林地、耕地继续保留集体所有

下承包经营责任制度，确保粮食安全和农村基本稳定。

（2）分地区管理。西部地区按照小城镇与新农村建设的需要，向农村计划性释放宅基地、建设用地和荒地，东部沿海地区因为经营性建设用地存量已经很大，只需释放农村经营性建设用地，以确保新一轮改革发展中西部与东部地区资源供给基本平等。

（3）分步骤管理。在建设用地公司化经营形成发展后，带动农村林地、耕地经营制度从集体所有下承包经营向股权制度下公司化经营过渡。

(三)新型城镇化建设，需要农村建立市场经济体制

小城镇与新农村建设中摒弃政府主导、资本参与、农村退出的组织模式与投融资模式，建立政府管控、农村主导、社会参与的组织模式与投融资模式。这就需要农村在集体经济组织架构上变革或诞生公司法产权制度下的市场经济主体。

新型城镇化在于进城人口城镇化待遇、小城镇与新农村发展、农村居民公共服务待遇改善三个方面。

进城农民工及其供养人口（老人和子女）享受城市居民待遇，这应该是法定的权利。重庆试验结果认为，在中国的养老制度变革发展中，第一步推进进城农民工及其子女市民化待遇是可行的，唯有北京可以因为公共安全稳定的要求按人群分步推进，其他城市不应该再有例外。在农村，一是全面推进农村为利益主体的小城镇与新农村建设，全面提升农村资源与市场接轨的机制并建立经济社会发展环境；二是在公共财政体制下，有计划推进农村人口的公共服务与社会保障水平；三是发展农业和非农产业，提高财产性收入和工资性收入，并通过改变就业模式，形成与城市接轨的养老保障机制。

二、小城镇与新农村建设建议方案

推动中国新型城镇化的内容是：在城市，推进进城农民工市民化待遇。在农村，一是全面推进以农村为利益主体的小城镇与新农村建设；二是在公共财政体制下，有计划地推进农村人口的公共服务与社会保障水平；三是发展农业和非农产业，提高财产性收入和工资性收入，并通过改变就业模式形成与城市接轨的养老保障机制。

从以上内容来看，居民社会福利保障制度建设过程是公共财政制度建立和完善的过程，不是中国新型城镇化的难点；在农村市场经济体制建立中，城乡经济要素能够有机结合，农村农业和非农产业就可以顺利发展。因此课题组认

为，中国新型城镇化的关键和难点是小城镇与新农村建设。下面就此提出方案建议，供决策参考。

(一) 小城镇与新新农村建设总体思路

以生态保护为前提，以发展中小城镇、调整城镇体系结构为方向，围绕小城镇与新农村建设主线，剥离农村经营性建设用地、宅基地、荒地；由"农村法人"（农村集体组织和农民按《中华人民共和国公司法》设置）实施实物量化的土地储备管理；建立"农村法人"主导、社会资本参与的一级土地开发制度与机制；经整治形成的农村经营性建设用地，以"地票"权能按"属地化"原则全部转为就地新型城镇化建设指标用地；打开农村建设市场，实现新型城镇化、"三农"发展、经济可持续增长、四化融合的多赢格局。

小城镇与新农村建设作为一项巨大的系统工程，顶层包括了小城镇与新农村建设的运行机制和产业发展。运行机制取决于政府政策，产业发展取决于因地制宜下的产业创意。运行机制建设中应重点克服严重不利于中、西部地区发展、不利于农村发展的农地政策和以政府为主的投融资模式，从而建立起以"三农"发展为基本、政府管控、农村主导、市场参与，多方共赢的利益格局、组织机制和运行机制。

(二) 小城镇与新农村建设战略重点

1. 建立并完善制度体系

(1) 建立公共财政制度。

在新型城镇化中，地方财政由土地出让形成的前置收益模式转变为经济发展带来财税增长和城乡一体化发展的后置收益模式。① 政府将农村土地一级开发整治权利让渡"农村法人"，不与"农村法人"争夺土地一级开发可能产生的红利。② 土地出让金全额返还"农村法人"专项用于农业基础设施建设。③ 适度减免新型城镇化开发建设中的规费或缩减规费项目。④ 给予新型城镇化道路不占经营性建设用地指标政策。⑤ 以税收政策引导"农村法人"，所获土地红利在保障农民个体的利益之后，用于新农村基础设施建设的部分差别化抵扣应缴纳税金。

(2) 建立小城镇与新农村建设用地的制度基础。

以"土地"要素作为农村参与小城镇与新农村建设的原始资本，并以此确立"农村法人"在权利分配上的话语权力。① 沿袭中国现行《中华人民共和国土地法》城乡二元土地管理制度，不作根本性的"突破"。② 一般农田、基本农田、林地继续留在农村集体经济组织下，执行联产承包经营体制。③ 剥离农村经营性建设用地、宅基地、荒地，由"农村法人"纳入实物量化的土地储备管理。④ 建立"农村法人"主导、社会资本参与的一级土地开发制度与机制。⑤ "农村法人"基于新型城镇化规划整治形成的农村经营性建设用地以"地票"权能、按"属地化"原则全部转为就地城镇建设指标用地，有计划地对市场释放土地资源。

（3）建立小城镇与新农村建设的利益分配制度。

小城镇与新农村中改变现有的城市开发中政府主导一级土地市场、社会资本参与二级市场、农村农民整体退出模式，形成农村农民主体、社会资本参与土地开发的利益格局。转换的方向是地方政府在新型城镇化中放弃土地财政制度，由"农村法人"主导土地红利分配格局，实现新型城镇化中政府、"三农"、社会资本多方共赢。

① 政府利益。政府的利益在于建立农村完全市场经济体制，形成中国新型城镇化、三农发展、经济可持续增长、"四化"融合的多赢格局。

② "农村法人"与农民利益。"农村法人"拥有新型城镇化的利益分配的话语权力，可保证农民在新型城镇化安置中获得居住环境改善的同时，获得财产性收益和创业条件。"农村法人"主导土地一级开发使得"农村法人"与农民享受到土地红利。"农村法人"以整治利用（安置）后剩余土地与社会资本合作，获取合理股权，享受股东利润分配。股权的具体比例可根据社会资本在经营性建设用地、宅基地、荒地等土地整治投资、农民居住安置投资，获取结余土地使用量、一级土地级差收益预期等因素来综合平衡。"农村法人"组织性保障的农民就业和农民工与城镇职工同等收入、农民职业与技能培训、"五险一金"缴纳等。

③ 社会资本利益。一是社会资本参与土地一级开发收益。在农村实现宅基地、宜林宜农荒地和经营性建设用地储备以后，进入一级开发中引入社会资本。政府管理和市场原则将保全社会资本在一级开发中获取自己的基本利益。二是社会资本参与土地二级开发收益。社会资本联合农村土地资本实施小城镇与新农村建设，不断完善产业体系，完善地区经济社会发展生态，创造出农村土地二级开发收益。三是资产经营性收益。在社会资本参与新型城镇化建设中，关键项目、核心项目出租和土地二级出让来获取一定的收益。四是资本运作性收益。3平方千米以上的小城镇建设总投资数十亿，投资建设过程就是一个资本运作的过程，良性的资本运作，可以创造可观的利益回报。

2. 建立并完善小城镇与新农村建设运行机制

（1）市场化运行机制。小城镇与新农村建设中"农村法人"以土地要素为基础，遵循市场化原则，按需配置市场资源，在法律框架下寻求多方及多方式合作。① 竞争性选择社会资本共同组建土地一级整治开发公司。② 竞争性选择符合实施新型城镇化规划条件的公司出让土地或有选择性的合作进行新型城镇化项目建设。③ 以农业基础设施投入等资源作为基础，竞争性选择符合实施产业规划条件的公司合作，实现农业产业延伸发展。④ 以在新型城镇化过程中所持有的物业按市场化原则进行资产经营。

（2）多元化可持续投融资运行机制。① 政府财政投资平台：解决义务教育、基本养老、基本医疗卫生等方面的公共性投入。资金来源于中央财政与市级财政转移支付，以及地方财政收入预算投资。② 政府公共投资平台：解决供排水、垃圾污水处理、主干道路交通、电力燃气供应、市政通讯设施等公共基础设施配套。在这些特殊领域可采取 PPP 投融资模式，关键是给出符合市场配置资源的特许条件。③ 农村法人投融资平台：解决农业基础设施、非主干道交通、社区服务设施、劳动就业等。资金来源是土地红利、建设红利与金融及社会资本。④ 社会资本与农村法人合作投资融资平台：解决保障性住房、城镇化建设、产业投资、农民就业、"五险一金"社会保障等。充分运用纯市场化投资和现行融资工具。

（3）政府运行机制。政府在新型城镇化中，所采取的运行机制是的核心是：制定政策、建立规范和标准；严格规划、计划、监督与控制；研究与制定符合社会资源市场化配置的条件；根据不同的情况建立以基金方式参与市场资源的配置，但需建立政府投资的明确退出机制。

（4）建立城乡一体化规划与建设管理机制。① 按照城乡统筹规划法和新型城镇化的需要，建立城乡一体化规划管理制度与机制。彻底改变规划无序、建设杂乱、基础设施与公共服务设施配套欠缺的现象。确保新型城镇化规划满足技术、人才、资本、金融等要素进入条件，同时对城乡"产城融合"发展计划和小城镇建设发展规模、时序、标准进行有效控制。② 按照城乡统筹规划法和新型城镇化的需要建立城乡一体化建设管理制度与机制，特别是新型城镇化建设规范与标准，确保通过新型城镇化能推进"四化"融合发展。

3. 完善小城镇与新农村建设组织架构

第一层：农村法人主体。由农村集体组织与农民按《中华人民共和国公司法》共同设立的农村法人主体担负的职能是：农业与农村产业经济结构调整；农村经营性建设用地一级开发；主导农村农业基础设施建设实施；参与新型城镇化开发；按市场化原则获取农村集体组织和农民的利益；保障新型城镇化中农民的就业和利益。

第二层：农村法人主体与社会资本共同构建的一级开发平台。在小城镇与新农村建设整体规划方案框架下，按市场化原则，"农村法人"以契约的方式引入社会资本，完成土地的一级开发，同时完成土地资源的资产化和股份化。

第三层：在一级开发平台下组织二级开发。在开发平台以"农村法人"为主体将国有经营性建设用地面向社会资本"出让"获取土地红利，或者参股建设开发环节，获取建设开发利润分红或物业分配。

第四层：资产高级化运营组织。就所拥有的资产或资源，独立或与社会资本合作进行资产经营。

三、小城镇与新农村建设的总体效应

（一）经济发展效应

1. 小城镇与新农村建设投资拉动经济

统计显示：2013年我国建制镇已达20 117个，每个镇平均4.35万人，镇区人口约1.2万，建制镇人口在3万人以上的只有800个，全国小城镇人口2.4亿人，农村经营性建设用地、宜林宜农荒地、宅基地总量超过160万平方千米。若要达到规模效应的镇区人口水平（3万~5万人/镇），规划6亿农村人口居住在小城镇，会有近万个乡镇利用农村土地资源实施全面的改造与扩张。

小城镇与新农村建设经济分析按照1的容积率、人均建设用地110平方米、土地一级开发成本为60万元/亩、二级开发中土地价值占开发总投资的30%、基础设施建设投资1亿元/平方千米、投资效果系数为1∶3.2等指标计算，全国小城镇与新农村建设需要7.7万平方千米土地；可带来233万亿元土地开发投资（其中70万亿元土地一级开发投资；163万亿元二级开发建设投资）；如果按照20年完成开发（每年12.65万亿元投资），每年可带动GDP增量近40万亿元（年增长达到10%左右），对中国经济持续稳定增长意义重大。

2. 小城镇与新农村建设投资拉动消费

（1）投资拉动消费。按投资的30%转化为消费的常规系数计算，小城镇与新农村建设投资拉动消费9.75万亿元，达到2013年中国社会消费零售总额23.4万亿元的9%，对中国消费拉动影响巨大。

（2）拉动城市居民消费增长。中国经济增长30年，城市居民的居住、家庭固定资产基本满足，居民消费进入萧条期。小城镇与新农村建设中，必将以

农村农业资源为背景进行产业创意，发展休闲观光度假农业或生态养殖业、种植业，兴起城市居民的新消费。

（3）拉动农村居民消费出现爆发性增长。农村居民收入水平低、低收入人群比例过大是农村消费难以增长的重要原因。小城镇与新农村建设，将带来农村居民的工资性收入高速、广范围增长和农村居民财产性收入制度性增长，必将带来中国农村居民潜在需求爆发，拉动经济进一步增长。

（二）城镇化推进效应

1. 小城镇建设带动城镇体系全面优化

小城镇建设带动近万个农村建制镇向3万~5万人的小城镇发展，改变中国以原有大城市、特大城市为主体，逐级弱化的城镇体系，构建以小城镇与新农村为建设主战场的经济社会发展新格局。

2. 农村社会保障制度向城乡一体化变革

（1）农村居民的社会保障从残缺状态向城乡一体化迈进。在小城镇与新农村建设中，农村经济组织的市场化进程将快速发育，农村居民将以各种方式参与就业，同时建立"五险一金"的社会保障体系。

（2）随着小城镇与新农村建设的推进，农村居民居住、土地财产价值不断增长，农村居民的自我养老保障能力逐步提升。

（3）随着农村经济不断发展，基层政府财政收入水平不断提高，农村困难人群的养老和救助能力将不断提升。

3. 农村就业模式城市化变革效应

随着小城镇与新农村建设不断推进，农村非农产业全面发展，农村就业主要来自外部雇佣，而非现在的自我雇佣。随着就业方式由自我雇佣向外部雇佣方式转变，农村农民的"五险一金"的缴纳制度和缴纳水平将城乡一体化。

4. 城乡户籍制度一体化水到渠成无为而治

在农村居民和农村的发展水平和制度都接轨的情况下，城乡户籍制度一体化将无为而治。

（三）农业发展效应

1. 农业经济的地位将在农村显著改变。

农业生产将更加依托新技术和生态化，以满足全社会居民收入大幅度增长带来的消费需求。

2. 农村经济组织将得到全面发展

市场要素进入小城镇与新农村建设，必将与农业融合，形成小城镇资本向农村近距离溢出的投资效应，农村新兴农业公司化组织快速发展，带动现有农村集体经济组织按照市场经济要求向公司化组织演变。

(四)四化融合推进效应

在小城镇与新农村建设中，努力通过提高建设标准、使用新材料新技术、推进智慧城镇建设、促进中国战略性新兴产业发展、信息技术广泛利用、工业生产的节能减耗技术和使用等系列举措，带动中国工业化、信息化、城镇化与农业现代化融合发展，保障中国在发展中解决经济增长方式转换战略的实现。

参考文献

[1] 钟茂初. 可持续发展经济学 [M]. 北京：经济科学出版社，2006.

[2] 中国科学院可持续发展战略研究组，2015 中国可持续发展报告——重塑生态环境治理体系 [M]. 北京：科学出版社，2015.

[3] 诸大建. 中国循环经济与可持续发展/中国可持续发展总纲 [M]. 20卷. 北京：科学出版社，2007.

[4] 王立红. 循环经济：可持续发展战略的实施途径 [M]. 北京：中国环境科学出版社，2005.

[5] 黄初龙，邓伟. 农业水资源可持续利用评价指标体系构建与应用 [M]. 北京：化学工业出版社，2008.

[6] 翟璐. 辽宁省经济可持续发展能力评价与对策研究 [M]. 北京：中国社会科学出版社，2014.

[7] 李顺明，杨清源. 广西地方经济可持续发展与财税政策研究 [M]. 北京：经济日报出版社，2013.

[8] 周谷平. 资源型地区可持续发展战略研究——以呼包银榆经济区为例 [M]. 杭州：浙江大学出版社，2015.

[9] 曹执令. 区域农业可持续发展指标体系的构建与评价——以衡阳市为例 [J]. 经济地理，2012（8）.

[10] 刘定一. 城市经济可持续发展指标体系评价模型探析 [J]. 广州大学学报：社会科学版，2008（3）.

[11] 任杰，安海忠，肖荣阁. 北京市大兴区可持续发展指标体系设计研究 [J]. 资源与产业，2010（2）.

[12] 杨唤，陈学中. 区域经济可持续发展的评价指标体系及评价方法 [J]. 价值工程，2009（7）.

[13] 徐福留，赵珊珊，张颖，等. 经济发展可持续性状态与趋势定量评价方法研究 [J]. 2005（6）.